전문가 양성을 위한

실전! 의료 한국어 통번역 2

Korean for Specific Purposes
Hands-On Korean for
Medical Professionals

Korean for Specific Purposes
Hands-On Korean for
Medical Professionals

지은이	임형재, 신윤경, 유소영, 허은혜
발행인	공경용
책임 편집	이유진, 김소영, 김현희, 최지연
감수	박현우
번역	Mennatallah Alrefaey, Soo Jung Sung
마케팅	김세훈, 신영선, Flavia Pana, 윤성호
디자인	유어텍스트, 서은아
일러스트	셔터스톡

발행처	공앤박 주식회사
주소	05116 서울시 광진구 광나루로56길 85
전화	02-565-1531
팩스	02-6499-1801
전자우편	info@kongnpark.com
홈페이지	www.kongnpark.com

ⓒ 임형재, 신윤경, 유소영, 허은혜, 2025

*이 책은 저작권법에 따라 보호받는 저작물이므로 무단전제와 무단복제를 금합니다.
 이 책의 전부 또는 일부를 이용하려면 반드시 저작권자와 출판사의 허락을 받아야 합니다.

초판 1쇄 인쇄   2025년 6월 20일
초판 1쇄 발행   2025년 7월 1일

ISBN 978-89-97134-67-0 (14700)
ISBN 978-89-97134-61-8 (세트)

Publisher's Cataloging-in-Publication data

Names:	Lim, Hyung Jae.	Shin, Yoon Kyeong.	Yoo, So Young.	Heo, Eun Hye.
Title:	전문가 양성을 위한 실전! 의료 한국어 통번역 2 Korean for Specific Purposes Hands-On Korean for Medical Professionals 2 / Hyung Jae Lim, Yoon Kyeong Shin, So Young Yoo, Eun Hye Heo.
Description:	Seoul, Republic of Korea: KONG & PARK, INC., 2025.
Identifiers:	ISBN 9788997134670 (print)
Subjects:	LCSH: Translating and interpreting--Korea.	Language and languages--Study and teaching.	Korean language--Translating.	Medicine, Korean.	Medicine, Korean—Textbooks.
Classification:	LCC P306.8 .K6 I44 2025	DDC 495.7802—dc23

전문가 양성을 위한

실전!
의료
한국어
통번역

국제한국어통번역학회 지정 교재

 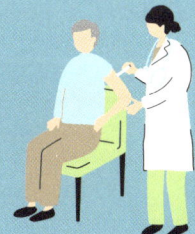

박현우(단국대학교병원 국제진료센터장, 정형외과 교수) 감수
임형재·신윤경·유소영·허은혜 지음

Korean for Specific Purposes
Hands-On Korean for
Medical Professionals

2 ㄱ ⇌ A

한국어-영어 통번역

KONG & PARK

감수의 글 Foreword

    날로 빈번해지는 국제적 교류에 따라 한국은 결혼 이민자 및 외국인 근로자, 외국인 유학생들이 증가하면서 민족과 인종 등이 다양한 다문화 사회로 나아가고 있습니다. 이러한 변화에 발맞추어 한국 의료계는 다수의 병원에서 외국인 환자에게 특화된 국제 진료 센터를 설치·운영하며, 국내에 거주하거나 한국을 여행하는 외국인들이 의사소통상 불편함 없이 국제적 수준의 의료 서비스를 받도록 대응하고 있습니다.

    이 책은 한국 사회와 한국 문화에 대한 깊은 이해를 갖춘 통번역 학습자로서, 의료 전문 어휘와 지식을 기반으로 '전문 의료 통번역사'를 목표로 하는 학습자에게 적합하도록 구성되었습니다. 그리고 예비 한국어 통번역사를 '전문 의료 통번역사'로 양성하려는 교사들에게 권할 만한 교재입니다.

    첫째, 이 책은 의료 현장에서 일어날 수 있는 실제 상황을 생동감 있게 펼치고 있습니다. 그리하여 일상적 질환에서부터 환자의 생명을 좌우할 수 있는 응급 상황에 이르기까지, 다양한 가상 시나리오를 기반으로 의료 현장에서의 다양한 통번역 상황을 충분히 훈련할 수 있습니다. 둘째, 이 책은 각 과별로 다양한 영역의 질환과 더불어 다양한 증상과 상황별 진단 과정 및 치료 방법, 그리고 일상적 주의 사항까지 상세하게 다루고 있습니다. 이 때문에 변수가 많은 의료 현장에서 의사의 지시와 환자의 요구, 상황의 변화에 따라 신속하게 대응해야 하는 '전문 의료 통번역사'로서의 전문성을 갖출 수 있습니다. 셋째, 이 책은 양방향 디지털 교재로 구성되어 시공간을 넘어 다양한 언어권의 학습자와 다양한 교육 환경의 교사가 쉽게 접근할 수 있습니다. 뿐만 아니라, 반복적인 훈련을 통해 다양한 의료 상황에 놓인 환자와 의사의 원활한 소통에 대응할 수 있게 설계되어 있습니다. 특히 양방향 디지털 교재는 실제 통번역 상황에 맞추어 두 언어를 전환할 수 있도록 설계되어 한국어·영어·중국어·일본어·베트남어·러시아어 등 다양한 언어의 통번역 훈련에 적합합니다. 이로써 다문화 사회로 나아가고 있는 한국에서 외국인 환자들을 상대하는 전문 의료 통번역사를 준비하는 데 최적화된 교재입니다.

    독자 여러분께서 이 책을 통해 전문적 지식을 함양하시길, 나아가 환자의 생명과 정보를 다루는 의료인의 한 가족으로서 사명감을 갖고 의료 현장에서 함께할 전문 의료 통번역사의 꿈을 키우시길 소망합니다.

2025년 7월,
단국대학교병원 국제진료센터장, 정형외과 교수
박현우 씀.

머리말 Preface

　　21세기 들어 한국 사회는 다문화가 가속화하고 글로벌 의료 수요가 비약적으로 증가함에 따라 의료 현장에서의 언어 소통 문제가 점점 더 중요한 사회적 과제로 주목받고 있다. 특히 외국인 환자와 의료인 간의 의사소통 문제는 단순한 불편을 넘어, 환자의 건강과 인권에 직결되는 중대한 이슈로 떠오르고 있다. 이에 따라 의료 통역과 번역의 중요성은 단순한 언어 중재를 넘어 의료 시스템의 핵심 요소로 자리 잡고 있으며, 전문 의료 통번역 인력의 양성은 국가적·사회적 차원의 전략 과제로 부상하고 있다.

　　이러한 배경 속에서 국제한국어통번역학회와 출판사 공앤박(주), 케이아이티랩(주)은 의료 통번역 교육의 전문화와 체계화를 위한 새로운 실습 교재의 필요성에 공감하고, '의료 통번역 실습 교재'를 공동으로 기획하고 집필하게 되었다. 이 교재는 국내외 의료 통번역 교육의 현황과 학문적 축적을 반영하여, 실용성과 교육적 타당성을 모두 갖춘 통합형 실습 교재로 개발되었다. 특히 외국어로서의 한국어 학습자 및 이중 언어 구사자를 주요 대상으로 설정하고, 실제 의료 현장에서의 통번역 상황을 바탕으로 체계적인 실습 구조를 제공한다는 점에서 큰 실효성을 기대한다.

　　이 교재는 총 2권으로 구성되며, 각 권은 다음과 같은 교육 목표와 실습 구성 요소를 포함한다.

　　첫째, 병원 진료 절차에 따른 단계별 언어 상황을 실제 대화 예시와 함께 제시함으로써, 학습자가 실질적인 진료 흐름을 파악하고 그 안에서 통번역 실습을 자연스럽게 경험할 수 있도록 한다.

　　둘째, 환자-의료인-통번역사 간의 삼자 의사소통 구조를 기반으로, 통번역 전략과 윤리적 판단 상황을 시뮬레이션하는 역할극과 문제 해결 훈련을 통해 비판적 사고력과 전문성을 함께 함양할 수 있도록 설계했다.

　　셋째, 의학 용어와 진료 관련 어휘 및 문화적 차이에 따른 언어적 고려 요소들을 목록화하여, 의료 분야에서 요구되는 어휘력과 문화 간 중재 능력을 동시에 향상시킬 수 있도록 하였다.

　　넷째, 각 단원은 '학습 목표 → 전문 용어 학습 → 역할극 → 배경지식 확장 → 자기 점검'이라는 5단계 훈련 모형을 기반으로 구성했으며, 이는 국제표준화기구(ISO)가 정한 의료 통역 서비스에 대한 국제 표준인 ISO 21998:2020에서 제시하는 의료 통역사의 핵심 역량과 교육 요건을 충실히 반영한 것이다.

이 교재의 개발은 단순한 통번역 실습 자료의 보급을 넘어, 의료 통번역 교육의 표준화와 전문성 강화를 위한 거시적인 비전을 품고 있다. ISO 21998:2020 국제 표준은 의료 통역사의 자격 요건·통역 프로세스·윤리·지속 교육 등을 명확히 규정함으로써, 의료 통역 서비스를 하나의 전문적 시스템으로 발전시키고자 하는 국제 사회의 노력을 반영하고 있다. 이 교재는 이러한 국제 표준에 부합하는 통역의 실습 내용과 교육 지침, 그리고 번역에 대한 연습과 더불어 국제 의료 문화를 포괄함으로써 향후 한국 의료 통번역 교육 체계가 국제적인 품질 기준에 맞춰 발전할 수 있는 기반을 제공하고자 한다.

또한 이 교재는 통번역 교육이 단순한 언어 훈련을 넘어, 인간 중심의 인문학적 소양과 직업 윤리를 함양하는 통합적 훈련 모형이어야 한다는 인본주의적 철학에 기반하고 있다. 환자의 존엄과 생명을 보호하는 의료 통번역사의 역할은 단지 의사소통을 전달하는 기술자로서의 능력뿐 아니라, 긴장되고 감정적으로 복잡한 의료 상황 속에서 중립성과 공감을 실천하는 의사소통 전문가로서의 품격을 요구한다. 이에 이 교재에서는 통번역 현장에서 마주할 수 있는 윤리적 딜레마와 문화적 충돌을 사례 중심으로 다루며, 학습자가 실천적인 지혜와 공감 능력을 함께 기를 수 있도록 안내하고 있다.

무엇보다도 이 교재는 현장 실습 기반 교육의 필요성을 절감하고 있는 국내 의료 기관과 교육 기관, 그리고 통번역사를 꿈꾸는 예비 전문가들의 요구를 반영하여 집필되었다. 병원 국제 진료 센터, 한국보건복지인재원(KOHI) 의료 통역 전문 과정, 다문화 지원 센터, 지방 자치 단체의 의료 통번역 지원 프로그램 등 다양한 의료 통번역 교육 프로그램들과의 연계를 염두에 두었으며, 각 기관이 이 교재를 활용하여 좀 더 체계적인 실습 교육을 시행할 수 있기를 기대한다.

끝으로 이 교재의 기획과 집필에 참여해 주신 연구자, 실무 전문가와 통번역사, 그리고 의료 현장의 내용을 감수해 주신 단국대학교병원 국제진료센터장 박현우 교수님께 깊은 감사를 전한다. 이 교재가 한국 의료 통번역 교육의 새로운 변화의 방향을 제시하고, 전문성과 윤리성 및 국제성과 지역성을 아우르는 교육 콘텐츠로서 널리 활용되기를 바란다. 아울러 이 교재를 통해 배출될 수많은 예비 의료 통번역 인재들이 언어적 다리이자 문화적 중재자로서의 사명을 품고 각자의 자리에서 소중한 생명을 지키는 소통 전문가로 성장하기를 진심으로 기원한다.

2025년 7월,
국제한국어통번역학회
임형재·신윤경·유소영·허은혜 씀.

교재의 구성 Scope and Sequence

단원	어휘와 표현
Lesson 13 안과 Ophthalmology	• **전문 어휘** 각막 이식, 근시, 시야 검사, 안대, 안압 측정 등 • **질환의 종류** 1) 각막 혼탁, 2) 다래끼와 콩다래끼, 3) 망막 박리, 4) 사시(현성 사시도 포함)와 약시, 5) 색각 이상
Lesson 14 이비인후과 ENT, Otolaryngology	• **전문 어휘** 난청, 연하 장애, 외이도염, 이명, 코중격 만곡 등 • **질환의 종류** 1) 고막염, 2) 알레르기 코염, 3) 인후두염, 4) 코 용종, 5) 편도샘염
Lesson 15 치과 Dentistry	• **전문 어휘** 근관 치료, 래미네이트, 임플란트, 치석, 치아 교정 등 • **질환의 종류** 1) 구내염, 2) 매복 사랑니, 3) 설통, 4) 치아우식증, 5) 턱관절 장애와 탈구
Lesson 16 피부과 Dermatology	• **전문 어휘** 각질, 두드러기, 물집, 백반증, 주근깨 등 • **질환의 종류** 1) 가려움증, 2) 건선, 3) 기미, 4) 사마귀, 5) 화상
Lesson 17 흉부외과 Thoracic and Cardiovascular Surgery	• **전문 어휘** 농흉, 심근 경색증, 폐 기능 검사, 하지 정맥류, 흉통 등 • **질환의 종류** 1) 식도암, 2) 심근염, 3) 특발 폐 섬유증, 4) 흉막 삼출, 5) 흉부 대동맥류
Lesson 18 신경과 Neurology	• **전문 어휘** 뇌경색증, 뇌전증, 사지 마비, 시신경, 중추 신경계 등 • **질환의 종류** 1) 근육 위축증, 2) 뇌동맥류, 3) 다발 경화증, 4) 척수 손상, 5) 후두 신경통과 좌골 신경통
Lesson 19 비뇨 의학과 Urology	• **전문 어휘** 매독, 배뇨 장애, 신우신염, 전립샘 절제술, 조기 사정 등 • **질환의 종류** 1) 남성 갱년기, 2) 신장 결석, 3) 요관 협착, 4) 요실금, 5) 전립샘 비대증
Lesson 20 산부인과 Obstetrics and Gynecology	• **전문 어휘** 과배란, 자궁 내막증, 체외 수정, 태아, 피임약 등 • **질환의 종류** 1) 골반염, 2) 섬유 샘종, 3) 자궁 경부암, 4) 질염, 5) 폐경과 갱년기
Lesson 21 성형외과: 미용 성형 Plastic and Reconstructive Surgery	• **전문 어휘** 양악 수술, 유방 확대, 융비술, 자가 지방, 절개법 등 • **미용 성형 수술의 종류** 1) 섬유종 제거 수술, 2) 쌍꺼풀 수술, 3) 유방 수술, 4) 주름 성형 수술, 5) 코 수술
Lesson 22 암 센터 Cancer Center	• **전문 어휘** 암세포, 재발, 전이, 조직 적합성, 항암 화학 요법 등 • **암 치료의 종류** 1) 종양 절제 수술, 2) 세포 독성 항암제, 3) 표적 항암제, 4) 면역 항암제, 5) 방사선 치료
Lesson 23 응급 의료 센터 Emergency Center	• **전문 어휘** 심정지, 심폐 소생술, 응급실, 중증 외상, 체온·맥박·호흡수 등 • **질환의 종류** 1) 외국인 근로자의 근무 중 응급 질환, 2) 뇌진탕, 3) 심장 발작, 4) 아나필락시스, 5) 중독
Lesson 24 의료 통역 실무 Medical Interpretation Practice	• **전문 어휘** ABO, Dx, NPO, OP, Sx 등 • **의료인과 외국인 환자** 1) 의료인, 2) 의료인의 의무와 권리, 3) 외국인 환자, 4) 외국인 환자의 메디컬 비자

대화 통역 연습 | 기본	문장 구역 연습 1	문장 구역 연습 2	대화 통역 연습 | 실전 국제 의료 문화
결막염	백내장과 녹내장	안구 건조증	비문증
메니에르병	중이염	부비강염	성대 결절 / 중국의 의료 문화
치은염	구강 문제	부정 교합	만성 치주염
여드름	아토피 피부염	탈모증	대상 포진 / 일본의 의료 문화
심방 잔떨림	판막 질환	기흉	협심증
편두통	안면 마비	파킨슨병	수막염 / 몽골의 의료 문화
전립샘염	요로 감염	성 전파성 질환	남성 난임
생리 불순과 생리통	자궁 근종	여성 난임	임신 / 베트남의 의료 문화
매부리코	안면 미용 성형	땀 악취증	지방 흡인술
폐암	갑상샘암	대장암	만성 골수 백혈병 / 수가와 진료비 지불 제도
교통사고	응급 의료 센터의 기능과 트리아제	응급 처치 방법	열사병
의료 통번역사로서의 기본 자세	의료 사고와 의료 분쟁	환자의 권리와 의무	의료 윤리 원칙과 통역 방식 / 한국의 외국인 건강 보험 제도

교재의 활용 How to Use This Book

> **Tip** 양방향 디지털 교재의 훈련 기능을 활용하면 더욱 효과적입니다.
> Boost your learning with an AI-powered interactive textbook!

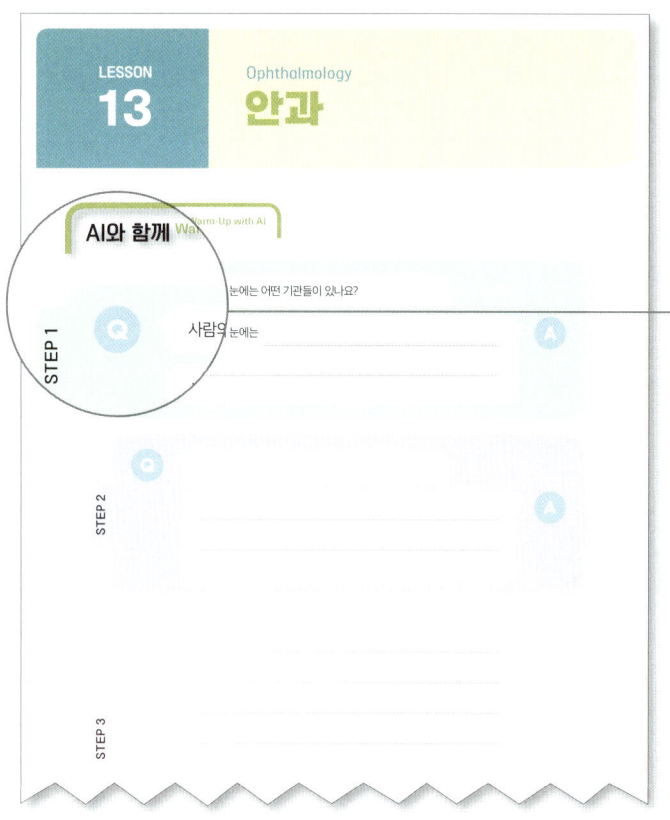

과별 의료 한국어 통번역 과정을 학습하기 이전에 AI를 활용하여 관련 전문 지식에 접근함으로써 스키마를 활성화합니다. 이는 수업 전 활동으로 수행하도록 지도합니다.

[STEP 1] 인공 지능 플랫폼에 접속하여 주어진 질문을 입력합니다. AI가 제공하는 답변을 요약 후 정리합니다.
[STEP 2] 학생 스스로 궁금한 내용을 추가로 질문합니다. AI가 제공하는 답변을 요약 후 정리합니다.
[STEP 3] STEP 1과 STEP 2로 정리한 내용을 간단하게 요약 후 통번역합니다.

This pre-class activity allows learners to access specialized medical knowledge through AI, helping activate their prior knowledge before each lesson in the medical Korean interpretation and translation course.

[STEP 1] Log into the AI platform and enter the question provided in the text. Then, organize and summarize the AI's responses.
[STEP 2] Ask additional questions based on your curiosity. Then, organize and summarize the AI's responses.
[STEP 3] Using the content from STEP 1 and STEP 2, summarize and translate the information.

각 과의 학습 목표를 확인합니다.
Learners can understand the learning objectives for each lesson.

각 과에 해당하는 그림 자료를 통해 의료 상황이나 신체 기관과 관련한 의료 전문 어휘를 두 언어로 전환할 수 있도록 훈련합니다.
Learners can practice translating specialized medical terminology, accompanied by illustrations depicting medical scenarios or anatomical structures, into two distinct languages.

각 과별 제재와 관련한 개괄적인 설명을 읽고, AI와 함께 요약한 내용과 비교해 봅니다.
Learners can read a brief description of each lesson's topic and compare it with their AI-generated summary.

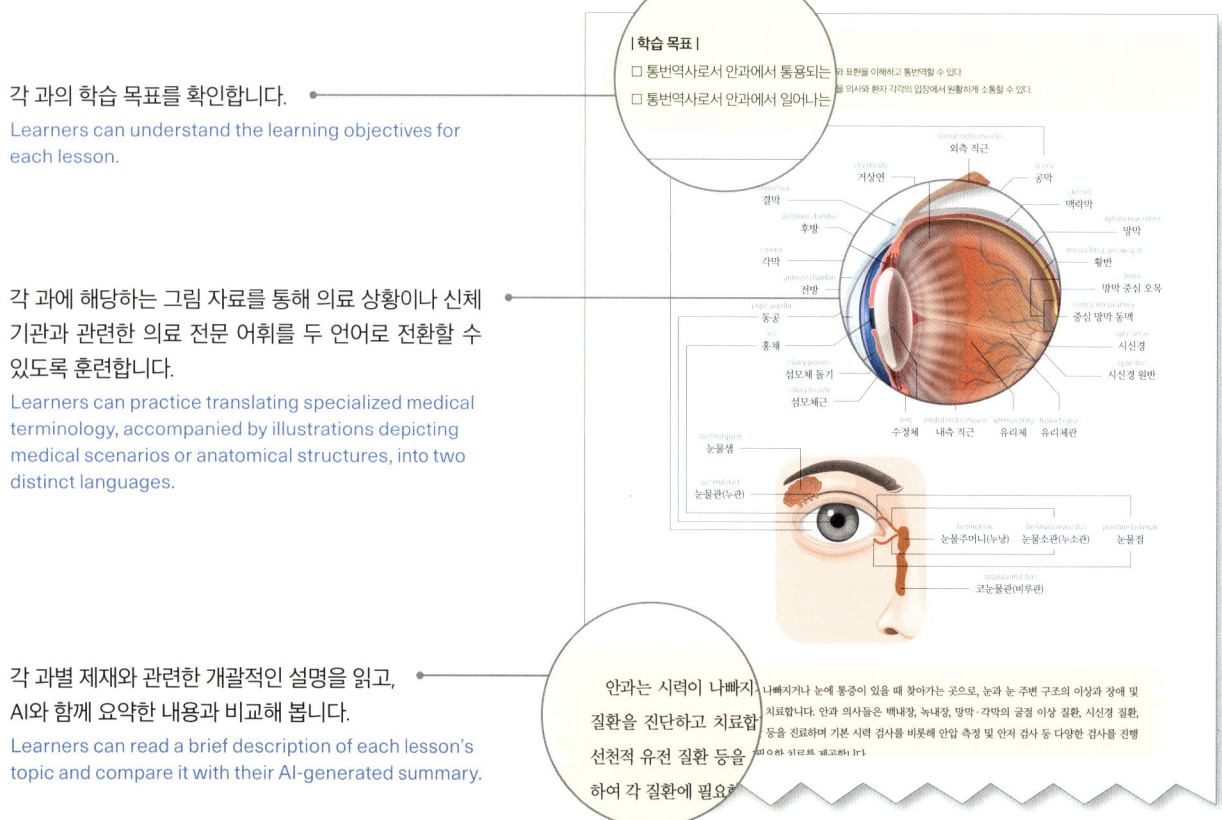

의료 통번역사로서 해당 과에서 반드시 알아야 할 의료 전문 어휘군을 두 언어로 훈련합니다.

Learners can practice the medical terminologies that should be acquired in each lesson, in two distinct languages.

본문의 통번역 과제 중 활용 빈도가 높은 표현들을 중심으로 두 언어로 훈련합니다.

Learners can practice medical expressions that are frequently used in the translation tasks of the main text, in two distinct languages.

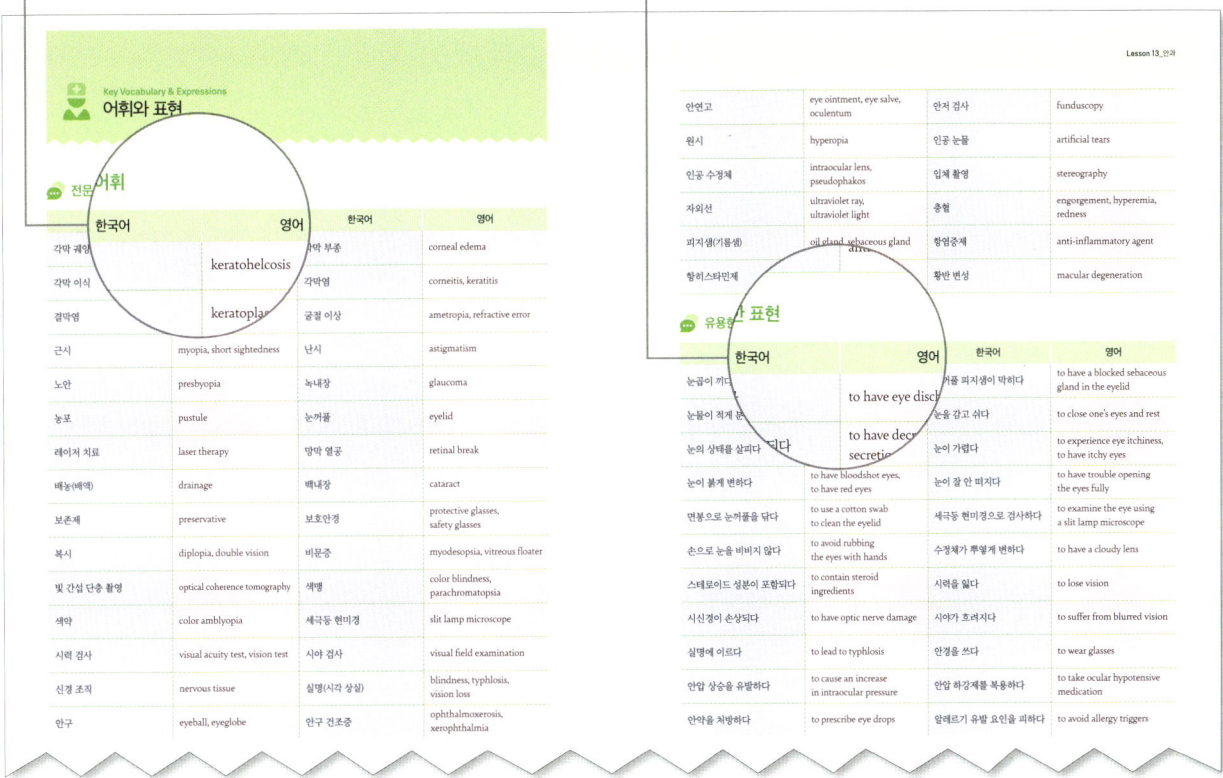

요약해 제시한 각 과별 의료 지식을 상황과 여러 질환(정의-증상-치료 등)을 통해 익히고 번역합니다. 앞서 학습한 전문 어휘를 반드시 활용하도록 지도합니다.

Learners can study medical content, including the definitions, symptoms, and treatments of specific medical conditions or diseases, and practice translation using previously learned medical terminologies and expressions.

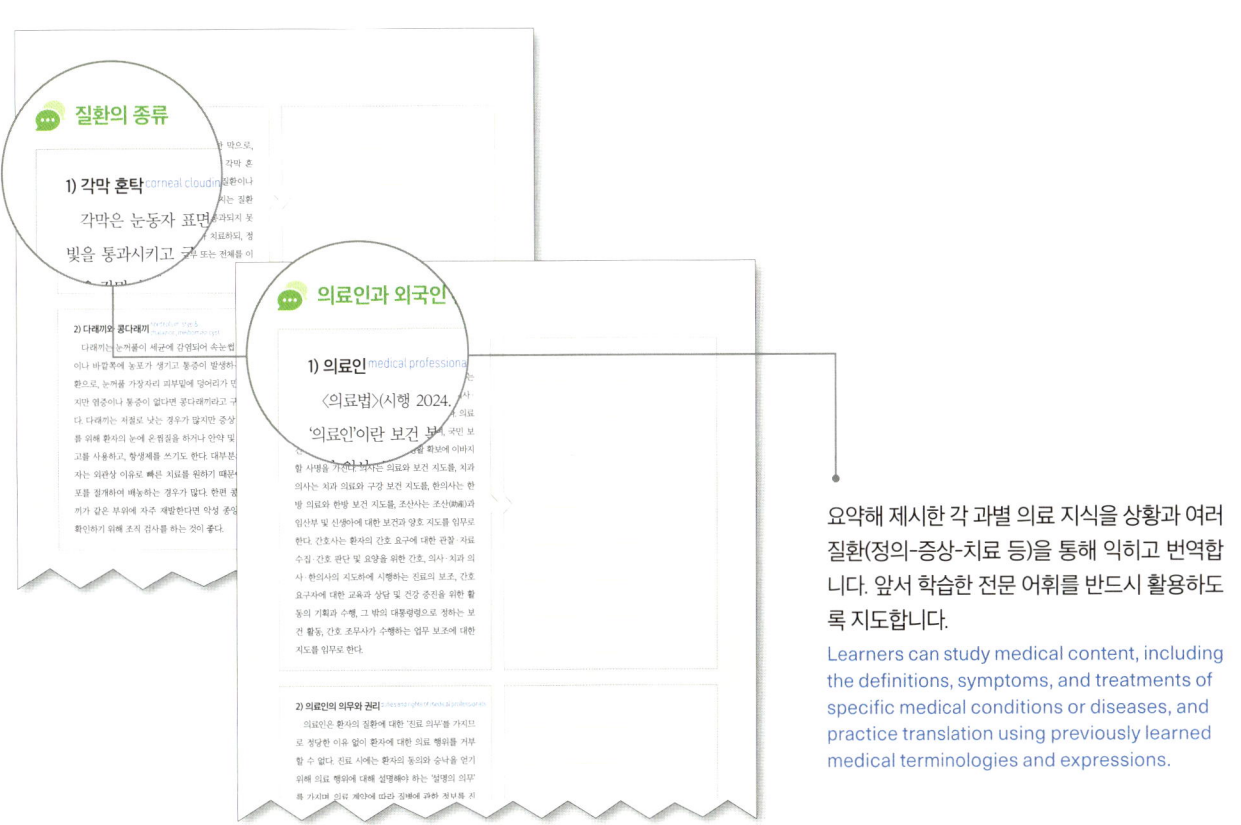

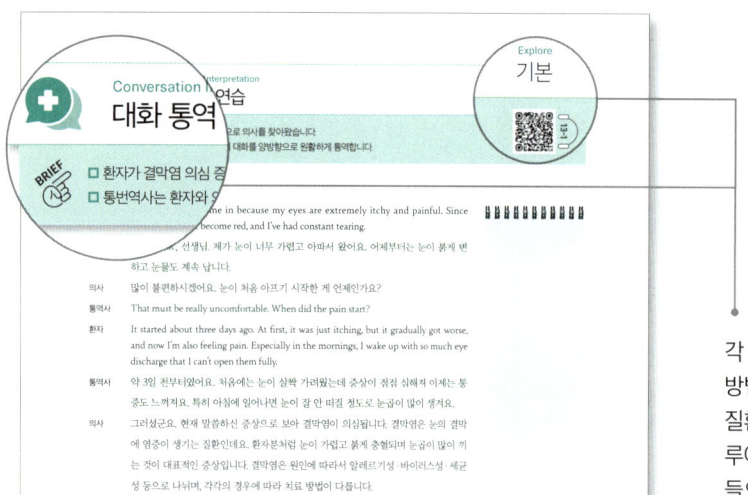

각 과별 대표적인 상황 및 질환과 관련하여 소통하는 방법을 이해하고 순차 통역을 훈련합니다. 이하 본문은 질환별 '증상-검사법-치료법-예방법'을 전반적으로 다루어 의료 현장을 간접 경험하도록 유도합니다. 녹음을 들으며 제시된 통역을 훈련하도록 지도합니다.

Learners can develop an understanding of how to communicate in specific medical situations and discussions of diseases in each lesson, while practicing consecutive interpreting. This section introduces the symptoms, examinations, treatments, and preventive measures for each disease, enabling learners to engage with medical scenarios indirectly. Additionally, learners can enhance their interpretation skills by listening to audio recordings of the texts.

대표 질환에 대한 시각적 정보를 즉시 통역해 보는 훈련입니다. 환자가 자신의 질환과 전문 의료 과정을 이해하고 의료인과 원활하게 소통할 수 있도록 책임감을 갖고 통역합니다.

Learners can quickly interpret written information about the key disease covered in each lesson. This section helps learners interpret for patients, allowing them to better understand their condition and medical procedures, so they can communicate effectively with medical professionals.

대표 질환에 대한 환자의 질문과 이에 대한 의료인의 답변을 두 언어로 교차 통역해 보는 문장 구역 연습입니다. 환자의 증상 호소와 의사의 진단 예측을 정확하게 구역하도록 지도합니다.

Learners can cross-interpret a patient's questions and a medical professional's responses regarding the key disease covered in each lesson into two distinct languages. This section emphasizes distinguishing between the patient's symptom descriptions and the doctor's diagnostic assessments.

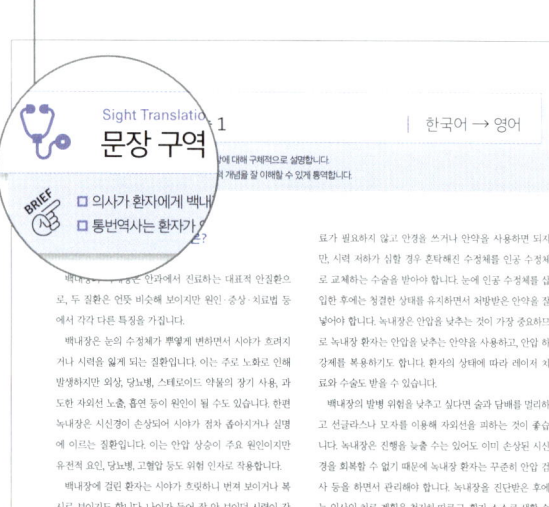

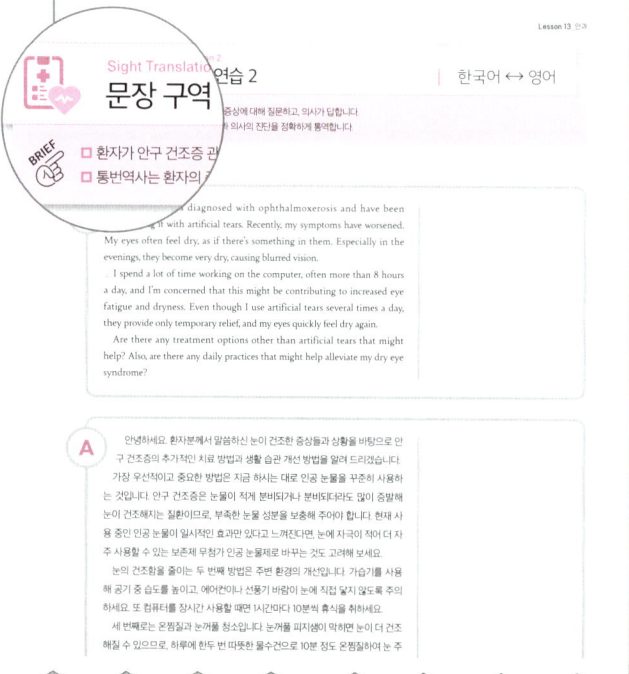

각 과별 대표적인 상황 및 질환과 관련하여 소통하는 방법을 이해하고 순차 통역을 훈련합니다. 녹음을 듣고 통역을 완성하도록 지도합니다.

Learners can develop an understanding of how to communicate in specific medical situations and discussions of diseases in each lesson, while practicing consecutive interpreting. Additionally, learners can enhance their interpretation skills by listening to audio recordings of the texts.

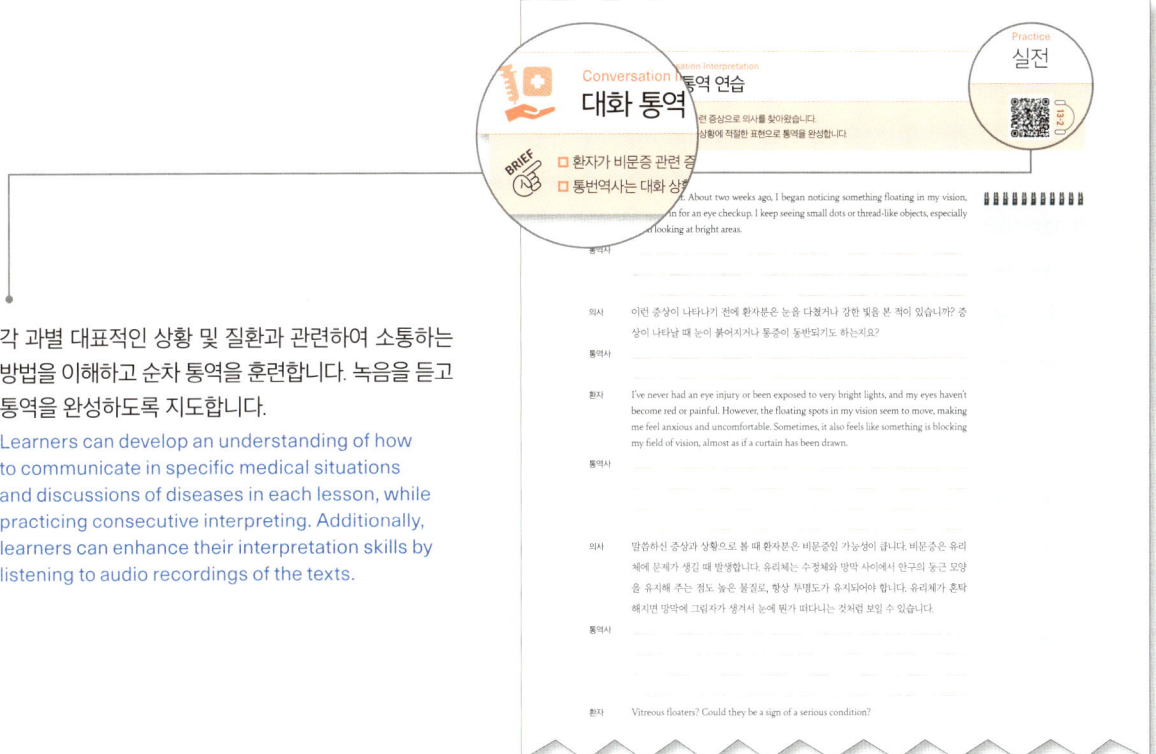

짝수 과마다 국제 의료 문화를 소개합니다. 이를 통해 한국 병원을 찾는 외국인 환자들의 특성을 이해하고 통번역할 수 있도록 지도합니다.

Included at the end of each even-numbered chapter, this section provides an overview of the medical culture of various countries. It helps learners understand foreign patients' medical situations and their cultural backgrounds, and practice translation.

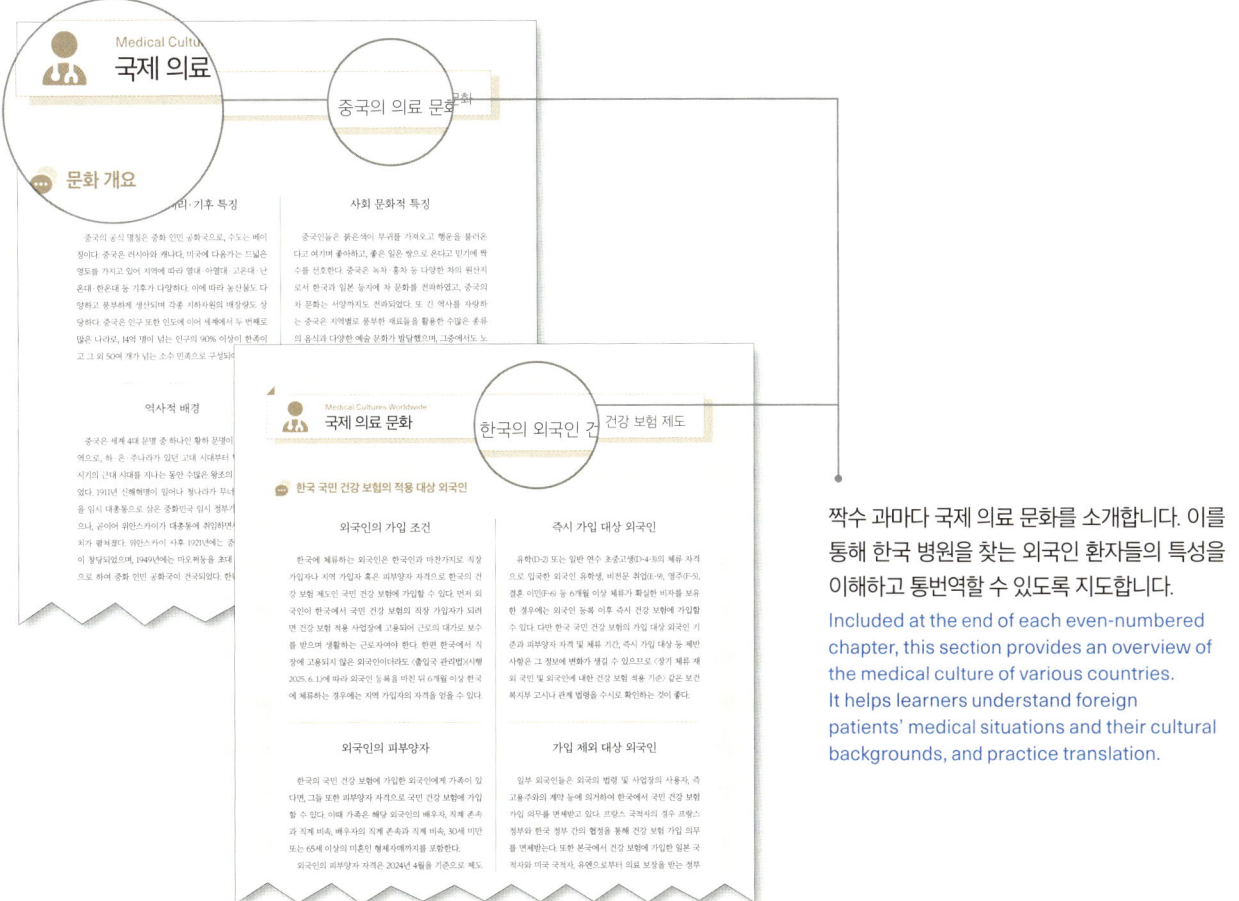

차례 Contents

감수의 글	5
머리말	6
교재의 구성	8
교재의 활용	10

Lesson 13

안과
Ophthalmology

AI와 함께	18
어휘와 표현	20
대화 통역 연습 | 기본 결막염	24
문장 구역 연습 1 백내장과 녹내장	26
문장 구역 연습 2 안구 건조증	27
대화 통역 연습 | 실전 비문증	28

Lesson 14

이비인후과
ENT, Otolaryngology

AI와 함께	30
어휘와 표현	32
대화 통역 연습 | 기본 메니에르병	36
문장 구역 연습 1 중이염	38
문장 구역 연습 2 부비강염	39
대화 통역 연습 | 실전 성대 결절	40
국제 의료 문화 중국의 의료 문화	42

Lesson 15

치과
Dentistry

AI와 함께	44
어휘와 표현	46
대화 통역 연습 | 기본 치은염	50
문장 구역 연습 1 구강 문제	52
문장 구역 연습 2 부정 교합	53
대화 통역 연습 | 실전 만성 치주염	54

Lesson 16

피부과
Dermatology

AI와 함께	56
어휘와 표현	58
대화 통역 연습 | 기본 여드름	62
문장 구역 연습 1 아토피 피부염	64
문장 구역 연습 2 탈모증	65
대화 통역 연습 | 실전 대상 포진	66
국제 의료 문화 일본의 의료 문화	70

Lesson 17

흉부외과
Thoracic and Cardiovascular Surgery

AI와 함께	72
어휘와 표현	74
대화 통역 연습 | 기본 심방 잔떨림	78
문장 구역 연습 1 판막 질환	80
문장 구역 연습 2 기흉	81
대화 통역 연습 | 실전 협심증	82

Lesson 18

신경과
Neurology

AI와 함께	84
어휘와 표현	86
대화 통역 연습 | 기본 편두통	90
문장 구역 연습 1 안면 마비	92
문장 구역 연습 2 파킨슨병	93
대화 통역 연습 | 실전 수막염	94
국제 의료 문화 몽골의 의료 문화	96

Lesson 19

비뇨 의학과
Urology

AI와 함께	98
어휘와 표현	100
대화 통역 연습 | 기본 전립샘염	104
문장 구역 연습 1 요로 감염	106
문장 구역 연습 2 성 전파성 질환	107
대화 통역 연습 | 실전 남성 난임	108

Lesson 20

산부인과
Obstetrics and Gynecology

AI와 함께	110
어휘와 표현	112
대화 통역 연습 | 기본 생리 불순과 생리통	116
문장 구역 연습 1 자궁 근종	118
문장 구역 연습 2 여성 난임	119
대화 통역 연습 | 실전 임신	120
국제 의료 문화 베트남의 의료 문화	124

Lesson 21

성형외과: 미용 성형
Plastic and Reconstructive Surgery

AI와 함께	126
어휘와 표현	128
대화 통역 연습 | 기본 매부리코	132
문장 구역 연습 1 안면 미용 성형	134
문장 구역 연습 2 땀 악취증	135
대화 통역 연습 | 실전 지방 흡인술	136

Lesson 22

암 센터
Cancer Center

AI와 함께	138
어휘와 표현	140
대화 통역 연습 | 기본 폐암	144
문장 구역 연습 1 갑상샘암	146
문장 구역 연습 2 대장암	147
대화 통역 연습 | 실전 만성 골수 백혈병	148
국제 의료 문화 수가와 진료비 지불 제도	150

Lesson 23

응급 의료 센터
Emergency Center

AI와 함께	152
어휘와 표현	154
대화 통역 연습 | 기본 교통사고	158
문장 구역 연습 1 응급 의료 센터의 기능과 트리아제	160
문장 구역 연습 2 응급 처치 방법	161
대화 통역 연습 | 실전 열사병	162

Lesson 24

의료 통역 실무
Medical Interpretation Practice

AI와 함께	164
어휘와 표현	166
대화 통역 연습 | 기본 의료 통번역사로서의 기본 자세	170
문장 구역 연습 1 의료 사고와 의료 분쟁	174
문장 구역 연습 2 환자의 권리와 의무	175
대화 통역 연습 | 실전 의료 윤리 원칙과 통역 방식	176
국제 의료 문화 한국의 외국인 건강 보험 제도	178
색인	180

1권 차례

Lesson 1	진료 절차	Medical Procedure
Lesson 2	건강 검진	Medical Checkup
Lesson 3	소화기 내과	Gastroenterology
Lesson 4	호흡기 내과	Pulmonology and Critical Care Medicine
Lesson 5	내분비 대사 내과	Endocrinology and Metabolism
Lesson 6	감염 내과	Division of Infectious Diseases
Lesson 7	일반 외과	General Surgery
Lesson 8	정형외과	Orthopedic Surgery
Lesson 9	재활 의학과	Rehabilitation Medicine
Lesson 10	성형외과: 재건 성형	Plastic and Reconstructive Surgery
Lesson 11	소아 청소년과	Pediatrics
Lesson 12	정신 건강 의학과	Psychiatry

LESSON 13

Ophthalmology
안과

AI와 함께 Warm-Up with AI

STEP 1

 사람의 눈에는 어떤 기관들이 있나요?

사람의 눈에는 _____

STEP 2

STEP 3

| 학습 목표 |
□ 통번역사로서 안과에서 통용되는 어휘와 표현을 이해하고 통번역할 수 있다.
□ 통번역사로서 안과에서 일어나는 상황을 의사와 환자 각각의 입장에서 원활하게 소통할 수 있다.

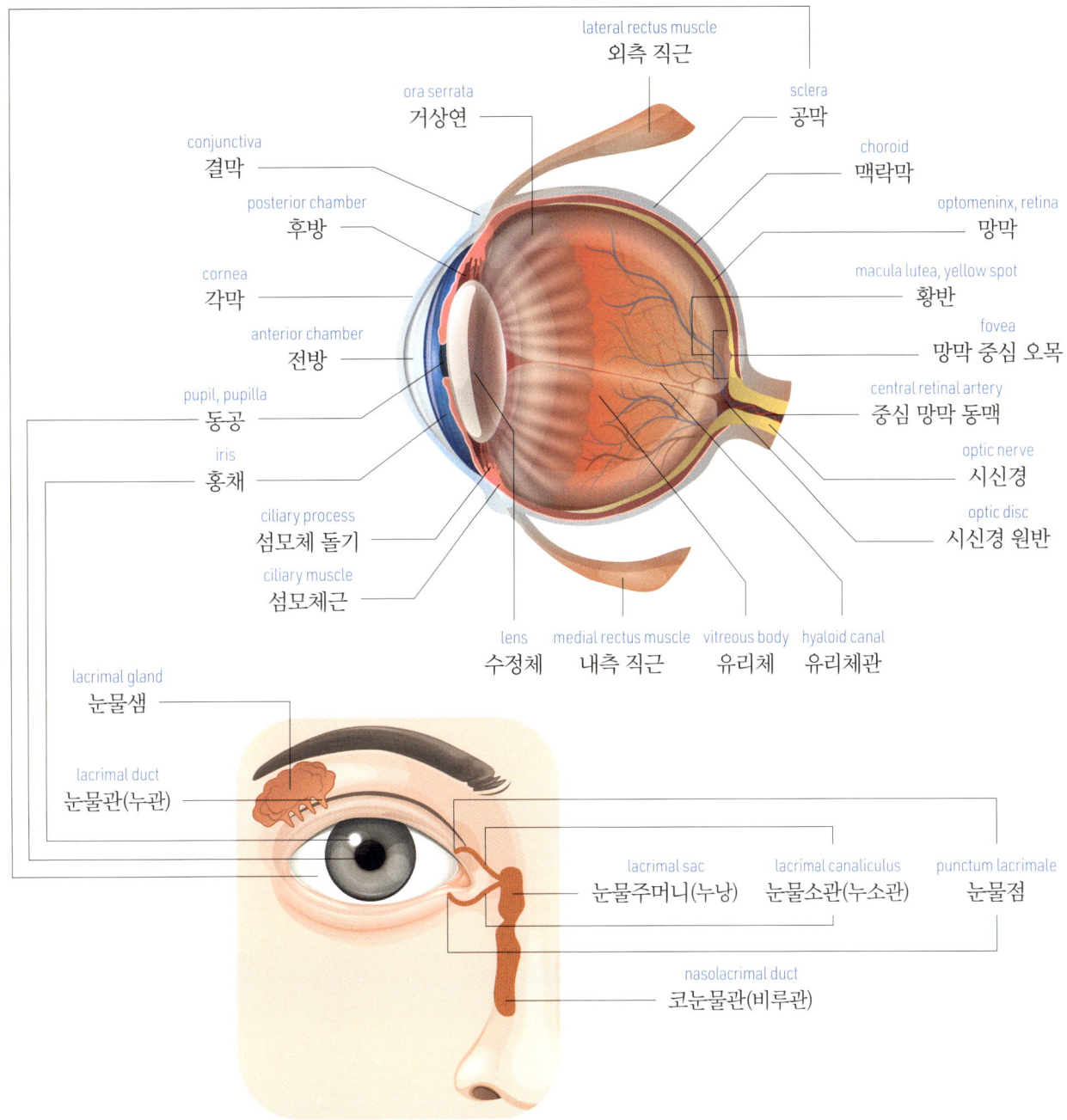

안과는 시력이 나빠지거나 눈에 통증이 있을 때 찾아가는 곳으로, 눈과 눈 주변 구조의 이상과 장애 및 질환을 진단하고 치료합니다. 안과 의사들은 백내장, 녹내장, 망막·각막의 굴절 이상 질환, 시신경 질환, 선천적 유전 질환 등을 진료하며 기본 시력 검사를 비롯해 안압 측정 및 안저 검사 등 다양한 검사를 진행하여 각 질환에 필요한 치료를 제공합니다.

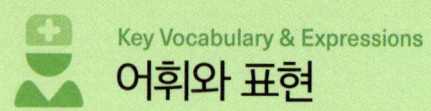

Key Vocabulary & Expressions
어휘와 표현

💬 전문 어휘

한국어	영어	한국어	영어
각막 궤양	keratohelcosis	각막 부종	corneal edema
각막 이식	keratoplasty	각막염	corneitis, keratitis
결막염	conjunctivitis	굴절 이상	ametropia, refractive error
근시	myopia, short sightedness	난시	astigmatism
노안	presbyopia	녹내장	glaucoma
농포	pustule	눈꺼풀	eyelid
레이저 치료	laser therapy	망막 열공	retinal break
배농(배액)	drainage	백내장	cataract
보존제	preservative	보호안경	protective glasses, safety glasses
복시	diplopia, double vision	비문증	myodesopsia, vitreous floater
빛 간섭 단층 촬영	optical coherence tomography	색맹	color blindness, parachromatopsia
색약	color amblyopia	세극등 현미경	slit lamp microscope
시력 검사	visual acuity test, vision test	시야 검사	visual field examination
신경 조직	nervous tissue	실명(시각 상실)	blindness, typhlosis, vision loss
안구	eyeball, eyeglobe	안구 건조증	ophthalmoxerosis, xerophthalmia
안대	eye patch	안압	intraocular pressure, ocular tension
안압 측정	tonometry	안약	eye drop, eye lotion

한국어	영어	한국어	영어
안연고	eye ointment, eye salve, oculentum	안저 검사	funduscopy
원시	hyperopia	인공 눈물	artificial tears
인공 수정체	intraocular lens, pseudophakos	입체 촬영	stereography
자외선	ultraviolet ray, ultraviolet light	충혈	engorgement, hyperemia, redness
피지샘(기름샘)	oil gland, sebaceous gland	항염증제	anti-inflammatory agent
항히스타민제	antihistamine	황반 변성	macular degeneration

💬 유용한 표현

한국어	영어	한국어	영어
눈곱이 끼다	to have eye discharge	눈꺼풀 피지샘이 막히다	to have a blocked sebaceous gland in the eyelid
눈물이 적게 분비되다	to have decreased tear secretion	눈을 감고 쉬다	to close one's eyes and rest
눈의 상태를 살피다	to check the condition of the eyes	눈이 가렵다	to experience eye itchiness, to have itchy eyes
눈이 붉게 변하다	to have bloodshot eyes, to have red eyes	눈이 잘 안 떠지다	to have trouble opening the eyes fully
면봉으로 눈꺼풀을 닦다	to use a cotton swab to clean the eyelid	세극등 현미경으로 검사하다	to examine the eye using a slit lamp microscope
손으로 눈을 비비지 않다	to avoid rubbing the eyes with hands	수정체가 뿌옇게 변하다	to have a cloudy lens
스테로이드 성분이 포함되다	to contain steroid ingredients	시력을 잃다	to lose vision
시신경이 손상되다	to have optic nerve damage	시야가 흐려지다	to suffer from blurred vision
실명에 이르다	to lead to typhlosis	안경을 쓰다	to wear glasses
안압 상승을 유발하다	to cause an increase in intraocular pressure	안압 하강제를 복용하다	to take ocular hypotensive medication
안약을 처방하다	to prescribe eye drops	알레르기 유발 요인을 피하다	to avoid allergy triggers
유리체가 혼탁해지다	to experience vitreous clouding	인공 눈물을 사용하다	to use artificial tears
인공 수정체로 교체하다	to replace with an intraocular lens	항충혈 효과가 있다	to help reduce eye redness

질환의 종류

1) 각막 혼탁 corneal clouding, corneal opacity

각막은 눈동자 표면을 덮고 있는 투명한 막으로, 빛을 통과시키고 굴절시키는 역할을 한다. 각막 혼탁은 각막이 궤양·부종 또는 각막염 등의 질환이나 외상으로 인해 흉터가 생기면서 불투명해지는 질환이다. 각막 혼탁이 생기면 각막에 빛이 통과되지 못해 시력이 저하된다. 이는 원인을 찾아 치료하되, 정도가 심한 경우 손상된 각막의 일부 또는 전체를 이식하는 수술을 해야 한다.

2) 다래끼와 콩다래끼 hordeolum, stye & chalazion, meibomian cyst

다래끼는 눈꺼풀이 세균에 감염되어 속눈썹 안쪽이나 바깥쪽에 농포가 생기고 통증이 발생하는 질환으로, 눈꺼풀 가장자리 피부밑에 덩어리가 만져지지만 염증이나 통증이 없다면 콩다래끼라고 구분한다. 다래끼는 저절로 낫는 경우가 많지만 증상 완화를 위해 환자의 눈에 온찜질을 하거나 안약 및 안연고를 사용하고, 항생제를 쓰기도 한다. 대부분의 환자는 외관상 이유로 빠른 치료를 원하기 때문에 농포를 절개하여 배농하는 경우가 많다. 한편 콩다래끼가 같은 부위에 자주 재발한다면 악성 종양인지 확인하기 위해 조직 검사를 하는 것이 좋다.

3) 망막 박리 retinal detachment

망막은 눈의 가장 뒤쪽에 위치하며 눈에 들어온 빛을 신호로 변환하여 뇌에 전달하는 신경 조직으로, 망막 박리는 망막이 안구 내벽에 밀착되지 못하고 들떠 있는 상태를 말한다. 망막이 제 위치에서 떨어지면 시력 저하와 비문증이 나타나며, 눈앞이 번쩍이거나 시야가 제한되고 사물이 찌그러져 보이기도 한다. 망막과 붙어 있는 유리체가 분리되면서 망막이 찢어져 구멍이 생기는 초기 '망막 열공' 상태라면 레이저 치료로 망막의 찢어진 부위를 막을 수 있지만, 망막 박리까지 진행되었다면 실명 확률이 높으니 반드시 망막을 다시 붙이는 수술을 해야 한다.

4) 사시(현성 사시도 포함)와 약시 strabismus(including heterotropia) & amblyopia

사시는 하나의 물체를 볼 때 두 눈의 방향이 서로 다른 상태를 말한다. 사시가 발생하면 두 눈의 정렬이 일치하지 않아 물체가 둘로 보이는 복시 증상이 나타나며, 약시로 진행될 수도 있다. 사시는 주로 안대나 사시 교정용 패치를 사용한 가림 치료와 안경 교정 또는 약물 치료 등을 하며, 이와 같은 보조적 치료에도 효과가 없다면 사시 교정 수술을 시행한다.

한편 약시는 특별한 질환이 없는데도 한쪽 눈의 시력이 저하된 상태로, 굴절 이상이나 사시 등에 의해 발생한다. 약시는 시력 발달 완료 전 조기 발견이 중요하므로, 만 3세 아이는 안과 검진을 받는 것이 바람직하다. 약시로 확진되면 굴절 이상을 교정하거나 사시 치료 등을 통해 시력을 향상시키는 게 좋다.

5) 색각 이상 color anomaly, dyschromatopsia

색깔을 구분하지 못하는 현상을 색각 이상이라고 한다. 색을 식별하는 능력의 정도에 따라 색을 전혀 구분하지 못하는 색맹, 색을 명확하게 구분하기 어려워하는 색약으로 나뉜다. 색각 이상은 대부분 선천적으로 발생하지만, 당뇨병·황반 변성·백내장·녹내장·망막 및 시신경 질환 등에 의해 후천적으로 나타날 수도 있다. 선천적 원인으로 색각 이상이 발생한 경우 뚜렷한 치료 방법이 없으나, 후천적 원인일 경우에는 원인 질환에 대한 치료를 시행해야 한다.

 **Conversation Interpretation**
대화 통역 연습

Explore | 기본

- 환자가 결막염 의심 증상으로 의사를 찾아왔습니다.
- 통번역사는 환자와 의사의 대화를 양방향으로 원활하게 통역합니다.

환자	Hello, Doctor. I came in because my eyes are extremely itchy and painful. Since yesterday, they've become red, and I've had constant tearing.
통역사	안녕하세요, 선생님. 제가 눈이 너무 가렵고 아파서 왔어요. 어제부터는 눈이 붉게 변하고 눈물도 계속 납니다.
의사	많이 불편하시겠어요. 눈이 처음 아프기 시작한 게 언제인가요?
통역사	That must be really uncomfortable. When did the pain start?
환자	It started about three days ago. At first, it was just itching, but it gradually got worse, and now I'm also feeling pain. Especially in the mornings, I wake up with so much eye discharge that I can't open them fully.
통역사	약 3일 전부터였어요. 처음에는 눈이 살짝 가려웠는데 증상이 점점 심해져 이제는 통증도 느껴져요. 특히 아침에 일어나면 눈이 잘 안 떠질 정도로 눈곱이 많이 생겨요.
의사	그러셨군요. 현재 말씀하신 증상으로 보아 결막염이 의심됩니다. 결막염은 눈의 결막에 염증이 생기는 질환인데요. 환자분처럼 눈이 가렵고 붉게 충혈되며 눈곱이 많이 끼는 것이 대표적인 증상입니다. 결막염은 원인에 따라서 알레르기성·바이러스성·세균성 등으로 나뉘며, 각각의 경우에 따라 치료 방법이 다릅니다.
통역사	I understand. Based on the symptoms you've described, it sounds like you might have conjunctivitis. Conjunctivitis is an inflammation of the conjunctiva. The main symptoms are itchy eyes, redness, and noticeable eye discharge, which you're experiencing. It can be caused by allergies, a virus, or bacteria, and the appropriate treatment depends on the underlying cause.
환자	So, what type of conjunctivitis do I have?
통역사	그럼 저는 어떤 결막염일까요?
의사	요즘 같은 환절기에는 알레르기성 결막염일 확률이 높아요. 꽃가루나 미세 먼지, 혹은 동물의 털 등이 알레르기를 유발해 눈에 염증을 일으킬 수 있어요. 또 바이러스나 세균에 감염되어도 결막염이 생길 수 있는데, 예를 들어 감기와 함께 바이러스성 결막염이 나타나는 경우가 많죠. 최근 감기에 걸리거나 알레르기 반응을 느낀 적이 있으신가요?
통역사	During transitional seasons like this, allergic conjunctivitis is quite common. Pollen, fine dust, or even animal hair can trigger allergies that cause inflammation. Conjunctivitis can also be caused by viral or bacterial infections. For example, viral conjunctivitis often comes with a cold. Have you had a cold recently or experienced any allergic reactions?

환자	I haven't caught a cold, but I've been sneezing a lot every morning, and my nose has been extremely itchy since the beginning of the week.
통역사	저는 감기에 걸리지는 않았어요. 하지만 이번 주에 유독 아침마다 재채기가 잦고 코가 무척 간지러웠어요.
의사	그렇다면 알레르기성 결막염일 가능성이 높습니다만, 정확한 진단을 위해 세극등 현미경으로 눈을 검사해 보겠습니다. 세극등 현미경 검사는 안과에서 시행하는 가장 기본적이고 중요한 검사로, 40배까지 확대해서 볼 수 있어 눈의 상태를 면밀하게 살필 수 있습니다.
통역사	In that case, it's most likely allergic conjunctivitis. However, I'll examine your eyes with a slit lamp microscope for a more precise assessment. As one of the most important tools in ophthalmology, it can magnify the eye up to 40 times, allowing for a detailed evaluation of its condition.

【 검사 후 】

의사	검사 결과 환자분은 알레르기성 결막염에 걸린 것이 맞네요. 이 경우 항히스타민제나 항염증제 안약 또는 항충혈 효과가 있는 안약을 사용해 치료합니다. 증상이 심한 경우에는 스테로이드 성분이 포함된 안약을 처방하기도 합니다.
통역사	The test results confirm that you got allergic conjunctivitis. This condition is typically treated with antihistamine or anti-inflammatory eye drops, as well as drops that help reduce redness. In more severe cases, steroid-containing eye drops may be prescribed.
환자	Will it heal quickly if I use the eye drops consistently?
통역사	안약을 꾸준히 넣으면 금방 나을 수 있나요?
의사	대부분의 경우 1주일 이내에 증상이 개선됩니다. 하지만 알레르기성 결막염은 재발할 가능성이 있으니 알레르기 유발 요인을 피하는 게 중요해요. 환자분께서는 특히 꽃가루 등 알레르기를 유발할 수 있는 물질이 많은 곳은 피하는 게 좋습니다. 외출했다가 귀가하면 손을 깨끗이 씻고, 손으로 눈을 비비지 않도록 주의하세요. 결막염은 전염성이 있으므로 가족들과 수건을 따로 쓰고, 사용한 물건이나 문 손잡이도 수시로 소독하시기를 바랍니다.
통역사	In most cases, the symptoms improve within a week. However, since allergic conjunctivitis can recur, it's important to avoid allergy triggers. It's also a good idea to stay away from places with a lot of allergens, such as areas with pollen. After going outside, be sure to wash your hands thoroughly, and avoid rubbing your eyes. Since conjunctivitis can be contagious, make sure to use separate towels from your family and regularly disinfect items you've used, including doorknobs.

문장 구역 연습 1

한국어 → 영어

- 의사가 환자에게 백내장과 녹내장에 대해 구체적으로 설명합니다.
- 통번역사는 환자가 의학적·전문적 개념을 잘 이해할 수 있게 통역합니다.

백내장과 녹내장의 차이점은?

백내장과 녹내장은 안과에서 진료하는 대표적 안질환으로, 두 질환은 언뜻 비슷해 보이지만 원인·증상·치료법 등에서 각각 다른 특징을 가집니다.

백내장은 눈의 수정체가 뿌옇게 변하면서 시야가 흐려지거나 시력을 잃게 되는 질환입니다. 이는 주로 노화로 인해 발생하지만 외상, 당뇨병, 스테로이드 약물의 장기 사용, 과도한 자외선 노출, 흡연 등이 원인이 될 수도 있습니다. 한편 녹내장은 시신경이 손상되어 시야가 점차 좁아지거나 실명에 이르는 질환입니다. 이는 안압 상승이 주요 원인이지만 유전적 요인, 당뇨병, 고혈압 등도 위험 인자로 작용합니다.

백내장에 걸린 환자는 시야가 흐릿하니 번져 보이거나 복시로 보이기도 합니다. 나이가 들어 잘 안 보이던 시력이 갑자기 좋아졌다면 수정체의 굴절률 변화에 의한 백내장 증상일 수 있습니다. 녹내장은 초기 증상이 없어 환자가 자각하지 못하는 경우가 많고, 말기에 이르러서야 환자가 좁아진 시야로 답답함을 느끼다가 실명에까지 이를 수 있는 질환입니다. 급성 녹내장의 경우 갑작스러운 눈 통증 및 두통, 빛을 볼 때 빛이 주변으로 번져 보이는 증상이 발생합니다.

백내장은 의사가 세극등 현미경을 통해 수정체의 혼탁 정도와 위치를 직접 관찰하여 진단합니다. 녹내장은 시야 검사, 안압 검사, 시신경 입체 촬영과 빛 간섭 단층 촬영 등 다양한 정밀 검사를 시행하여 진단합니다.

백내장이 있는 환자라도 일상생활에 불편함이 없다면 치료가 필요하지 않고 안경을 쓰거나 안약을 사용하면 되지만, 시력 저하가 심할 경우 혼탁해진 수정체를 인공 수정체로 교체하는 수술을 받아야 합니다. 눈에 인공 수정체를 삽입한 후에는 청결한 상태를 유지하면서 처방받은 안약을 잘 넣어야 합니다. 녹내장은 안압을 낮추는 것이 가장 중요하므로 녹내장 환자는 안압을 낮추는 안약을 사용하고, 안압 하강제를 복용하기도 합니다. 환자의 상태에 따라 레이저 치료와 수술도 받을 수 있습니다.

백내장의 발병 위험을 낮추고 싶다면 술과 담배를 멀리하고 선글라스나 모자를 이용해 자외선을 피하는 것이 좋습니다. 녹내장은 진행을 늦출 수는 있어도 이미 손상된 시신경을 회복할 수 없기 때문에 녹내장 환자는 꾸준히 안압 검사 등을 하면서 관리해야 합니다. 녹내장을 진단받은 후에는 의사의 치료 계획을 철저히 따르고, 환자 스스로 생활 습관을 개선하는 것이 중요합니다. 특히 카페인 섭취를 줄이고, 스트레스를 관리하며, 안압 상승을 유발할 수 있는 과도한 운동을 피해야 합니다.

이처럼 백내장과 녹내장은 시력 저하를 유발한다는 공통점이 있지만 발생 부위와 치료 방법이 다릅니다. 백내장은 주로 수정체의 혼탁으로 인해 발생하며 수술로 시력 회복이 가능하지만, 녹내장은 시신경 손상으로 인해 발생하며 진행을 늦추는 것이 치료의 주요 목표입니다. 두 안질환 모두 정기적인 안과 검진을 통한 조기 발견이 중요하며, 각각의 특성에 맞는 적절한 치료와 관리가 필요합니다.

Lesson 13_안과

Sight Translation 2
문장 구역 연습 2

한국어 ↔ 영어

BRIEF
- 환자가 안구 건조증 관련 증상에 대해 질문하고, 의사가 답합니다.
- 통번역사는 환자의 증상과 의사의 진단을 정확하게 통역합니다.

Q

Doctor, I was diagnosed with ophthalmoxerosis and have been managing it with artificial tears. Recently, my symptoms have worsened. My eyes often feel dry, as if there's something in them. Especially in the evenings, they become very dry, causing blurred vision.

I spend a lot of time working on the computer, often more than 8 hours a day, and I'm concerned that this might be contributing to increased eye fatigue and dryness. Even though I use artificial tears several times a day, they provide only temporary relief, and my eyes quickly feel dry again.

Are there any treatment options other than artificial tears that might help? Also, are there any daily practices that might help alleviate my dry eye syndrome?

A

안녕하세요. 환자분께서 말씀하신 눈이 건조한 증상들과 상황을 바탕으로 안구 건조증의 추가적인 치료 방법과 생활 습관 개선 방법을 알려 드리겠습니다.

가장 우선적이고 중요한 방법은 지금 하시는 대로 인공 눈물을 꾸준히 사용하는 것입니다. 안구 건조증은 눈물이 적게 분비되거나 분비되더라도 많이 증발해 눈이 건조해지는 질환이므로, 부족한 눈물 성분을 보충해 주어야 합니다. 현재 사용 중인 인공 눈물이 일시적인 효과만 있다고 느껴진다면, 눈에 자극이 적어 더 자주 사용할 수 있는 보존제 무첨가 인공 눈물제로 바꾸는 것도 고려해 보세요.

눈의 건조함을 줄이는 두 번째 방법은 주변 환경의 개선입니다. 가습기를 사용해 공기 중 습도를 높이고, 에어컨이나 선풍기 바람이 눈에 직접 닿지 않도록 주의하세요. 또 컴퓨터를 장시간 사용할 때면 1시간마다 10분씩 휴식을 취하세요.

세 번째로는 온찜질과 눈꺼풀 청소입니다. 눈꺼풀 피지샘이 막히면 눈이 더 건조해질 수 있으므로, 하루에 한두 번 따뜻한 물수건으로 10분 정도 온찜질하여 눈 주위를 따뜻하게 하세요. 식염수를 묻힌 면봉으로 눈꺼풀을 닦는 것도 효과적입니다.

마지막으로, 눈 건강에 도움이 되는 음식들을 골고루 섭취해 안구 건조증뿐만 아니라 다른 안질환들도 예방하시기를 바랍니다. 특히 안구 건조증에는 수분 공급이 중요하므로 체내 수분 배출을 촉진시키는 카페인 섭취를 줄이고, 그 대신에 결명자차나 국화차를 드시기를 추천합니다. 당근, 시금치, 블루베리, 등 푸른 생선, 해조류 및 견과류 등의 섭취도 눈 건강을 지키는 데 좋습니다.

Conversation Interpretation
대화 통역 연습

Practice | 실전

 ☐ 환자가 비문증 관련 증상으로 의사를 찾아왔습니다.
☐ 통번역사는 대화 상황에 적절한 표현으로 통역을 완성합니다.

환자 | Hello, Doctor. About two weeks ago, I began noticing something floating in my vision, so I came in for an eye checkup. I keep seeing small dots or thread-like objects, especially when looking at bright areas.

통역사

의사 | 이런 증상이 나타나기 전에 환자분은 눈을 다쳤거나 강한 빛을 본 적이 있습니까? 증상이 나타날 때 눈이 붉어지거나 통증이 동반되기도 하는지요?

통역사

환자 | I've never had an eye injury or been exposed to very bright lights, and my eyes haven't become red or painful. However, the floating spots in my vision seem to move, making me feel anxious and uncomfortable. Sometimes, it also feels like something is blocking my field of vision, almost as if a curtain has been drawn.

통역사

의사 | 말씀하신 증상과 상황으로 볼 때 환자분은 비문증일 가능성이 큽니다. 비문증은 유리체에 문제가 생길 때 발생합니다. 유리체는 수정체와 망막 사이에서 안구의 둥근 모양을 유지해 주는 점도 높은 물질로, 항상 투명도가 유지되어야 합니다. 유리체가 혼탁해지면 망막에 그림자가 생겨서 눈에 뭔가 떠다니는 것처럼 보일 수 있습니다.

통역사

환자 | Vitreous floaters? Could they be a sign of a serious condition?

통역사

의사 | 비문증은 흔하게 발생하며, 시력에 큰 영향을 끼치지 않으므로 심각한 질환은 아닙니다. 노화 때문인 경우가 많고, 근시·눈의 염증·유리체 출혈·망막 박리 등도 비문증의

	원인이 될 수 있습니다. 환자분은 안경을 쓰고 계신데, 시력이 많이 나쁜가요?
통역사	

환자	Yes, could this be related to high myopia?
통역사	
의사	그렇다면 먼저 세극등 현미경 검사를 한 다음 안저 검사를 해서 환자분 눈의 유리체와 망막의 상태를 확인하는 것이 좋겠습니다. 비문증의 원인이 단순한 유리체의 변화인지, 아니면 다른 질환에 따른 영향 때문인지 검사부터 해 보시지요.
통역사	

【 검사 후 】

의사	검사 결과 다른 질환 때문은 아니고, 유리체 변화로 인한 비문증이네요. 환자분의 경우 근시가 있어 유리체 변화가 더 일찍 시작되었어요. 비문증은 특별한 치료법이 없고, 시간이 흐르면서 환자분께서 증상에 적응하거나 증상이 약해지니 염려하지 마세요. 다만 6개월에서 1년 주기로 정기적인 안과 검진은 받으시는 게 좋아요.
통역사	

환자	Yes, I understand. Is there anything specific I should be cautious about?
통역사	
의사	비문증이 있는 경우 눈에 피로를 주는 행동을 삼가는 것이 중요합니다. 컴퓨터나 휴대폰을 오랜 시간 사용할 때는 잠깐씩 눈을 감고 쉬어 주세요. 또 눈에 강한 충격이나 부상이 발생하면 유리체의 변화를 촉진할 수 있으므로, 운동할 때는 눈을 다치지 않도록 보호안경을 착용하세요. 자외선도 눈에 좋지 않은 영향을 끼칠 수 있으니, 햇볕이 강한 날에는 자외선 차단 기능이 있는 선글라스를 착용하는 게 좋습니다.
통역사	

LESSON 14

ENT, Otolaryngology
이비인후과

AI와 함께 Warm-Up with AI

STEP 1

Q: 이비인후과는 어떤 증상이 있을 때 찾아가나요?

A: 이비인후과는 _____

STEP 2

Q:

A:

STEP 3

| 학습 목표 |
□ 통번역사로서 이비인후과에서 통용되는 어휘와 표현을 이해하고 통번역할 수 있다.
□ 통번역사로서 이비인후과에서 일어나는 상황을 의사와 환자 각각의 입장에서 원활하게 소통할 수 있다.

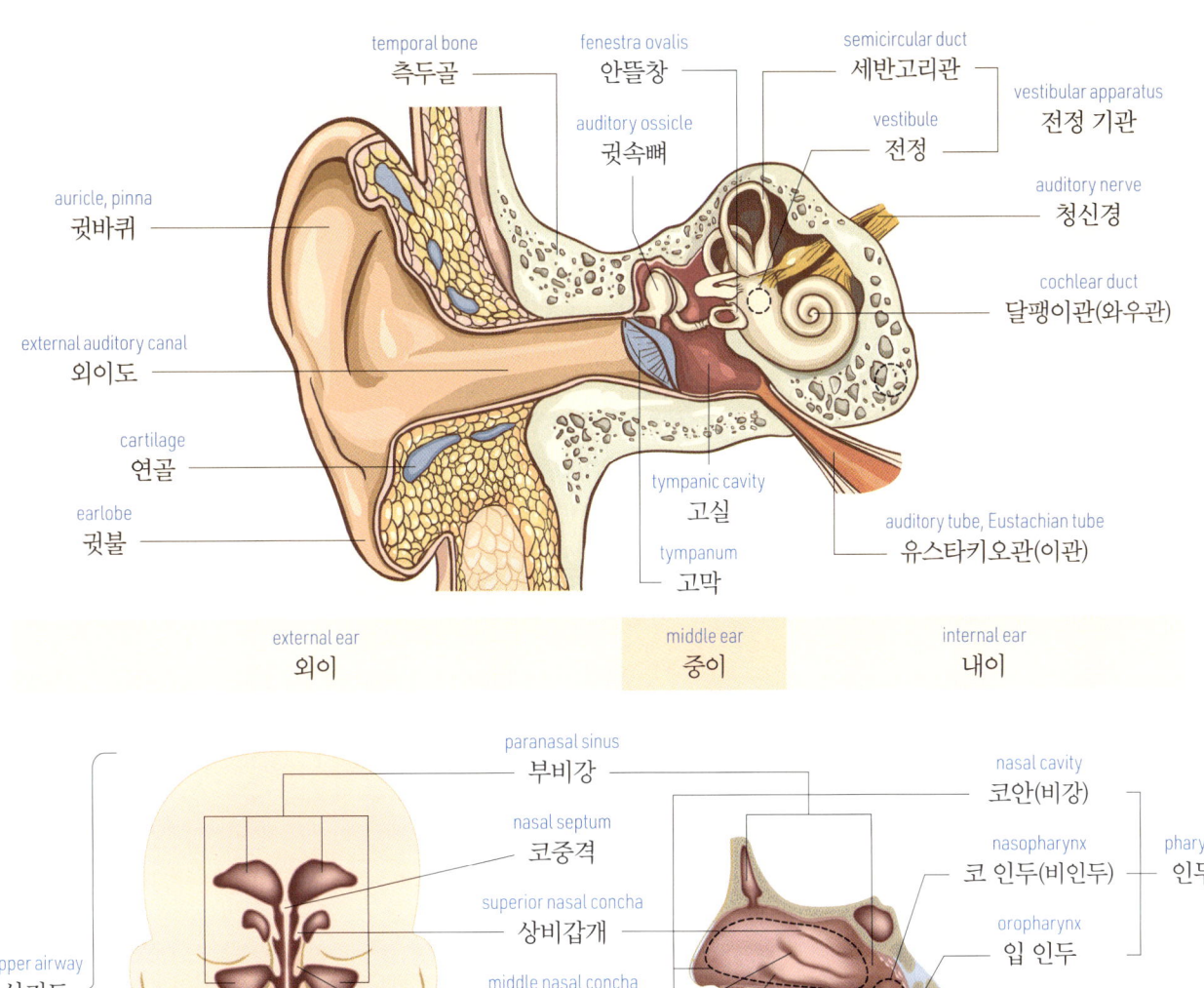

　이비인후과는 귀·코·목에 발병한 질환들을 다루는 곳으로, 이들 기관의 구조와 기능 및 관련 질환의 치료 방법 등을 연구합니다. 환자는 소리를 듣기 어려울 때, 코 막힘·콧물 등의 증상이 있거나 후각이 저하되었을 때, 목소리에 변화가 있거나 음식물을 삼키기 힘든 증상 등이 있을 때 이곳을 찾습니다. 이비인후과 의사들은 난청이나 중이염, 부비강염, 편도샘염이나 후두암 등의 질환들을 진료하고 예방하기 위해 힘씁니다.

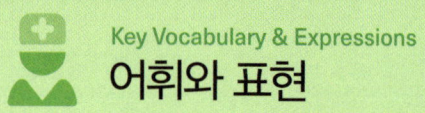

Key Vocabulary & Expressions
어휘와 표현

💬 전문 어휘

한국어	영어	한국어	영어
CT(컴퓨터 단층 촬영) 검사	CT(computerized tomography) scan	고름	pus
고실 성형술	tympanoplasty	고음	high note, overtone, shrill
난청	amblyacousia, hearing loss, hypacusis	뇌졸중	CVA(cerebrovascular accident), stroke
두개골(머리뼈)	cranium	림프 조직	lymphatic tissue, lymphoid tissue
맑은 콧물	clear nasal discharge, watery rhinorrhea	메니에르병	Meniere disease
물혹(낭종)	cyst	발성 훈련	voice training
부비강염	sinusitis	삼출액	effusion
삽입술	insertion	성대 결절	vocal nodule
소염 진통제	anti-inflammatory analgesic drug, anti-inflammatory pain reliever	수막염	meningitis
쉰 목소리	hoarseness, trachyphonia	안면 마비(구안와사, 벨 마비)	facial palsy, Bell palsy
연하 장애(삼킴곤란)	dysphagia	온도 안진 검사	caloric test
외이도염	otitis externa	음성 치료	voice therapy
이명	tinnitus	이석 치환술	canalith repositioning maneuver
이석증(양성 돌발 체위 현기증)	otolithiasis, benign paroxysmal positional vertigo	재채기	sneeze
점막 수축제	mucosal decongestant	점이액	ear drop
중이염(가운데귀염)	otitis media	중추 신경계	CNS(central nervous system)
천공	perforation	청력	audition, hearing

청력 검사	hearing test	코 막힘	nasal congestion
코 세척	nasal irrigation	코중격 만곡(비중격 만곡증)	deviated nasal septum
항생제	antibiotic	해열제	antifebrile, fever reducer
현훈	vertigo	혈액 검사	blood test
혹	hump, nodule	환기관	ventilating tube
후각	olfaction, sense of smell	후두암	laryngeal cancer

💬 유용한 표현

한국어	영어	한국어	영어
고막을 복원하다	to restore the tympanum (eardrum)	귀가 먹먹하다	to have a clogged ear
귀에 통증이 느껴지다	to feel ear pain	귀에서 분비물이 나오다	to have ear discharge
난청 증상이 있다	to have symptoms of hypacusis(hearing loss)	내이에 압력 변화가 생기다	to experience pressure changes within the internal ear
목소리가 갈라지다	to have a cracking voice	발성법을 교정하다	to correct the vocal technique
부비강에 염증이 생기다	to have sinus inflammation	삼출액이 중이에 고이다	to have middle ear effusion
성대에 가해지는 마찰을 줄이다	to reduce vocal cord strain	성대에 무리가 가다	to have overused vocal cords
소리가 잘 들리지 않다	to be unable to hear clearly	어지러움을 유발하다	to cause dizziness
얼굴 압박감 증상이 동반되다	to be accompanied by pressure in the face	유소아에게 흔히 발병하다	to be common in young children
음성 사용을 줄이다	to reduce vocal usage	음식물을 삼키기 어렵다	to have difficulty swallowing food
이관의 기능이 저하되다	to have Eustachian tube dysfunction	이석을 제자리로 돌려놓다	to reposition the otoliths
작은 혹이 생기다	to have a small nodule	전정 기관의 기능을 살피다	to examine the function of the vestibular apparatus
천공이 생기다	to have a perforation	청력이 저하되다	to experience progressive hearing loss
콧물에서 악취가 나다	to have bad-smelling nasal discharge	후각이 저하되다	to have a reduced sense of smell

💬 질환의 종류

1) 고막염 myringitis

고막염이란 귀의 고막(외이도와 중이를 나누는 얇은 막)에 염증이 생기는 질환으로, 주로 외이도염이나 중이염에 의해 발병한다. 고막염이 발생하면 귓속에 찌르는 듯한 통증과 이물감이 느껴지고, 고름 같은 분비물이 생기며, 청력이 저하되기도 한다. 실제로 나지 않는 소리가 들린다고 느끼는 이명 현상도 일어날 수 있다. 고막염은 외이도를 깨끗하고 건조하게 유지하면 자연적으로 치유되지만, 필요에 따라 점이액이나 항생제와 소염 진통제를 사용하기도 한다. 고막염이 심해져 고막에 천공이 발생한 경우에는 외과적 치료가 필요하다.

2) 알레르기 코염 allergic rhinitis

흔히 알레르기 비염이라고 불리는 알레르기 코염은 다양한 원인 물질에 의한 알레르기 반응으로 코의 점막에 염증이 생기는 질환이다. 주요 증상으로 반복적인 재채기가 나고, 맑은 콧물이 흐르며, 코가 막히거나 가려운 증상이 나타난다. 이 질환은 계절에 따라 발병하는 계절성 알레르기 코염과 연중 지속되는 연중성 알레르기 코염으로 구분된다. 알레르기 코염의 치료에서 가장 중요한 점은 환자에게 알레르기를 유발시키는 원인을 찾아 환자가 되도록 그 물질과의 접촉을 피하게 하는 것이다. 다음으로는 환자에게 항히스타민제나 스테로이드 스프레이 등의 약물 치료, 면역력을 높이기 위한 주사 치료를 시행하여 증상을 완화시킬 수 있다. 이와 같은 치료로도 증상이 개선되지 않을 경우 수술도 고려해야 한다.

3) 인후두염 laryngopharyngitis, pharyngolaryngitis

인후두염은 인후(목구멍)와 후두(인두와 기관 사이의 발성 기관)를 포함한 상기도 점막에 염증이 생기는 질환으로, 흔히 목감기라고 부른다. 이는 주로 바이러스나 세균 감염에 의해 발생하며, 목의 통증으로 음식물을 삼키기 어려운 연하 장애가 동반될 수 있어 목이 쉬고 심한 경우 목소리 변화가 오래 지속된다. 인후두염은 감기와 함께 발병하는 경우가 흔하지만 대개 소염 진통제를 복용하고 휴식을 취하면 호전된다. 다만 세균 감염이 원인이라면 항생제 치료가 필요하다.

4) 코 용종 nasal polyp

'코 물혹' 또는 '비용종'이라고도 하는 코 용종은 염증이나 알레르기에 의해 코안(비강)에 생기는 양성 종양을 말한다. 용종의 크기가 작을 때는 별다른 증상이 없으나, 크기가 커지면서 코 막힘·후각 저하·두통 등의 증상이 나타난다. 이 질환은 용종의 크기에 따라 약물을 사용하거나 수술하여 치료하는데, 부비강염(축농증)이 동반되거나 재발하는 경우도 많으므로 치료 후에도 지속적으로 관심을 기울여야 한다.

5) 편도샘염 tonsillitis

편도염이라고도 하는 편도샘염은 목젖의 양쪽 옆에 위치한 림프 조직인 편도샘에 염증이 생기는 질환이다. 면역 반응에 중요한 역할을 하는 편도샘에 바이러스나 세균에 의한 감염이 발생하면, 심한 목의 통증과 함께 발열·연하 장애·부종 등의 증상이 나타난다. 편도샘염은 수분을 충분히 섭취하고 소염 진통제를 복용하면 증상이 개선되지만, 세균 감염이 원인일 경우 항생제 치료가 필요하다. 또 편도샘염이 자주 재발한다면 편도샘 절제술을 고려할 수 있다.

Conversation Interpretation
대화 통역 연습

Explore
기본

☐ 환자가 메니에르병 관련 증상으로 의사를 찾아왔습니다.
☐ 통번역사는 환자와 의사의 대화를 양방향으로 원활하게 통역합니다.

환자	Doctor, I've been feeling dizzy a lot lately, and my ears feel clogged, as if they're full. Also, I cannot hear as clearly as I used to.
통역사	선생님, 제가 최근에 자주 어지러워서 찾아왔어요. 귀가 먹먹하니, 뭔가 꽉 찬 느낌이 들면서 이전보다 소리가 잘 들리지도 않아요.
의사	어지러움이 느껴지는 현훈 증상과 잘 들리지 않는 난청 증상이 있군요. 혹시 귀에서 무슨 소리가 들리지는 않습니까?
통역사	It sounds like you're experiencing symptoms of vertigo, which can cause dizziness and hearing loss, making sounds less clear. Do you also hear any other sounds in your ear?
환자	Yes, that's right. Even in a quiet place, I hear a 'beeping' sound coming from my ear.
통역사	맞아요. 조용한 곳에 있을 때도 귓속에서 '삐' 하는 소리가 나요.
의사	네, 이명 증상도 나타나는군요. 우선 어지러움이 심한 경우 대표적으로 메니에르병과 이석증을 생각해 볼 수 있습니다. 두 질환 모두 어지러움을 유발하거든요.
통역사	Yes, it sounds like you're experiencing tinnitus symptoms as well. In cases of severe dizziness, Meniere disease and otolithiasis should also be considered, as both can cause dizziness.
환자	What kind of illnesses are these? I'm not very familiar with either of them.
통역사	그게 어떤 병인가요? 저는 두 병에 대해 잘 몰라서요.
의사	메니에르병은 내림프액이 증가해 내이에 압력 변화가 생기면서 어지러움, 난청, 이명 증상이 모두 나타나는 질환입니다. 한편 이석증은 신체의 균형을 담당하는 이석이 제자리인 귀의 전정 기관 안쪽에서 떨어져 나와 특정 자세를 취할 때 어지러움이 발생하는 질환입니다. 현재 환자분께서 말씀하신 증상들로 보아 메니에르병일 가능성이 더 큽니다만, 정확한 진단을 위해서 검사를 해 보는 게 좋겠습니다.
통역사	Meniere disease is a condition in which an increase in endolymphatic fluid causes pressure changes within the internal ear, leading to symptoms like dizziness, hearing loss, and tinnitus. On the other hand, otolithiasis occurs when the otoliths, structures that help control balance, become dislodged from their proper position in the vestibular apparatus, causing dizziness when assuming certain positions. Based on the symptoms you've described, Meniere disease seems more likely, but it's best to conduct some tests for an accurate diagnosis.
환자	Could you please tell me which tests will be conducted?
통역사	어떤 검사를 진행하나요?

의사	먼저 귀의 전반적인 상태를 확인하기 위해 청력 검사부터 한 다음, 혈액 검사로 다른 질환이 있는지 알아보겠습니다. 어지러움의 원인이 메니에르병이나 이석증 같은 전정 기관의 문제인지, 아니면 뇌졸중 같은 중추 신경계의 문제인지를 확인하기 위해 외이도에 냉수나 온수를 주입하여 전정 기관의 기능을 살피는 온도 안진 검사를 실시하겠습니다. 메니에르병인지 이석증인지 판단하기 위해 특정 자세를 취하게 하여 어지러움을 유발시키는 검사도 실시할 수 있습니다.
통역사	First, a hearing test will be conducted to assess the overall condition of your ear, followed by blood tests to check for any other underlying conditions. To determine whether your dizziness is caused by vestibular issues, such as Meniere disease or otolithiasis, or if it is related to central nervous system problems like a stroke, a caloric test will be conducted. This test involves injecting warm or cold water into the external auditory canal to examine the function of your vestibular apparatus. Additionally, I may conduct positional tests to provoke dizziness and help differentiate between Meniere disease and otolithiasis.
환자	Yes, but if these conditions are left untreated, can hearing worsen?
통역사	네, 그런데 이 질환들을 방치하면 청력이 더 나빠질 수 있나요?
의사	그렇습니다. 특히 메니에르병은 방치할 경우 청력 저하가 진행될 위험이 크고, 이석증은 재발이 잦기 때문에 귀의 상태를 잘 살펴야 합니다. 진단에 따라 치료 방향은 다른데, 메니에르병으로 판명되면 저염식 위주의 식단 조절이 필수이고 필요에 따라 약물 치료를 병행할 수도 있습니다. 이석증이라면 자연적으로 치유되는 경우가 많지만, 이석을 제자리로 돌려놓는 이석 치환술을 실시하기도 합니다. 따라서 검사를 한 후 정확한 진단을 받아 치료하는 것이 무엇보다 중요합니다.
통역사	That's correct. Particularly with Meniere disease, untreated cases carry a high risk of progressive hearing loss. Additionally, since otolithiasis tends to recur frequently, it's important to monitor your ear health closely. The treatment approach depends on the diagnosis. For Meniere disease, a low-sodium diet is essential, and medication may be prescribed as needed. In cases of otolithiasis, the condition often resolves on its own, though sometimes a canalith repositioning maneuver is needed to reposition the dislodged otoliths. Therefore, obtaining an accurate diagnosis through testing is crucial for proper treatment.
환자	I understand. I will undergo the tests you mentioned and proceed with treatment accordingly.
통역사	알겠습니다. 말씀하신 검사들을 한 후에 치료도 받도록 하겠습니다.

Sight Translation 1
문장 구역 연습 1

한국어 → 영어

BRIEF
- 의사가 환자에게 중이염에 대해 구체적으로 설명합니다.
- 통번역사는 환자가 의학적·전문적 개념을 잘 이해할 수 있게 통역합니다.

중이염이란?

중이염(가운데귀염)은 귀의 중이 부위에 염증이 생기는 질환으로 지속 기간과 증상에 따라 급성 중이염, 삼출성 중이염, 만성 중이염으로 구분됩니다.

급성 중이염은 바이러스나 세균에 의해 중이에 갑작스럽게 염증이 생기는 질환으로, 특히 감기에 걸린 유소아에게 흔히 발병합니다. 주요 증상으로 귀에 통증이 느껴지고 발열 등이 나타납니다. 급성 중이염의 치료 방법은 원인에 따라 달라집니다. 바이러스에 의한 급성 중이염은 대부분 자연적으로 회복되지만, 통증과 발열을 완화하기 위해 진통제와 해열제를 사용한 치료가 중심이 됩니다. 세균에 의한 급성 중이염은 항생제를 사용하여 치료할 수 있습니다. 항생제 치료는 감염의 원인균을 제거하여 증상을 완화시키고 합병증을 예방하는 데 도움이 됩니다.

급성 중이염이 제대로 치료되지 않거나 치료가 지연될 경우 삼출성 중이염으로 발전할 가능성이 높으며, 만성 중이염으로 이어질 수도 있으므로 주의해야 합니다. 또한 중이염 치료 기간에는 귀에 물이 들어가지 않도록 신경 써야 합니다.

삼출성 중이염은 단백질 함량이 높은 액체인 삼출액이 중이에 고여 발생하는 질환입니다. 이는 주로 급성 중이염을 앓는 동안 염증 때문에 만들어진 삼출액이 배출되지 못해서 발병하고, 혹은 고막 내 공기를 환기해 주는 이관의 기능이 저하되어 삼출액이 생기면서 발병하기도 합니다. 삼출성 중이염이 발병하면 귀의 통증이나 발열 등의 증상은 없지만 삼출액이 차면서 청력이 저하될 수 있습니다. 따라서 항생제나 점막 수축제 등의 약물로 치료해야 하며, 3개월이 지나도 호전되지 않는 경우 중이에 작은 플라스틱 튜브를 넣어서 고여 있는 삼출액을 빼내는 환기관 삽입술을 고려해야 합니다.

만성 중이염은 귀에서 진물이나 고름 같은 분비물이 나오거나 냄새가 나는 증상이 장기간에 걸쳐 반복적으로 나타나는 것을 말합니다. 이 질환은 귀의 구조적인 문제나 알레르기, 비염 등 다양한 원인에 의해 발생할 수 있습니다. 염증이 심할 경우 청력이 급격히 저하되거나 드물게는 안면 마비나 수막염과 같은 합병증도 발병할 수 있어, 환자의 상태에 따라 알맞은 치료를 지속적으로 해야 합니다. 만성 중이염은 우선 중이에 생긴 염증을 항생제를 사용해 치료합니다. 그러나 염증의 재발이 잦으므로 근본적인 치료를 위해 고실 성형술을 시행하여 염증 부위를 완전히 제거한 다음 손상되거나 천공이 생긴 고막을 복원하기도 합니다.

중이염의 예방법은 따로 없지만, 만약 귀에서 분비물이 나오거나 소리가 잘 들리지 않는다면 즉시 병원을 방문하여 진료를 받는 것이 좋습니다.

Sight Translation 2
문장 구역 연습 2

한국어 ↔ 영어

- 환자가 부비강염 관련 증상에 대해 질문하고, 의사가 답합니다.
- 통번역사는 환자의 증상과 의사의 진단을 정확하게 통역합니다.

Q Hello, I'm reaching out because for the past couple of months, I've been experiencing frequent nasal congestion, facial pain, and recurring headaches. These days, my nose is congested almost every day, which is extremely uncomfortable, especially at night when I sleep. I also often feel light-headed when walking or standing.

I had allergic rhinitis when I was younger, but I haven't had similar symptoms since then. Back then, I remember experiencing itchy nasal passages, frequent sneezing, and clear nasal discharge. However, now the headaches are particularly severe, and the nasal discharge has turned yellow. Whenever I blow my nose, I expel sticky, yellow nasal discharge, which worsens my discomfort. Occasionally, the nasal discharge even has an unpleasant smell. These symptoms have been causing me a lot of stress, as they interfere with my daily activities and make it difficult to concentrate, even in quiet environments. I'm curious about potential treatment options.

A 환자분께서는 코 막힘이 심하고, 얼굴 통증과 두통 등의 증상이 있어 일상생활에서 큰 불편을 겪고 계시군요. 이런 증상들은 부비강염과 관련이 있을 가능성이 큽니다. 부비강염은 코 옆에 있는 빈 공간인 부비강에 염증이 생기는 질환으로, 흔히 축농증이라고도 부릅니다. 환자분께서 말씀하셨듯이 코에서 나오는 끈적거리고 누런 콧물에서 악취가 나기도 하며, 이때 두통과 얼굴 압박감 증상이 동반됩니다. 이로 인해 얼굴 전체가 무겁고 답답하게 느껴질 수 있습니다.

정확한 진단을 위해 비강 내시경 검사와 CT 검사 등을 받으시기를 추천합니다. 이 검사들을 통해 부비강 내 상태와 염증 정도를 정확하게 파악할 수 있으며, 환자분께 적절한 치료 방법을 결정할 수 있습니다. 만약 부비강염이 세균성 감염으로 인한 것이라면 항생제 치료가 필요하며, 이와 함께 비강 스프레이의 사용과 코 세척 같은 보조 요법이 증상 완화에 도움을 줄 수 있습니다. 약물 치료로도 증상이 호전되지 않는 경우에는 부비강 수술도 고려해 보아야 합니다.

환자분의 증상이 더 심해져 후각이 저하되기 전에 빠른 시일 내 내원하여 검사를 받으시기 바랍니다. 부비강염은 적절한 치료와 꾸준한 관리로 충분히 호전될 수 있는 질환이므로 너무 걱정하지 않으셔도 됩니다.

Conversation Interpretation
대화 통역 연습

Practice | 실전

□ 환자가 성대 결절 관련 증상으로 의사를 찾아왔습니다.
□ 통번역사는 대화 상황에 적절한 표현으로 통역을 완성합니다.

환자 　 Doctor, lately, my throat has been very dry and extremely itchy, and my voice has become hoarse. My voice cracks, especially when I try to reach high notes.

통역사

의사 　 목에 통증 혹은 출혈이 있거나, 음식물을 삼키기 어려우신가요?
통역사

환자 　 My throat hurts a little, but not severely. What worries me more is my cracking voice. Whenever I speak loudly, my voice isn't smooth and keeps cracking.

통역사

의사 　 이런 증상은 주로 성대에 무리가 가서 작은 혹이 생기는 성대 결절 때문일 수 있습니다. 혹시 환자분께서는 말을 많이 하고 목소리를 크게 내야 하는 일을 하시나요?

통역사

환자 　 Yes, I teach music at a school, and it seems that I may have overused my vocal cords recently while preparing for an international competition.

통역사

의사 　 그러셨군요. 일단 후두 내시경 검사부터 해 보시지요.
통역사

【 검사 후 】

의사 　 고음을 낼 때 목소리가 갈라진다고 말씀하셨는데, 검사 결과 예상대로 성대 결절이 맞습니다. 여기 내시경 검사 화면을 보시면 성대가 매끄럽지 않고 볼록 튀어나온 곳이 있지요? 아주 작은 혹 같은 이 결절 때문에 환자분이 목소리 내기가 불편하셨던 거예요.

통역사

40

환자	So, what can I do to get my voice back to normal?
통역사	
의사	성대가 마르지 않게 환자분이 충분히 수분을 섭취하시는 게 가장 중요합니다. 그리고 성대에 무리가 가지 않도록 음성 치료로써 되도록 말을 하지 않는 침묵 요법을 권합니다.
통역사	
환자	If the symptoms from the vocal nodules worsen, will I need surgery?
통역사	
의사	환자분은 침묵 요법과 더불어 발성 치료사와 함께 발성 훈련을 새롭게 해 보시는 게 좋습니다. 그래도 증상이 지속되면 수술도 고려해 봐야겠지요. 지금은 증상의 진행을 막기 위해 제가 성대 염증을 줄이는 약도 처방해 드리겠습니다.
통역사	
환자	How is voice therapy conducted?
통역사	
의사	음성 치료는 기존의 발성법을 교정하고 성대를 보호하는 방법을 배우는 과정입니다. 예를 들어 소리를 지르거나 속삭이듯 말하는 것보다 복부에 힘을 주고 내는 소리가 성대에 가해지는 마찰을 줄여 줍니다. 음성 치료는 이러한 올바른 발성을 통해 성대의 부담을 줄이는 데 중점을 둔 치료법이에요.
통역사	
환자	I understand. If I undergo voice therapy, how soon can I expect my symptoms to improve?
통역사	
의사	개인마다 차이가 있지만, 음성 치료를 하면 대개 3개월 이내에 증상이 호전됩니다. 말씀드린 대로 환자분은 목을 편안하게 하고, 음성 사용을 줄이며, 차가운 음료나 카페인 및 자극적인 음식은 삼가는 게 좋습니다.
통역사	

Medical Cultures Worldwide
국제 의료 문화

| 중국의 의료 문화

문화 개요

국가 정보 및 지리·기후 특징

중국의 공식 명칭은 중화 인민 공화국으로, 수도는 베이징이다. 중국은 러시아와 캐나다, 미국에 다음가는 드넓은 영토를 가지고 있어 지역에 따라 열대·아열대·고온대·난온대·한온대 등 기후가 다양하다. 이에 따라 농산물도 다양하고 풍부하게 생산되며 각종 지하자원의 매장량도 상당하다. 중국은 인구 또한 인도에 이어 세계에서 두 번째로 많은 나라로, 14억 명이 넘는 인구의 90% 이상이 한족이고 그 외 50여 개가 넘는 소수 민족으로 구성되어 있다.

역사적 배경

중국은 세계 4대 문명 중 하나인 황하 문명이 일어난 지역으로, 하·은·주나라가 있던 고대 시대부터 명·청나라 시기의 근대 시대를 지나는 동안 수많은 왕조의 교체를 겪었다. 1911년 신해혁명이 일어나 청나라가 무너지고 쑨원을 임시 대총통으로 삼은 중화민국 임시 정부가 수립되었으나, 곧이어 위안스카이가 대총통에 취임하면서 군벌 정치가 펼쳐졌다. 위안스카이 사후 1921년에는 중국 공산당이 창당되었으며, 1949년에는 마오쩌둥을 초대 국가 주석으로 하여 중화 인민 공화국이 건국되었다. 한편 중국 남부에 위치한 홍콩과 마카오는 각각 1997년 영국과 1999년 포르투갈로부터 중국에 반환되어 특별 행정구로 지정되었다.

사회 문화적 특징

중국인들은 붉은색이 부귀를 가져오고 행운을 불러온다고 여기며 좋아하고, 좋은 일은 쌍으로 온다고 믿기에 짝수를 선호한다. 중국은 녹차·홍차 등 다양한 차의 원산지로서 한국과 일본 등지에 차 문화를 전파하였고, 중국의 차 문화는 서양까지도 전파되었다. 또 긴 역사를 자랑하는 중국은 지역별로 풍부한 재료들을 활용한 수많은 종류의 음식과 다양한 예술 문화가 발달했으며, 그중에서도 노래·춤·연극이 혼합된 중국의 전통극인 경극이 유명하다.

언어적 특징

중국은 표준 중국어와 10여 개의 지역 방언을 사용하고 있는데, 이들 언어를 표현하는 문자가 한자이다. 중국은 1956년 문자 개혁 단행으로 기존 한자의 획수를 줄여서 간략하게 만든 간체자를 공표해 사용하고 있다.

중국어는 소리의 높낮이인 성조가 있어 성조에 따라 단어의 의미가 달라진다. 이와 함께 발음이 같거나 비슷한 단어들이 연상시키는 이미지 때문에 특정 단어를 기피·선호하는 '해음 문화(諧音 文化)'가 발달되어 있다. 그 예로, 숫자 '4'가 죽음을 뜻하는 사(死)의 발음[si]과 똑같아서 이를 불길하게 여기는 것을 들 수 있다.

의료 문화

보건 의료 체계

중국의 보건 의료 체계는 3단계로 구성되어 있다. 1차 의료 서비스는 공중 보건 기관과 병원보다 작은 규모의 지역 사회 의료 기관이 담당하며, 2차와 3차 의료 서비스는 각종 전문 병원과 종합 병원 및 전문 간호사가 상주하는 요양 병원 등이 담당한다. 2차와 3차 의료 기관은 비영리의 국가 소유 기관인 국영 병원, 영리를 목적으로 한 민간 소유의 중국 민영 영리 병원과 외자(외국 자본) 민영 영리 병원으로 구분된다. 중국은 1차와 2차 의료 기관의 진료 의뢰서가 없어도 3차 의료 기관을 곧바로 이용할 수 있어 3차 의료 기관으로 경증 질환 환자가 몰리는 경우가 빈번하다.

건강 보험 제도

중국은 1999년 기본 건강 보험 제도를 실시한 이래로 도시와 농촌 지역을 구분하여 도시에는 도시 근로자 기본 건강 보험과 도시 주민 기본 건강 보험을, 농촌에는 신형 농촌 합작 건강 보험 제도를 운영하여 보편적 의료 보장(UHC: Universal Health Coverage)을 달성했다.

도시 근로자 기본 건강 보험은 도시 지역의 공무원과 회사 근로자·퇴직자·자영업자 등을 대상으로 개인별 강제 가입을 원칙으로 한다. 도시 주민 기본 건강 보험은 도시 지역의 미취업자 및 학생과 미성년자를 위한 보험으로 세대별 임의로 가입할 수 있다. 농촌 지역 주민을 대상으로 실시하는 신형 농촌 합작 건강 보험 역시 세대별 임의로 가입할 수 있다.

한편, 민영 건강 보험은 중국 국민의 소득 수준이 높아지고 건강에 대한 국민들의 관심이 증가하면서 더욱 규모가 커지고 있다. 특히 고소득층의 경우 민영 건강 보험을 통해 의료 서비스의 질이 높은 고가의 민영 병원을 많이 이용하고 있다.

의료 문화의 특징

중국은 의료 인력 및 시설 등의 자원이 도시에 몰려 있어 지역별로 보건 의료 수준이 균등하지 못하고, 경제적 여건에 따라 의료 서비스의 접근성에 차이가 나는 편이다. 또 중국은 고령화 사회에 진입하면서 고급 의료 서비스를 찾는 고령 인구가 증가하는 추세이다.

한편, 긴 세월 동안 중국 국민의 질병 치료에서 큰 몫을 담당해 왔던 중국의 전통 한의학인 중의학(TCM: Traditional Chinese Medicine)은 서양 의학에 밀려 한때 폐지 논쟁이 벌어졌다. 하지만 중국 정부가 모든 법의 상위법인 헌법에 '전통 의학을 육성·발전시킨다.'는 조항을 명시하며 중의학의 과학화와 현대화에 힘을 보태었다. 이에 현재 중의학은 정부의 주도 하에 신약 개발 등 서양 의학과의 통합적 의료 서비스를 제공하는 데 이바지하고 있다.

이러한 의료 문화를 경험하고 있는 중국인 환자들 대개는 K-문화의 영향으로 상당한 수준의 한국 의료 서비스를 기대한다. 이들 중국인 환자를 대할 때는 해음 문화에도 유의하여야 한다. 중국인 환자가 입원하는 경우 기피하는 숫자가 입원실 호수로 배정되지 않도록 배려해야 하며, 중국의 민족별 종교나 문화 및 식습관 등이 다양하므로 맵거나 비린 음식, 소고기와 양고기, 해산물 등 환자마다의 기피 음식을 파악하여 해당 음식들을 제공하지 않는 편이 바람직하다. 중국인 환자에게 병문안을 가는 사람이라면 장례식장 의복을 연상시키는 검은색 옷의 착용을 삼가는게 좋다.

LESSON 15

Dentistry
치과

AI와 함께 Warm-Up with AI

STEP 1

Q: 치과는 어떤 질환을 다루나요?

A: 치과는 _____

STEP 2

Q:

A:

STEP 3

| 학습 목표 |
□ 통번역사로서 치과에서 통용되는 어휘와 표현을 이해하고 통번역할 수 있다.
□ 통번역사로서 치과에서 일어나는 상황을 의사와 환자 각각의 입장에서 원활하게 소통할 수 있다.

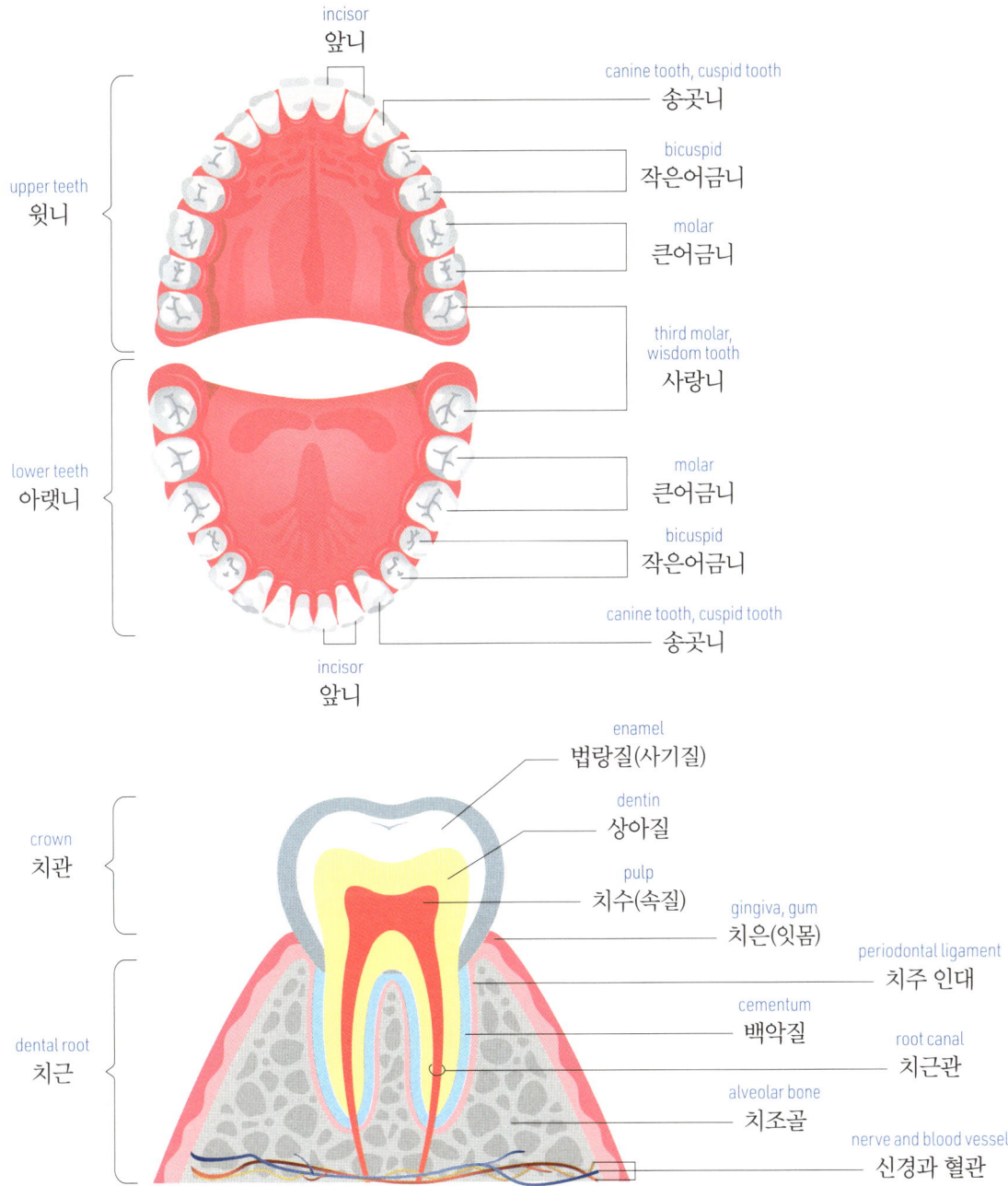

    치과는 보통 치아가 흔들리고 충치가 생기거나 잇몸에 염증이 있을 때 찾아가는 곳으로, 치아와 잇몸 등 구강에 생긴 질환 및 치아와 연결된 혀와 입 그리고 턱과 얼굴에 관련된 질환을 진료합니다. 치과 의사들은 주로 구내염, 부정 교합, 치아우식증, 치은염, 치주염, 턱관절 장애 등을 치료합니다. 또한 치아 교정, 스케일링, 임플란트 등 치아 건강과 관련된 여러 시술도 시행합니다.

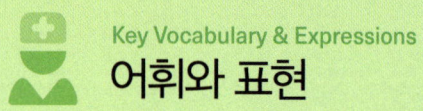

어휘와 표현
Key Vocabulary & Expressions

💬 전문 어휘

한국어	영어	한국어	영어
구강	mouth, oral cavity	구강 세정기	oral cavity washer, water flosser
구강암	oral cavity cancer	근관 치료(신경 치료)	endodontic treatment, root canal therapy
도수 정복	manual reduction	돌출	protrusion
래미네이트	dental laminate	레진	resin
마취	anesthesia	만성	chronic
물리 치료	physical therapy	보조기	assist device, orthosis
본뜨기	impression	부식	corrosion
부정 교합	malocclusion, odontoparallaxis	색소 침착	pigmentation
소염 진통제	anti-inflammatory analgesic drug, anti-inflammatory pain reliever	스케일링	scaling
습관성	habitual	아말감	amalgam
양치질	brush teeth, gargle	영구치	permanent tooth
유치	baby tooth, deciduous tooth, milk tooth	인공 치아	artificial tooth, prosthetic tooth
인레이	inlay	인지 행동 치료	CBT (cognitive behavioral therapy)
임플란트(보형물)	implant	입냄새	bad breath, bromopnea, halitosis, stomatodysodia
치간 칫솔	interdental brush	치근 활택술	root planing
치석	tartar	치실	dental floss
치아 검사	dental examination	치아 결손	tooth defect

46

치아 교정	braces, orthodontics	치아 배열(치열)	dental arch, teeth arrangement
치아 변색	teeth discoloration	치은염	gingivitis
치주 질환	periodontal disease	치주염	periodontitis
치태(플라크)	dental plaque	침샘	salivary gland
탐침 검사	probing test	턱뼈	jawbone
틀니	denture	항바이러스제	antiviral medication
항생제	antibiotic	항우울제	antidepressant

유용한 표현

한국어	영어	한국어	영어
꼼꼼하게 양치하다	to brush one's teeth thoroughly	래미네이트가 마모되다	to have worn-down dental laminate
염증의 깊이를 측정하다	to measure the depth of inflammation	이가 시리다	to have tooth sensitivity
인공 치아를 식립하다	to place prosthetic tooth	입냄새가 심해지다	to have worsening halitosis (bad breath)
입안을 헹구다	to rinse the mouth	잇몸 뼈에 인공 치근을 박다	to insert an artificial tooth root into the jawbone
잇몸에 염증이 생기다	to develop gum inflammation	잇몸이 내려앉다	to have gum recession
잇몸이 붓다	to have swollen gums	치석을 제거하다	to remove tartar
치아 모양이 고르지 않다	to have irregular teeth shapes	치아 사이가 벌어지다	to have a gap between one's teeth
치아 표면을 매끄럽게 하다	to polish the tooth surface	치아가 손상되어 발치하다	to extract a damaged tooth
치아가 흔들리다	to have a loose tooth	치아를 부드럽게 닦다	to brush one's teeth gently
치아와 잇몸 사이에 탐침을 넣다	to insert a probe between the teeth and gums	치열이 불규칙하다	to have an uneven dental arch
치조골 손상이 심하다	to have severe alveolar bone loss	치태가 굳어지다	to have hardened dental plaque, to have tartar buildup
턱뼈 손상을 입다	to have a damaged jawbone	한쪽 턱으로만 씹다	to chew on one side of the mouth

질환의 종류

1) 구내염 stomatitis

구내염은 바이러스나 세균 혹은 곰팡이 등에 의해 혀·잇몸·입안의 점막에 염증이 발생하는 질환으로, 발병 부위에 따끔거리는 통증이 느껴지고 입냄새가 심하게 날 수 있다. 구내염 환자는 원인에 따라 항생제나 항바이러스제를 복용하고, 점막에 연고를 발라 치료한다. 구내염이 장기간 지속된다면 구강암 초기 증상일 수 있으므로, 구내염 환자는 정확한 진단을 위한 검사를 받는 게 바람직하다.

2) 매복 사랑니 impacted third molar

매복 사랑니는 잇몸 밖으로 나와야 할 사랑니가 잇몸의 비좁은 공간이나 인접한 치아에 걸려서 잇몸이나 턱뼈 속에 숨어 있는 치아를 일컫는다. 이로 인해 잇몸에 염증이 생겨서 붓거나 심한 경우 고름이 나오기도 한다. 매복 사랑니는 X-ray 검사로 확인할 수 있고, 신경 손상의 위험이 있는지는 CT 검사로 확인한다. 매복 사랑니는 수술로 발치하고, 항생제를 사용하여 치료한다.

3) 설통 glossalgia, glossodynia

설통은 혀 또는 구강에 이상이 없음에도 혀에 통증이 느껴지는 질환이다. 스트레스 등 심리적 요인이 주원인이며, 호르몬 변화나 침샘 기능 저하 또는 피로와 흡연 등도 원인으로 꼽힌다. 설통이 있으면 혀가 화끈거리거나 따끔거리고 맛을 잘 느끼지 못하기도 한다. 특정 질환이 설통의 원인이라면 그에 알맞은 치료를 하고, 심리적 요인이 원인이라면 항우울제 등 약물 치료와 함께 인지 행동 치료로 스트레스를 줄이는 것이 중요하다.

4) 치아우식증 cavity, dental caries

치아우식증은 치아에 붙은 음식물 찌꺼기가 박테리아에 의해 분해되는 과정에서 산(acid)이 생겨나 치아가 부식되는 현상이다. 흔히 '충치'라고 부르는 치아우식증은 치아의 손상 정도에 따라 증상이 다르다. 치아의 표면인 법랑질만 손상되면 통증이 거의 없으나, 더 안쪽인 상아질까지 손상되면 시린 느낌이 들고 씹을 때 불편함이 생긴다. 치아 가장 안쪽의 연한 조직인 치수는 치근관 안에 들어 있는데, 여기까지 손상되면 가만히 있어도 통증이 느껴진다.

치료는 보통 치아의 손상된 부분을 제거한 다음 치아에 아말감, 레진, 금 등 인레이를 채워 넣는 방법으로 이루어진다. 하지만 치수까지 손상된 경우에는 치수 제거 후 치근관을 보충한 다음 치아를 인공 틀로 덮는 근관 치료(신경 치료)를 해야 한다.

5) 턱관절 장애와 탈구 temporomandibular joint disorder & dislocation

턱관절 장애는 음식을 씹거나 입을 벌리기 힘들고, 턱을 움직일 때 '딱딱' 소리가 나는 등 턱관절 기능에 이상이 생긴 상태를 말한다. 이는 치아를 악물거나 단단한 음식을 오래 씹는 습관, 외상으로 인한 충격 때문에 발생하는 경우가 많다. 턱관절 장애가 생긴 환자는 의사와 상담을 통해 흔히 '스플린트'라고 부르는 교합 안전 장치를 치아에 일정 시간 착용하거나, 약물 치료 또는 물리 치료 등을 받는다.

턱관절 탈구는 하품을 하거나 입을 크게 벌릴 때 또는 외상으로 인해 아래턱이 정상 위치에서 이탈한 상태를 말한다. 치료를 위해 옆이나 앞으로 빠진 아래턱을 원래 자리로 돌려놓는 도수 정복이 진행되는데, 그 통증이 심하다면 전신 마취 후에 진행할 수도 있다. 습관성 턱관절 탈구 환자의 경우 턱에 보조기를 착용하기도 한다.

 **Conversation Interpretation**
대화 통역 연습

Explore | 기본

BRIEF
□ 환자가 치은염 관련 증상으로 의사를 찾아왔습니다.
□ 통번역사는 환자와 의사의 대화를 양방향으로 원활하게 통역합니다.

환자	Doctor, I came in because my upper gums have been frequently swollen and painful lately.
통역사	선생님, 요즘 제 위쪽 잇몸이 자주 붓고 아파서 왔어요.
의사	네, 여기 전동 베드에 누우시면 입안을 살펴볼게요. 입을 '아' 하고 크게 벌려 보세요. (치아와 잇몸을 살핀 후) 음… 송곳니 주위의 잇몸이 많이 부어 있네요. 이 정도면 음식을 드실 때도 불편하셨겠어요.
통역사	Yes, please lie down on this dental chair so I can examine your gums. Open your mouth wide and say 'Ah.' (After examining the teeth and gums) Hmm… the gums around your canine tooth are quite swollen. With this level of swelling, eating must be quite uncomfortable.
환자	Yes, especially when I eat cold or hot foods, my gums hurt even more.
통역사	네, 특히 차갑거나 뜨거운 음식을 먹을 때 잇몸이 더 많이 아파요.
의사	송곳니 뒤쪽의 작은어금니 잇몸까지 빨갛게 부어 있네요. 제가 환자분의 치아와 잇몸 사이에 탐침을 넣어 깊이를 재는 탐침 검사를 해 보겠습니다. 금방 끝나니 환자분은 그대로 입을 벌리고 계세요.
통역사	The gums around the bicuspid behind the canine are also red and swollen. I'll perform a probing test by inserting a probe between your teeth and gums to measure the depth. It will be quick, so please keep your mouth open.

【 검사 후 】

| 의사 | 염증이 심할수록 치아와 잇몸 사이로 탐침이 깊게 들어가는데요. 3mm까지 들어가는 건 정상이지만, 환자분처럼 4mm가 들어가면 치은염으로 진단합니다. 치은염의 가장 큰 원인은 치태와 치석이에요. 치태는 세균과 음식 찌꺼기가 섞여 생긴 막으로, 치태가 제대로 제거되지 않으면 굳어서 치석이 됩니다. 치아와 잇몸 사이의 치석이 결국 잇몸 염증을 만드는 거예요. |
| 통역사 | The more severe the inflammation, the deeper the probe will insert between your teeth and gums. A depth of up to 3 milimeters is normal, but in your case, it reaches 4 milimeters, which indicates gingivitis. The main causes of gingivitis are dental plaque and tartar. Plaque is a film formed by bacteria and food debris, and if not properly cleaned, it hardens into tartar. The tartar between the teeth and gums leads to gum inflammation. |

환자	Is the inflammation causing my gums to swell?
통역사	염증 때문에 잇몸이 부은 건가요?
의사	그렇습니다. 치은염의 주된 증상은 잇몸이 많이 붓는 겁니다. 그래서 양치질할 때 잇몸에서 자주 피가 나며 음식을 씹을 때마다 잇몸에 통증이 느껴지고 입냄새가 심해집니다. 환자분께서 겪고 계신 증상과 비슷하지요?
통역사	That's right. The primary symptom of gingivitis is significantly swollen gums, which often bleed when brushing your teeth, cause pain with every bite, and result in severe halitosis. These symptoms are similar to what you're experiencing, aren't they?
환자	Yes, these are all the symptoms I'm experiencing right now. So, what should I do to improve my gums condition?
통역사	네, 모두 지금 제가 겪고 있는 증상들이에요. 그럼 어떻게 해야 잇몸 상태가 다시 좋아질 수 있을까요?
의사	스케일링을 해서 쌓인 치석을 제거하면 되니까 너무 걱정하지 마세요. 그리고 항균 성분이 포함된 구강 세정제를 처방해 드릴 테니 아침과 저녁으로 하루 2번 입안을 헹군 후 뱉어 내세요. 함께 처방해 드릴 항생제와 소염 진통제는 규칙적으로 복용하세요. 그럼 환자분이 지금 느끼시는 불편함도 곧 사라질 겁니다.
통역사	I will remove the accumulated tartar through scaling, so don't have to worry too much. I will also prescribe an antimicrobial mouthwash. Rinse your mouth with it twice a day, in the morning and evening, and spit it out afterward. Please take the antibiotics and anti-inflammatory analgesic drugs as directed. Your discomfort should subside soon.
환자	I understand. Will this prevent my gums from swelling again?
통역사	네, 알겠습니다. 그렇게 하면 다시 잇몸이 붓지 않겠죠?
의사	무엇보다도 환자분이 평소에 부드러운 칫솔과 치간 칫솔, 치실, 구강 세정기 등을 사용하여 꼼꼼하게 양치해서 치아에 치석이 생기지 않도록 관리하는 게 중요합니다. 지나치게 힘을 줘서 이를 닦으시는 분도 계신데, 그 또한 바람직하진 않아요. 너무 세게 양치질하면 잇몸이 내려앉을 수도 있으니 주의해서 관리해야 합니다.
통역사	Above all, it's important to brush your teeth carefully with a soft toothbrush, interdental brushes, dental floss, and an water flosser to prevent tartar buildup. Some people tend to brush too hard, but that's not recommended. Brushing teeth too hard can cause gum recession, so be sure to be gentle.
환자	I also tend to brush my teeth a bit too hard, so I should be careful.
통역사	제가 평소에 좀 세게 이를 닦는 편인데 조심해야겠네요.
의사	맞습니다. 그리고 잇몸 질환이 생겼을 때는 꾸준한 관리가 제일 중요하니, 앞으로도 6개월이나 1년 주기로 정기 치아 검사를 받도록 하세요.
통역사	Exactly. When you have gum disease, it's important to maintain consistent care, so make sure to have regular dental examinations every six months to a year.

Sight Translation 1
문장 구역 연습 1

한국어 → 영어

- 의사가 환자에게 구강 문제의 해결 방법에 대해 구체적으로 설명합니다.
- 통번역사는 환자가 의학적·전문적 개념을 잘 이해할 수 있게 통역합니다.

구강 문제의 해결 방법

구강 문제는 치아 변색과 치석, 불규칙한 치아 배열(치열), 치아 결손 등 다양합니다. 이러한 증상이 있다면 적절한 시술과 관리를 통해 조기에 해결하는 것이 중요합니다.

먼저 치아 변색은 주로 커피·차·레드 와인·카레 등 색이 짙은 음식물 섭취 또는 흡연으로 인한 치아의 색소 침착이 원인으로, 치아가 노화되면서 발생하기도 합니다. 한편 치태가 굳어져 생긴 치석은 그대로 두면 치주 질환의 원인이 됩니다. 치아 변색과 치석의 문제는 스케일링을 해서 개선할 수 있습니다. 스케일링은 초음파 기구와 수동 기구를 사용해 치아 표면을 매끄럽게 하고, 치아 사이를 깨끗하게 만드는 시술입니다. 최소 1년마다 정기적으로 스케일링하면 치아에 여러 침착물이 다시 붙는 것을 방지할 수 있습니다.

치아 사이가 벌어져 있거나 치아 모양이 고르지 않은 경우 등 치아 배열이 불규칙하여 발생하는 구강 문제는 심미적 불만족뿐 아니라 치아 사이에 음식물이 끼어서 충치나 잇몸 염증을 유발할 수 있습니다. 이는 주로 치아의 표면을 조금 갈아 낸 후 얇은 세라믹 판을 부착하는 시술인 래미네이트로 해결하며, 사이가 벌어진 치아들을 짧은 시간 내에 자연스럽고 균형 있게 보이도록 만들 수 있습니다. 이 시술은 살짝 위치가 어긋나거나 돌출된 치아, 외부 충격에 의해 끝이 깨진 치아, 변색된 치아 등의 문제에도 유용한 해결 방법입니다. 다만 래미네이트 시술을 한 사람은 단단한 음식을 씹다가 시술 부위가 깨지지 않도록 주의해야 하고, 래미네이트가 마모되는 정도를 주기적으로 살펴 교체해야 합니다.

치아가 손상되어 발치한 후 치아 결손이 생겼을 때는 보통 틀니나 임플란트를 합니다. 틀니는 치아 결손 정도에 따라 부분 틀니와 완전 틀니 중에 선택하고, 환자의 구강 구조에 알맞게 맞춤 제작합니다. 틀니는 매일 부드러운 칫솔로 닦고, 잠자는 동안에는 틀니를 빼서 찬물에 담가 보관하여 변형을 방지해야 합니다. 한편, 임플란트는 치아가 상실되었을 때 잇몸 뼈에 인공 치근을 박은 후 인공 치아를 식립하는 시술입니다. 임플란트는 자연 치아의 씹는 힘과 비슷하여 '제2의 영구치'로 불리기도 합니다. 임플란트에는 인공 치근으로 역할하는 금속 나사인 티타늄이 사용되는데, 티타늄은 인체에 무해하고 뼈와의 접착성도 높아 잇몸 뼈에 단단히 고정되어 자연 치아만큼 편안하기 때문입니다. 하지만 임플란트는 흡연이나 잘못된 양치질로 인해 구강 염증을 유발할 수도 있어서 주의해야 하고, 나사가 풀리면 다시 조여야 하는 등 문제가 생길 수 있어 관리에 신경 써야 합니다.

구강 건강은 무엇보다도 치아의 위생 상태를 청결하게 유지함으로써 지킬 수 있습니다. 평소 적절한 크기의 칫솔을 선택하여 치아를 부드럽게 닦아야 하고, 치아 사이의 치태와 음식물은 칫솔질만으로 완벽하게 제거하기 어려우므로 치간 칫솔·치실·구강 세정기 등을 추가적으로 사용할 것을 추천합니다. 이러한 구강 세정 도구들을 사용하면 잇몸 염증과 치주 질환의 위험을 줄일 수 있는데, 무엇보다도 정기적인 치과 방문과 전문적인 상담을 통해 구강 건강을 지속적으로 관리하는 것이 바람직합니다.

Lesson 15_치과

Sight Translation 2
문장 구역 연습 2

| 한국어 ↔ 영어

BRIEF
- 환자가 부정 교합 관련 증상에 대해 질문하고, 의사가 답합니다.
- 통번역사는 환자의 증상과 의사의 진단을 정확하게 통역합니다.

Q Hello, Doctor. I've had crooked teeth since I was young. Recently, I've been experiencing more discomfort when eating or speaking, which is why I'm reaching out. Food often gets stuck between my teeth, which has always been uncomfortable, but now I also hear sounds from my jaw when chewing and feel pain in my temporomandibular joint. When I look in the mirror, it seems that my upper and lower jaws no longer align properly as they once did. Sometimes, my pronunciation becomes unclear when speaking, almost as if my words are slipping out.

I'd like to get a diagnosis for these symptoms and find out what tests are needed. I'm also wondering if I need braces or if another form of treatment is necessary.

A 안녕하세요? 환자분의 여러 불편한 증상들은 치아의 부정 교합 때문인 듯합니다. 부정 교합은 치아 배열이 어긋나서 위아래 치아가 정상적으로 맞물리지 않는 상태를 말합니다. 선천적인 원인으로 치아의 수가 많거나 적을 때, 치아의 개수에 비해 턱 크기가 너무 크거나 작을 때, 위턱과 아래턱이 불균형하게 성장했을 때, 유치가 너무 일찍 빠지거나 오래 유지되었을 때 부정 교합이 유발됩니다. 후천적인 원인으로 혀를 내미는 습관, 치아로 손톱을 자주 물어뜯거나 한쪽 턱으로만 씹는 습관, 입으로 숨을 쉬거나 턱을 괴는 습관, 혹은 사고로 인한 턱뼈 손상 때도 부정 교합이 발생합니다.

부정 교합은 치열이 불규칙하여 심미적 문제와 함께 음식물을 씹기 어렵거나 발음이 부정확해지는 문제가 발생하고, 턱관절 통증을 일으키기도 합니다. 또 충치와 잇몸 질환의 위험도 높아지는 등 부정 교합은 구강 전반에 걸쳐 영향을 끼칠 수 있습니다.

구강이 불편한 환자분께서는 가급적 빠른 시일 내에 내원하셔서 X-ray 검사, 치아 본뜨기, 구강 촬영 등의 검사로 부정 교합 상태 및 불편함의 원인을 정확하게 진단받으시길 바랍니다. 환자분의 상태에 따라 치아 교정만 하기도 하고, 치아 교정과 함께 턱 교정 수술을 병행하기도 합니다. 치료 후에도 교정한 치아가 원래 위치로 돌아가는 것을 방지하기 위해 환자분이 지속적으로 유지 장치를 착용해야 할 수 있으며, 정기적인 검진 등 꾸준한 관리도 필요합니다.

Conversation Interpretation
대화 통역 연습

Practice
실전

 BRIEF
- 환자가 만성 치주염 관련 증상으로 의사를 찾아왔습니다.
- 통번역사는 대화 상황에 적절한 표현으로 통역을 완성합니다.

환자　Lately, my gums have been bleeding every time I brush my teeth, and the pain is making it difficult to chew. That's why I came in. Last week, my gums became swollen, and when I pressed them with my tongue, a pus-like substance came out from between my teeth and gums. I also noticed that my teeth feel loose, and my bad breath seems to have worsened.

통역사

의사　환자분께서 말씀하신 증상들로 보아 잇몸에 염증이 생긴 치은염이나 치주염을 의심해 볼 수 있습니다. 혹시 치은염을 치료한 적이 있으신가요?

통역사

환자　I was treated for gingivitis about two years ago. Since then, my gums have occasionally swollen and hurt, but the pain usually subsides with some rest. I thought the same would happen this time, but instead, the pain has been gradually getting worse.

통역사

의사　그렇다면 환자분은 만성 치주염일 가능성이 큽니다. 풍치라고도 부르는 치주염은 치은염이 악화되어 잇몸 뼈인 치조골까지 염증이 생기는 질환으로, 치주염에 걸리면 치아가 흔들리고 점점 잇몸과 치아 사이가 더 벌어져 치아를 잃을 수도 있습니다.

통역사

환자　If the gingivitis has progressed to periodontitis, what steps should I take now?
통역사

의사　우선 정확한 진단을 위해서 탐침 검사로 염증의 깊이를 측정하고, X-ray 검사를 통해 치조골의 손상 정도도 확인해 보겠습니다.

통역사

【 검사 후 】

의사   예상한 대로 만성 치주염이네요. 치조골 손상이 심하면 신경 치료나 치주 수술을 해야 하는데, 다행히 환자분은 스케일링과 치근 활택술만 시행해도 괜찮겠습니다.

통역사

환자   I know about scaling, but what exactly is root planing treatment?

통역사

의사   치아 표면에 쌓인 치석을 제거하는 것이 스케일링이고, 치아 뿌리까지 생긴 치석과 염증을 제거하는 것이 치근 활택술입니다.

통역사

환자   I understand. Is root planing very painful, or what should I expect?

통역사

의사   치근 활택술은 국소 마취 후에 진행하기 때문에 치료 중 통증은 거의 못 느끼실 거예요. 다만 치료 후 며칠 동안은 약간의 통증과 출혈 등의 불편함이 발생할 수 있습니다. 또 이가 시린 증상도 나타날 수 있는데, 이건 서서히 사라질 테니 너무 걱정하지 마세요.

통역사

환자   Can periodontitis recur even after treatment?

통역사

의사   네, 치아 관리에 소홀하면 언제든지 염증이 재발할 수 있으므로 구강 건강을 지키기 위해 꾸준히 노력하셔야 합니다. 하루 3회 이상 올바른 방법으로 이를 닦고, 흡연은 치주염의 주요 위험 요인이니 혹시 담배를 피우신다면 반드시 금연해야 합니다. 잇몸의 뼈가 치유할 수 없을 정도로 손상되어 제거했을 경우, 해당 뼈는 재생되지 않기 때문에 상황이 더 나빠지기 전에 1년에 2번, 즉 반년마다 내원하여 치아 검사를 꼭 받으세요.

통역사

LESSON 16

Dermatology
피부과

AI와 함께 Warm-Up with AI

STEP 1

Q: 인간의 피부 조직은 어떻게 구성되어 있나요?

A: 인간의 피부 조직은 _____

STEP 2

Q:

A:

STEP 3

| 학습 목표 |
□ 통번역사로서 피부과에서 통용되는 어휘와 표현을 이해하고 통번역할 수 있다.
□ 통번역사로서 피부과에서 일어나는 상황을 의사와 환자 각각의 입장에서 원활하게 소통할 수 있다.

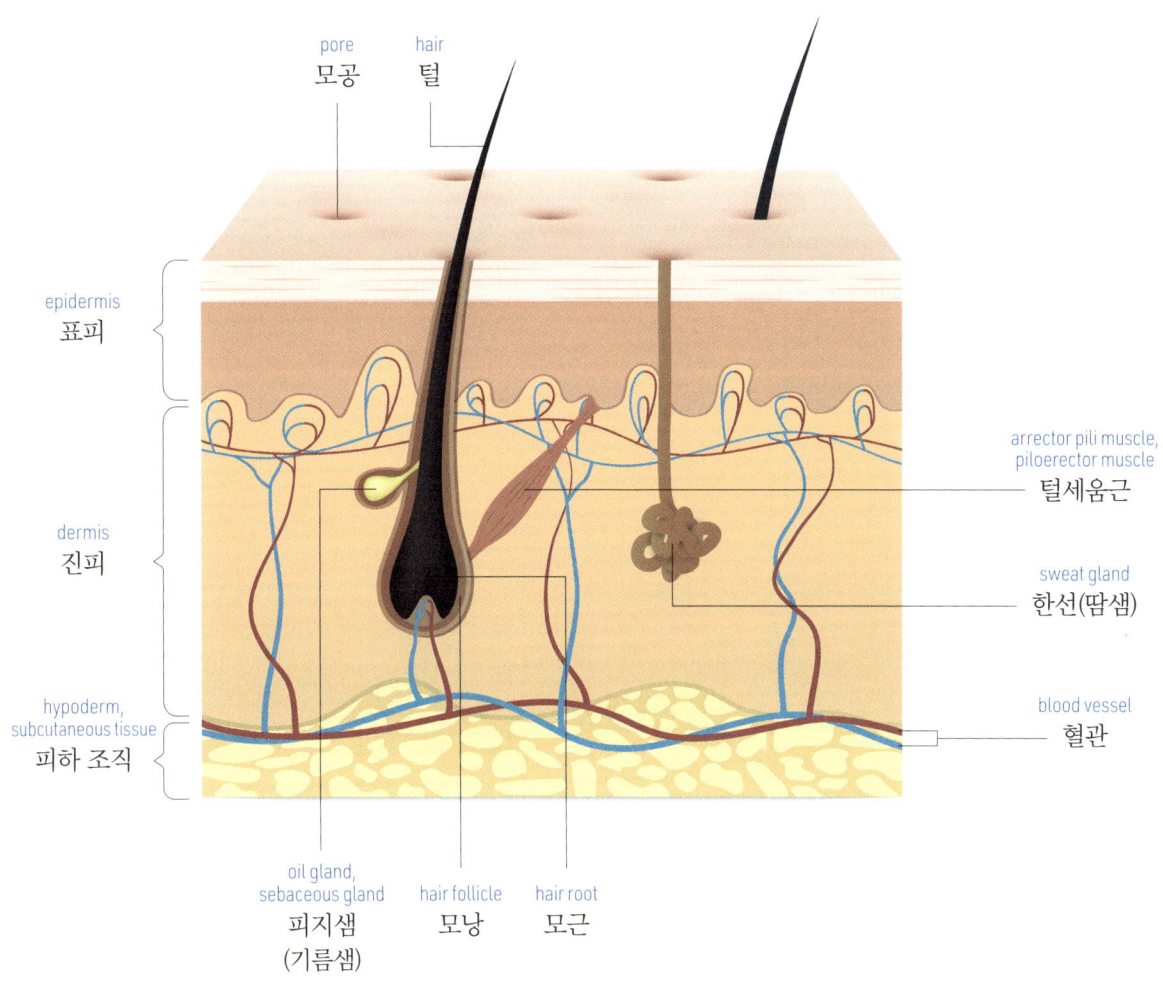

　　피부과는 피부와 손발톱 및 모발 등에 발생하는 질환들을 진단하고 예방하는 곳으로, 피부가 가렵거나 피부에 발진·물집 등이 생겼을 때 혹은 탈모 증상 등이 있을 때 찾아갑니다. 피부과에서는 아토피 피부염·건선·여드름 등의 피지샘 관련 질환, 손발톱이나 모발·두피 질환, 수포성 질환, 색소성 질환 등 피부와 관련된 다양한 질환들을 진료합니다. 또 흉터나 노화 등으로 인한 미용적인 면의 불만족을 해소하기 위하여 피부 관리와 치료도 실시합니다.

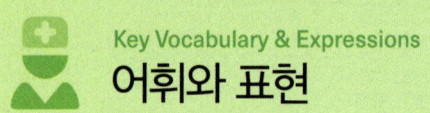

Key Vocabulary & Expressions
어휘와 표현

💬 전문 어휘

한국어	영어	한국어	영어
PCR(중합 효소 사슬 반응) 검사	PCR (polymerase chain reaction) test	각질	dead skin cells, horny substance, keratin
고름	pus	광선 치료	phototherapy, ucotherapy
구진	papule	국소 치료	topical therapy
냉동 치료	cryotherapy, frigotherapy	다크 서클	dark circle
대상 포진	herpes zoster	대상 포진 후 신경통	postherpetic neuralgia
두드러기	hives, urticaria	두피	scalp
레이저 치료	laser therapy	면포	comedo
모발 이식	hair transplantation	무좀	tinea pedis
물집(수포)	bleb, blister, bulla	반점(점)	macule, spot
발진	rash	백반증	vitiligo
보습제	moisturizer	비듬	dandruff
사람 유두종 바이러스	HPV (human papilloma virus)	색소 레이저 시술	dye laser treatment
수두	chickenpox, varicella	수두-대상 포진 바이러스	varicella zoster virus
습진	eczema	신경절	ganglion
아토피 피부염	atopic dermatitis	압출	extraction, extrusion
여드름	acne, pimple	연고	ointment
자외선 차단제	sunblock, sunscreen	재건 성형	reconstructive surgery

한국어	영어	한국어	영어
전기 영동법	cataphoresis, electrophoresis	전기 지짐술(전기 소작)	electric cauterization
전신 치료	systemic treatment	주근깨	freckle
첩포 검사	patch test	탈모증	alopecia
피부 단자 검사 (피부 바늘 따끔 검사)	skin prick test	피부 이식	skin graft
피지	sebaceum, sebum	화농	purulence, pyogenesis, suppuration
화학 박피술	chemical peel, decortication technique	흉터	scar

유용한 표현

한국어	영어	한국어	영어
가려움과 발진이 발생하다	to develop itching and rashes	고름을 손으로 짜다	to manually squeeze out the pus
고름이 생기다	to have pus formation	대상 포진 백신을 접종하다	to get the herpes zoster vaccine
머리카락을 충분히 헹구다	to rinse hair thoroughly	면역력을 강화하다	to boost immunity
모발의 굵기를 확인하다	to check the thickness of hair	모발이 빠지다	to lose hair
물집이 긴 띠를 이뤄 생기다	to develop a long strip of blisters	물집이 터지다	to have burst blisters
발진 여부를 살펴보다	to check for any sign of a rash	보습제를 바르다	to apply moisturizer
세균 감염의 위험이 있다	to be at risk of a bacterial infection	수두를 앓다	to contract chickenpox
알레르기 유발 물질을 피하다	to avoid allergenic substances	얼굴에 손을 대다	to touch the face
여드름을 악화시키다	to worsen acne	전염될 가능성이 있다	to have a risk of contagion
파마, 염색, 탈색 등을 하다	to get a perm, hair coloring, or bleaching treatment	피부 보호막의 기능이 약화되다	to experience a decline in skin barrier function
피부가 건조해지다	to have dry skin	피부를 긁다	to scratch the skin
피부를 진정시키다	to soothe the skin	피부에 자극을 주다	to irritate the skin
피지 분비를 촉진시키다	to increase sebum secretion	흉터가 남다	to leave scars

질환의 종류

1) 가려움증 itching

가려움증은 소양증이라고도 부르며, 피부에 가려운 증상이 나타나 긁고 싶어 참기 힘든 질환이다. 가려움증은 신체 여러 부위에 나타날 수 있는데, 특히 눈꺼풀·코·귀·항문과 그 주변부에 자주 발생한다. 이에는 급격한 온도 변화·건조한 환경·화학 물질과의 접촉 등이 주요 원인으로 작용하며, 스트레스와 심리적 요인도 질환 발생에 영향을 끼친다. 가려움증을 치료하기 위해서는 가려움을 유발하는 원인을 찾는 것이 가장 중요하며, 일반적으로는 보습제와 연고를 바르고 항히스타민제를 복용한다.

2) 건선 psoriasis

마른버짐이라고도 하는 건선은 피부에 은백색의 각질이 겹겹이 쌓여 비늘로 덮인 듯한 붉은색의 구진(피부 표면에 1cm 미만으로 돋아나는 작은 병변)이 생기거나, 이것이 모여 넓은 판 모양을 이루는 만성 염증성 피부병이다. 건선은 경계가 뚜렷하고 크기가 다양하며, 증상의 호전과 악화가 반복되는 경우가 많다. 건선 치료는 보습제와 연고 등을 피부에 직접 바르는 국소 치료법을 가장 많이 실시한다. 이에 더해 약을 먹는 전신 치료나 레이저 치료, 또는 특정 파장대의 자외선을 이용한 광선 치료를 하기도 한다.

3) 기미 chloasma, melasma

기미는 피부에 갈색이나 거무스름한 색의 반점이 나타나는 색소 질환이다. 기미의 모양은 다양하고 불규칙하지만, 위치는 주로 얼굴에 대칭적으로 동일하게 나타난다. 기미가 생기는 주요 원인으로 자외선 노출, 호르몬 변화, 유전적 요인 등이 있다. 기미는 연고를 발라 치료하거나, 화학 박피술이나 색소 레이저 시술, 또는 아주 약한 전류를 이용해 비타민 C를 피부에 침투시키는 비타민 C 전기 영동법 등으로 치료한다. 기미의 예방에는 햇볕을 차단하는 것이 가장 중요하므로 외출을 할 때는 피부에 자외선 차단제를 바르고, 모자나 양산을 써서 피부가 햇볕에 노출되는 것을 최소화하는 것이 좋다.

4) 사마귀 verruca, verruga, wart

사마귀는 사람 유두종 바이러스인 HPV에 감염된 피부나 점막에 과다한 증식이 유발되는 질환이다. 사마귀는 신체 어느 부위에서든 생길 수 있지만, 주로 손·발·얼굴·생식기 등에 발생한다. 사마귀는 전염성이 있어서 직접 접촉이나 간접 접촉으로 전파될 수 있으므로 그대로 두기보다는 제거하는 것이 바람직하다. 사마귀를 제거하기 위한 치료법에는 국소 약물 치료, 전기 지짐술(전기 소작), 냉동 치료, 레이저 치료 등이 있다.

5) 화상 burn

화상은 불, 뜨거운 물이나 기름, 화학 약품, 전기장판 같은 온열 제품 등에 의해서 피부 세포가 손상되는 것을 말한다. 화상은 피부 손상 정도에 따라 경증인 1도부터 중증인 4도까지 분류된다. 1도 화상은 피부가 빨개지고 약한 통증이 있으며, 2도 화상은 심한 통증과 함께 물집이 생기고 흉터가 남는다. 3도 화상은 피부 전층이 손상을 입어 피부 감각이 상실되며, 4도 화상은 피부 전층뿐만 아니라 근육 및 신경과 뼈조직까지 손상된다. 화상은 원인과 손상 정도에 따라 치료하며, 이에 더해 재활 치료 또는 피부 이식이나 재건 성형을 시행하기도 한다.

 **Conversation Interpretation**
대화 통역 연습

Explore | 기본

 ▫ 환자가 여드름 관련 증상으로 의사를 찾아왔습니다.
▫ 통번역사는 환자와 의사의 대화를 양방향으로 원활하게 통역합니다.

환자	I have a lot of acne on my jawline and cheeks. Is it common for adults to get acne like this?
통역사	턱 주변과 볼에 여드름이 많이 나서 왔어요. 성인도 이렇게 여드름이 생길 수 있나요?
의사	네, 여드름은 호르몬 변화로 사춘기 때 많이 난다고 생각하지만 성인기에도 생길 수 있습니다. 여드름은 모낭과 피지샘에 생기는 염증성 질환이라서 피지샘이 많은 얼굴에 가장 자주 나고, 등이나 가슴 등 신체 다른 부위에도 발생할 수 있어요.
통역사	Yes. Acne is often associated with puberty due to hormonal changes, but it can also develop in adulthood. Since acne is an inflammatory condition affecting the hair follicles and sebaceous glands, it most commonly appears on the face, where sebaceous glands are most abundant. However, it can also occur on other areas of the body, such as the back or chest.
환자	Then what kind of treatment should I receive?
통역사	그럼 전 어떤 치료를 받아야 할까요?
의사	여드름의 종류는 좁쌀 모양으로 오돌토돌한 면포성, 붉은색이 진하게 올라오는 구진성, 환자분처럼 고름이 생기는 화농성 등으로 구분합니다. 화농성 여드름의 경우 고름을 손으로 직접 짜면 염증이 더 심해지거나 흉터가 남을 수 있으니 오늘 병원에서 압출 치료를 받고 가세요. 피지가 잘 배출되게 도와주고 염증을 완화시키는 연고와 먹는 약도 함께 드릴게요. 앞으로 피부 상태를 지켜본 후 주사 치료나 레이저 치료 등을 해 보시죠.
통역사	Acne is categorized into different types, such as comedonal acne, which appears as tiny bumpy whiteheads, and papular acne, which forms deep red bumps, and purulent acne, like yours, which contains pus. For purulent acne, squeezing the pus by hand can worsen inflammation or leave scars, so I recommend undergoing extraction treatment at the hospital today. I will also prescribe a topical ointment and an oral medication to help regulate sebum production and reduce inflammation. After monitoring your skin condition, I can consider injection therapy or laser therapy if needed.
환자	All right. What can I do to prevent my acne from getting worse?
통역사	네, 알겠습니다. 여드름이 심해지지 않으려면 어떻게 하는 게 좋을까요?
의사	여드름의 예방과 치료에는 자신의 피부에 맞는 화장품 사용과 올바른 세안 및 보습이 중요해요. 유분 함량이 적고 피부를 진정시키는 효과가 있는 화장품을 바르고, 얼굴을 씻을 때 저자극성 세안제로 부드럽게 씻어 내세요. 씻고 난 후에는 여드름 피부용 보

습제를 바르는 게 좋습니다.

통역사   Preventing and treating acne requires using skincare products suitable for your skin type, along with proper cleansing and moisturizing. Apply cosmetics with low oil content and soothing effects. When washing your face, use a gentle cleanser, and after washing, apply a moisturizer specifically formulated for acne-prone skin.

환자   Okay, I will check the products I'm currently using and follow your advice. Is there anything else I should be cautious about in my daily routine?

통역사   네, 제가 지금 사용하고 있는 제품들을 살펴보고 말씀하신 대로 할게요. 또 제가 평소에 주의해야 할 점이 있을까요?

의사   환자분께서는 전반적인 생활 습관을 점검하시기를 바랍니다. 밖에서 집으로 돌아가면 바로 세안하고, 얼굴에 여드름이 생겨도 손으로 직접 짜지 마세요. 되도록이면 얼굴에 손을 대지 않아야 합니다. 잠을 푹 자서 피로를 푸는 것도 중요하고, 식습관 개선도 필요합니다.

통역사   I recommend reviewing your overall lifestyle habits. After returning home from outside, wash your face immediately, and avoid manually squeezing acne, even if it appears. As much as possible, avoid touching your face. Getting adequate rest to relieve fatigue is important, and improving your dietary habits is also necessary.

환자   Which foods should I avoid, and which should I include in my diet?

통역사   어떤 음식을 피하고, 어떤 음식을 먹는 게 좋을까요?

의사   너무 달거나 매워서 자극적인 음식과 가공식품은 여드름을 악화시킬 수 있으니 멀리하세요. 또 술과 커피는 피부를 건조하게 만들 수 있으니 안 먹는 게 좋아요. 대신 수분 보충을 위해 물을 많이 마시고, 피부 염증을 줄이는 데 도움이 되는 녹차를 추천합니다. 그리고 음식은 피지 분비를 촉진시키는 유제품과 기름진 음식 대신 오메가-3 지방산이나 비타민과 미네랄이 풍부한 연어·브로콜리·시금치·당근·아보카도·견과류 등을 챙겨 드시길 권합니다.

통역사   Overly sweet, spicy, or stimulating foods, as well as processed foods, can worsen acne, so it's best to avoid them. Alcohol and coffee can also dry out your skin, so it's better to limit their intake. Instead, make sure to drink plenty of water to stay hydrated, and I recommend green tea, which can help reduce skin inflammation. As for food, instead of dairy products and greasy foods that stimulate sebum secretion, focus on eating foods rich in omega-3 fatty acids, vitamins, and minerals, such as salmon, broccoli, spinach, carrots, avocados, and nuts.

Sight Translation 1
문장 구역 연습 1

한국어 → 영어

BRIEF
- 의사가 환자에게 아토피 피부염에 대해 구체적으로 설명합니다.
- 통번역사는 환자가 의학적·전문적 개념을 잘 이해할 수 있게 통역합니다.

아토피 피부염이란?

아토피 피부염은 주로 어린이나 청소년에게 발병하는 만성 염증성 피부 질환입니다. 피부가 건조해져 많이 가렵고, 때로는 습진 등을 동반하며, 재발이 잦다는 점이 그 특징입니다.

아토피 피부염의 발병 원인은 정확히 알려지지 않았지만 유전적 요인·환경적 요인·면역력 이상·피부 보호막 이상 등 여러 원인들이 복합적으로 작용한다고 알려져 있습니다. 특히 피부 보호막의 기능이 약화되면 외부의 자극에 민감하게 반응하여 아토피 피부염이 발생하기 쉽습니다. 또 건조한 환경, 급격한 기온 변화, 특정 물질이나 음식 등에 의해 유발된 알레르기 반응은 아토피 피부염의 증상을 악화시킬 위험이 있습니다.

아토피 피부염은 질환을 진단할 수 있는 특정한 단일 검사가 없고, 환자에게 나타나는 증상을 토대로 판단합니다. 이때 주된 진단 기준은 가려움증의 유무, 피부염의 특징적인 모양 및 부위, 가족력 등입니다. 알레르기 반응이 있는지 알아보기 위해서는 피부에 소량의 항원을 주사하여 발진 여부를 살펴보는 피부 단자 검사(피부 바늘 따끔 검사), 알레르기 유발 물질이 묻은 패치를 등에 붙이는 첩포 검사를 합니다. 추가로 혈액 검사 등도 실시할 수 있습니다.

아토피 피부염의 치료는 주로 환자의 피부 보호막 기능 강화와 증상 완화를 목표로 합니다. 보통 연고 등을 사용하여 피부 염증을 없애고, 보습제를 발라 피부의 건조함을 줄입니다. 또 가려움을 가라앉히기 위해 약을 복용하기도 합니다. 환자가 집먼지 진드기·꽃가루·동물의 털과 같은 알레르기 유발 물질을 피하고, 피부를 긁지 않는 것도 증상을 완화시키는 데 도움이 됩니다.

온도·습도의 급격한 변화는 아토피 피부염을 악화시킬 수 있으므로 주의해야 합니다. 예를 들어 아토피 피부염이 있는 환자가 뜨거운 물로 지나치게 오래 목욕하면 피부가 더 건조해지니 미지근한 물로 적절한 시간 동안 목욕하는 것이 좋습니다. 또 비누나 세제를 과도하게 사용하거나 화학 섬유로 만든 옷을 입는 것도 피부에 자극을 줄 수 있어 피해야 합니다.

아토피 피부염 환자는 생활 습관의 개선과 함께 식습관에도 신경 써야 합니다. 우유, 달걀, 밀, 견과류, 해산물 등의 식품과 첨가물이 많이 들어간 식품은 아토피 피부염에 영향을 주는 것으로 알려져 있습니다. 이러한 식품들 중 하나를 섭취한 후 30분에서 수 시간 내에 가려움과 발진이 발생한 환자는 그 음식이 자신에게 아토피를 유발하는 요인으로 판단하여 먹지 않는 게 좋습니다.

아토피 피부염은 완치가 어려운 질환이기는 하지만, 환자가 생활 습관과 식습관을 개선하는 등 꾸준히 관리하면 증상을 크게 완화시킬 수 있습니다.

Lesson 16_피부과

Sight Translation 2
문장 구역 연습 2

한국어 ↔ 영어

- 환자가 탈모증 의심 증상에 대해 질문하고, 의사가 답합니다.
- 통번역사는 환자의 증상과 의사의 진단을 정확하게 통역합니다.

Q Hello, I'm reaching out because I've been experiencing excessive hair loss lately. When I wash my hair, large clumps fall out, and even more hair sheds while drying. My hair has become noticeably thinner and weaker. At first, I thought it was due to the stress I've been under recently, but the hair loss continues to worsen, which is making me more concerned. I've tried using shampoos that are said to be good for hair loss, but they haven't been helpful. In fact, my scalp has become itchy, and I've developed a lot of dandruff.

I've heard that early treatment is good for hair loss, so I'd like to visit the hospital for proper diagnosis and treatment. Could you let me know what tests I should undergo, as well as detailed information on treatment options and their duration? Additionally, I'd appreciate any advice on how to prevent further hair loss. I really want to regain my thick hair and restore my confidence.

A 안녕하세요. 환자분께서 머리카락이 많이 빠져 걱정이 크신 듯합니다. 성인의 경우 보통 하루에 50~100개의 모발이 빠지는 것은 정상이지만, 100개 이상 빠지면 탈모증일 확률이 높습니다. 따라서 환자분은 먼저 하루에 빠지는 머리카락 양을 확인해 보셔야겠습니다. 또 모발 8~10개 정도를 가볍게 당겼을 때 빠지는 양도 확인해 보세요. 4개 이상 빠진다면 탈모증일 가능성이 있기 때문입니다.

정확한 진단을 위해 병원에 오셔서 모발 현미경 검사로 환자분의 두피 상태, 단위 면적당 모발의 개수, 모발의 굵기를 확인하시기 바랍니다. 또 혈액 검사로 탈모를 일으키는 호르몬 불균형, 빈혈, 영양 결핍 등이 있는지도 확인할 수 있습니다.

탈모 치료법으로는 약물 치료와 주사 치료 및 모발 이식 등이 있습니다. 일반적으로 탈모는 장기간 치료가 필요하여 최소 3~6개월 정도 치료를 지속해야 효과가 나타나고, 경우에 따라 1년 이상 꾸준히 치료를 할 수도 있습니다.

일상생활에서 탈모를 예방하기 위해서는 파마, 염색, 탈색 등을 하지 않는 것이 좋습니다. 또 의학적 근거가 없는 탈모 예방 샴푸에 의존하기보다, 머리카락을 충분히 헹구어 샴푸 성분이 남지 않도록 하는 게 중요합니다. 머리카락이 젖은 상태에서 빗질을 세게 하거나 드라이기를 오래 사용하는 등 심하게 손질하는 것도 피하세요. 그리고 마지막으로 스트레스를 줄이고 다이어트를 과하게 하지 말아야 하며, 특히 음주와 흡연은 탈모 증상을 악화시킬 수 있으므로 삼가시기 바랍니다.

Conversation Interpretation
대화 통역 연습

Practice
실전

- 환자가 대상 포진 관련 증상으로 의사를 찾아왔습니다.
- 통번역사는 대화 상황에 적절한 표현으로 통역을 완성합니다.

환자	Doctor, my back feels like being pricked with needles. It stings, burns, and itches a lot. This morning, when I looked closely, I noticed small red spots and blisters in that area.
통역사	
의사	환자분께서 말씀하신 증상들이 언제부터 나타났나요?
통역사	
환자	It seems the symptoms started yesterday. At first, I had a headache, a slight fever, and felt achy all over, so I thought it was just a cold. I noticed a slight rash starting to form, but I assumed it would go away soon and didn't pay much attention. Then blisters appeared, and the pain intensified every time I moved. In particular, when I touch the area with blisters, it stings like a burn.
통역사	
의사	통증이 있는 부위를 보여 주시겠어요? (확인 후) 물집이 환자분의 등 중심부에서 어깨 아래쪽으로 이어지듯 자리하고 있네요. 이렇게 물집이 긴 띠를 이뤄 생기면 대상 포진일 가능성이 큽니다.
통역사	
환자	Did you say herpes zoster?
통역사	
의사	대상 포진이란 신경절에 잠복되어 있던 수두-대상 포진 바이러스가 신체의 면역력이 떨어졌을 때 활성화되어 나타나는 질환입니다. 두통·발열 등과 함께 신경을 따라서 피부에 물집이 생기고 극심한 통증을 동반하는 것이 대표적 증상이에요. 대상 포진은 등 뿐 아니라 신경이 있는 부위면 얼굴·가슴·팔다리 어디든 다양하게 나타날 수 있어요.
통역사	

환자	Then what should I do now?
통역사	
의사	증상이 눈에 보이지 않았다면 혈액이나 침에서 바이러스를 검출해 진단하는 PCR 검사, 즉 중합 효소 사슬 반응 검사를 해서 확진하기도 합니다. 하지만 대상 포진은 병변의 모양과 위치가 특징적이라서 환자분처럼 임상 증상이 확실하게 나타나는 경우 육안으로도 진단이 가능하며, 물집이 발생한 부위의 피부를 긁어 현미경 검사나 세포 검사로 확진합니다.
통역사	
환자	I understand. But why did I get herpes zoster?
통역사	
의사	환자분은 최근에 스트레스를 많이 받거나 과로하지는 않으셨나요?
통역사	
환자	Yes, I've been extremely busy, constantly working overtime, and I've been under a lot of stress. Because of that, I've been having trouble sleeping at night.
통역사	
의사	그러셨군요. 몸에 피로가 쌓이면서 면역력이 약화되었을 가능성이 큽니다. 혹시 환자분은 어렸을 때 수두에 걸린 적이 있나요? 원인 바이러스가 동일하기 때문에 수두를 앓은 사람이라면 대상 포진에 걸릴 가능성이 높거든요.
통역사	
환자	I don't remember clearly, but I think I had chickenpox when I was young. How is herpes zoster treated? The pain is so severe right now that it's making it difficult for me to go about my daily activities.
통역사	

의사	제가 항바이러스제와 진통제를 처방해 드리겠습니다. 항바이러스제는 바이러스의 활동을 억제해 증상을 완화시켜 주고, 진통제는 통증 감소에 도움이 될 거예요. 환자에 따라 다르지만 보통 2~3일이 지나면 통증이 점차 줄어듭니다. 함께 드리는 연고도 물집이 난 부위에 조심히 발라 주세요.
통역사	
환자	I understand. Is there anything I should be careful about or keep in mind during treatment?
통역사	
의사	혹시 물집이 터질 경우에는 소독된 거즈나 붕대로 가볍게 덮어 주시고 절대 긁지 마세요. 이 부위는 세균 감염의 위험이 있어서 깨끗하게 관리해야 하거든요. 그리고 스트레스와 피로는 면역력 저하의 가장 큰 원인이므로 충분히 쉬셔야 합니다.
통역사	
환자	Yes, I'll try not to overdo things. Then when will herpes zoster clear up?
통역사	
의사	대상 포진은 환자분이 약을 복용하고 나면 대개 통증이 완화되기 시작하지만, 완전히 낫기까지는 2~4주 또는 그 이상이 걸릴 수도 있어요. 중요한 점은 대상 포진 발병 초기에 치료를 하는 것입니다. 그렇지 않으면 '대상 포진 후 신경통' 같은 후유증이 생겨 통증이 몇 달에서 몇 년까지 지속될 위험이 있어요.
통역사	
환자	If I start treatment right away, will I fully recover without any lasting effects? And I won't get herpes zoster again, right?
통역사	
의사	환자분께서 초기에 치료를 잘 받으면 대부분 후유증 없이 회복되니까 너무 걱정하지 마세요. 그렇지만 대상 포진은 바이러스가 없어지지 않고 환자분의 몸속에 계속 잠복해 있기 때문에 면역력이 약해지면 재발할 수도 있다는 점에 유의하시고, 대상 포진

의사   백신을 접종하면 재발을 방지하는 데 큰 도움이 되니 백신을 맞으시는 것이 좋겠습니다. 다만, 대상 포진 증상이 이미 나타난 환자라면 대상 포진 급성기 증상이 사라진 후 6개월에서 1년 정도 지나고 나서 백신을 접종하시길 권장합니다. 또 대상 포진은 전염될 가능성이 있으므로 주위 사람들과의 접촉을 최대한 피하셔야 합니다.

통역사

환자   I didn't realize it was contagious, but I'll be careful. Is there anything else I should watch out for?

통역사

의사   환자분의 몸이 회복될 때까지 심한 운동이나 야외 활동을 자제하시고, 가벼운 산책이나 요가 같은 운동으로 컨디션을 조절하시기 바랍니다. 또 식습관에도 신경 쓰셔서 기름진 음식, 당이 많이 들어간 음식, 가공식품 등은 삼가시기 바랍니다. 그보다는 면역력을 강화하기 위해 과일과 채소와 생선 등을 드시는 게 좋습니다. 식사도 규칙적으로 하시고요.

통역사

Medical Cultures Worldwide
국제 의료 문화

| 일본의 의료 문화

 문화 개요

국가 정보 및 지리·기후 특징

일본은 홋카이도·혼슈·시코쿠·규슈와 같은 비교적 큰 4개 섬과 그 외의 작은 여러 섬들로 구성된 나라로, 수도는 도쿄이며 전체 인구는 1억 2천만 명가량이다. 일본은 입헌 군주제와 내각 책임제 국가여서, 공식적인 국가 원수는 일본의 왕이지만 실질적인 정치 운용은 총리가 담당한다. 일본은 남북으로 길게 뻗은 지형에 따라 북쪽에서부터 차례로 냉대·온대·아열대 기후의 특징이 나타나며, 섬나라의 특성상 고온 다습하고 태풍이 잦으며 강수량도 많다. 또 세계에서 지진 활동이 가장 활발히 일어나는 환태평양 지진대에 속해 있어 지진이 자주 발생한다.

역사적 배경

일본은 4세기경 통일 국가가 세워진 이래 무사 계급이 성장하면서 12세기부터 19세기까지 쇼군(장군)이 통치하는 막부 시대가 이어졌다. 1868년에 메이지 유신이 단행되면서 막부 정치는 끝이 났고, 이후 일본은 사회 변혁 시기를 거치며 중앙 집권적인 통치 체제를 이루었다. 이어 1889년 헌법을 제정하며 입헌 국가가 된 일본은 1890년 아시아 지역 최초로 의회 제도를 확립했다. 제2차 세계 대전에 참전하여 패망한 일본은 전후 복구 사업에 주력하면서 고도의 경제 성장을 이루었고, 현재 아시아를 대표하는 강대국으로 자리잡았다.

사회 문화적 특징

일본은 과거 오랫동안 봉건제 사회였던 만큼 사회적 규범과 질서를 중시하는 문화가 남아 있다. 특히 겸손과 자기 절제·내성적 태도를 미덕으로 삼은 사무라이 문화에 영향 받아, 국가나 사회 집단의 명령과 규율을 따르는 것을 중요하게 여기는 문화가 강하다. 이러한 전통에 따라 일본인은 자신을 드러내기보다 타인에 대한 배려와 조화를 중요시하는 경향이 강한데, 이와 같은 자국의 문화를 일본인은 어울림·화합 등을 뜻하는 '화(和)'라는 단어로 표현하곤 한다.

사회 질서와 전통을 중시하는 특징은 직업적인 면에서도 두드러진다. 이는 몇 세대에 걸쳐 가업을 잇는 일본 특유의 직업 문화로 나타나고 있으며, 최고의 제품을 만들기 위해 힘쓰는 일본의 장인 정신으로 세계인의 주목을 받고 있다.

언어적 특징

일본어는 고유어와 문법 요소를 히라가나로 표기하고 외래어와 의성어 및 의태어 등을 가타카나로 표기하는 이중 문자 체계를 가졌다. 히라가나와 가타카나는 표기 형태는 다르지만 발음은 동일하고, 글자 수도 각각 46자로 같다. 또 일본어는 영어나 한국어와 달리 억양에 강약이 없고 소리의 높낮이와 장단으로 의미가 구분된다는 특징도 가지고 있다.

이외 일본어는 조사로 문장 속 단어들의 관계를 나타내고 '주어-목적어-동사'의 평서문 어순을 사용하는 등 문법 구조가 한국어와 유사하다. 또 일본어는 한국어와 마찬가지로 한자어와 고유어 및 외래어를 혼용해 사용하며, 경어가 발달해 있다.

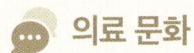 의료 문화

보건 의료 체계

일본의 보건 의료 체계는 초기 진료인 1차 의료에 이어 2차, 3차 의료의 3단계로 나뉜다. 1차 의료는 주로 지역 내 보건 기관 및 병원에서 담당하며, 질환의 치료와 함께 예방과 건강 관리 등 포괄적인 의료 서비스를 실시한다. 2차 의료는 지역의 핵심 병원이 담당하며, 입원이 필요한 경우나 더 전문적인 치료를 필요로 하는 질환을 다룬다. 3차 의료는 첨단 전문 의료 기기를 갖추고 후생 노동 대신의 승인을 받은 전문 병원과 대형 종합 병원에서 담당하며, 특수한 진단이 필요한 질환들을 다룬다.

건강 보험 제도

일본은 1961년 전 국민 건강 보험 제도를 도입한 이후, 다보험자 체제를 유지하고 있다. 이는 강제 가입에 의한 사회 보험 방식으로 정부 주도의 공공 건강 보험이지만, 보험자가 정부 단일이 아닌 다수라는 점이 특징적이다.

피고용자들이 가입하는 일반적인 직장 의료 보험은 전국 건강 보험 협회·건강 보험 조합이 보험자인 건강 보험과, 공무원 공제 조합·사립학교 교직원 공제 조합 등이 보험자인 공제 조합 등이 있다. 직장인 건강 보험에 가입하지 않은 자영업자나 퇴직자·실업자 등은 지역 건강 보험에 가입하며, 이는 각 지자체와 업종별 조합이 보험자가 된다. 또 65세부터 74세까지를 대상으로 하는 전기 고령자는 기존 국민 건강 보험 제도와 동일한 방식으로 의료 보험에 가입하여 혜택을 받지만, 75세 이상은 후기 고령자 의료 광역 연합에서 운영하는 후기 고령자 의료 제도(Late-stage Medical Care System of the Elderly)의 가입 대상이 된다. 기타 민간 건강 보험의 경우 사망 보장보다 생존 시의 보장을 강화하는 추세로 변화하고 있다.

의료 문화의 특징

일본은 OECD 가입국들 중 노령화 인구 순위에서 최상위권에 있는 국가인 만큼 의료비 상승이 사회 문제로 대두되고 있으며, 간병과 요양 분야에 대한 관심도 높아지고 있다. 이러한 흐름에 발맞추어 일본은 2008년부터 기존 65세 이상의 고령자를 대상으로 실시했던 고령자 의료 제도를 더 세분화하여 65세 이상부터 74세까지를 전기 고령자로, 75세 이상을 후기 고령자로 구분해 각각의 특성에 맞는 의료 지원을 제공하고 있다. 이에 더하여 급속도로 진행되는 고령화에 따라 노인 환자가 급증하면서 돌봄 인력의 부족 문제가 대두되자 정부 차원에서 로봇 기술을 개발하여 로봇을 고령자 돌봄 서비스에 활용하고자 힘쓰며, 외국인 돌봄 인력의 유입도 적극적으로 추진하고 있다.

또 일본은 매년 전국적으로 필요한 병상 수를 조절하고, 전 지역에 일반 의료 및 응급 의료가 평준화될 수 있도록 구역을 세분화해 관리하고 있다. 2015년부터는 모든 의료 기관에서 원격 진료를 할 수 있도록 허용해 환자가 화상 진료와 비대면 방법으로 진료받는 것도 가능해졌다.

일본인 환자가 단기간으로 입원하는 경우 직접 병문안을 가는 것보다 편지나 선물 등 병문안 대체 용품을 보내는 것이 낫다. 위로금으로 상품권이나 현금을 전달하는 경우도 많으나, 윗사람에게 현금을 건네는 것은 예의에 어긋나는 행동이므로 삼가야 한다.

LESSON 17

Thoracic and Cardiovascular Surgery
흉부외과

AI와 함께 Warm-Up with AI

STEP 1

Q: 흉부외과와 관련한 신체 기관에는 어떤 것이 있나요?

A: 흉부외과와 관련한 신체 기관에는 _____

STEP 2

Q:

A:

STEP 3

| 학습 목표 |
□ 통번역사로서 흉부외과에서 통용되는 어휘와 표현을 이해하고 통번역할 수 있다.
□ 통번역사로서 흉부외과에서 일어나는 상황을 의사와 환자 각각의 입장에서 원활하게 소통할 수 있다.

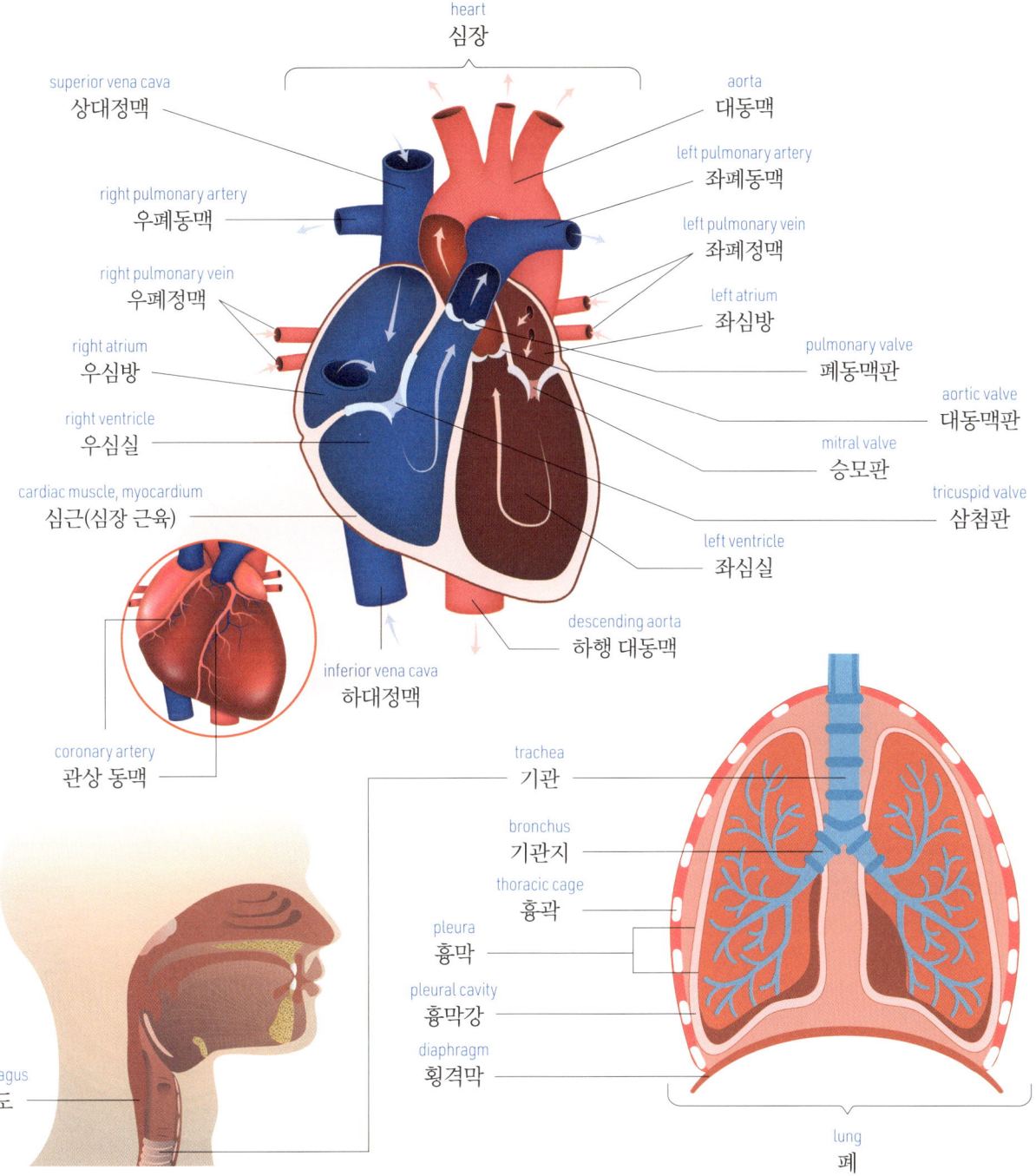

흉부외과는 가슴 부위의 신체 기관에 발생하는 질환들을 진단하고 치료하는 곳으로, 심장과 대동맥 등에 연관된 질환을 담당하는 심장외과와 식도·폐·흉막 등에 연관된 질환을 담당하는 폐식도 외과로 나뉩니다. 흉부외과 의사들은 심근 경색증·심부전·동맥 경화증·폐암·하지 정맥류 등 다양한 질환을 진료하고, 치료법의 개발과 예방을 위해 연구합니다.

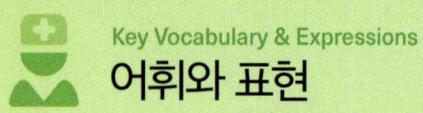

Key Vocabulary & Expressions
어휘와 표현

💬 전문 어휘

한국어	영어	한국어	영어
감염성 심내막염	infective endocarditis	결핵	TB/TBC(tuberculosis)
관상 동맥 조영술	coronary arteriography	관상 동맥 중재술	coronary intervention
구토	vomiting	근육통	muscle pain, myalgia
기흉(공기가슴증)	pneumothorax	농흉(고름가슴증)	pyothorax
담	muscle cramps, muscle stiffness	동맥 경화증	arteriosclerosis
류머티즘열	rheumatic fever	마른기침	dry cough
맥박	pulse	방사선 치료	radiotherapy
부정맥	arrhythmia	산소 치료	oxygen therapy
삽입술	insertion	섬유화	fibrosis
스텐트(금속 그물망)	stent	심근 경색증	MI(myocardial infarction)
심방 잔떨림(심방세동)	AF(atrial fibrillation)	심부전	heart failure
심장 박동	cardiac impulse, heartbeat	심장 초음파 검사	echocardiography
심전도 검사	ECG/EKG (electrocardiography)	오목가슴	funnel chest, pectus excavatum
이뇨제	diuretic	저산소증	hypoxia
전기 충격 요법	EST(electric shock therapy)	조영제	contrast agent
종격 기종	mediastinal emphysema, pneumomediastinum	치환술	replacement
판막 기능 부전	valvular insufficiency	판막 질환	valvular disease

판막 협착증	valvular stenosis	폐 기능 검사	PFT(pulmonary function test)
폐렴	pneumonia	폐암	lung cancer
하지 정맥류	varicose vein	항부정맥제	antiarrhythmic drug
항암 화학 요법(항암제 치료)	chemotherapy	혈흉(혈액가슴증)	hematothorax, hemothorax
협심증	angina pectoris	호흡 곤란	SOB(shortness of breath)
호흡기 질환	respiratory disease	흉막 유착술	pleurodesis
흉수	pleural effusion fluid	흉통	chest pain

💬 유용한 표현

한국어	영어	한국어	영어
가슴 통증이 지속되다	to have persistent chest pain	가슴이 두근거리다	to experience heart palpitations
관상 동맥이 막히다	to have blocked coronary arteries	담이 결리다	to have muscle cramps or stiffness
맥박이 불규칙적으로 뛰다	to have an irregular pulse	산소를 투여하다	to provide oxygen therapy
숨을 쉬기 어렵다	to have difficulty in breathing	심근 경색증으로 발전하다	to progress to myocardial infarction
심장 기능을 확인하다	to assess cardiac function	심장 박동이 불규칙하다	to have an irregular heartbeat
심장의 전기 신호를 측정하다	to measure the heart's electrical signals	심장이 떨리다	to experience atrial fibrillation
심장이 수축과 이완을 반복하다	to maintain continuous heart contractions and relaxations	인공 판막으로 교체하다	to replace with an artificial valve
전기 충격 요법이 필요하다	to need electric shock therapy	조영제를 주사하다	to inject a contrast agent
판막이 닫히지 않다	to have an unclosed heart valve	판막이 잘 열리지 않다	to have a heart valve that doesn't open fully
폐 모양을 확인하다	to assess the shape of the lungs	혈압을 측정하다	to check one's blood pressure
혈액이 역류하다	to have blood regurgitation	호흡 곤란이 오다	to have shortness of breath
흉막강에 튜브를 삽입하다	to insert a tube into the pleural cavity	흉통이 있다	to experience chest pain

질환의 종류

1) 식도암 esophageal cancer

식도암은 식도에 발생하는 악성 종양이다. 이 질환은 초기에는 별다른 증상이 없다가 병이 이미 진행된 후에야 연하 장애·체중 감소·식도 통증 등의 증상이 나타나며, 식도 주변에 있는 폐나 심장으로 전이되곤 한다. 식도암은 음주·흡연·노화가 발병에 주요한 영향을 끼치는 것으로 알려져 있으며, 60대 이상의 남성에게 많이 발병한다. 식도암은 방사선 치료나 항암 화학 요법 등으로 치료하고, 경우에 따라 식도 절제 수술을 시행하기도 한다.

2) 심근염 myocarditis

심근염은 바이러스 감염이나 고혈압 또는 과도한 음주 등으로 인해 심장 근육(심근)에 염증이 생기는 질환이다. 발열·근육통·구토·설사 등 감기와 비슷한 증상이 나타나다가 심해지면 흉통·호흡 곤란·쇼크가 오기도 한다. 심근염은 증상의 정도에 따라 환자에게 이뇨제를 투여해 부종을 줄이고, 심근 수축제 등을 사용해 치료한다. 바이러스에 의한 심근염은 저절로 치료되는 경우가 많고 심전도에 이상도 없으며 합병증도 발생하지 않지만, 그 외의 원인으로 발생한 심근염은 심실성 부정맥이나 심부전 등의 합병증을 유발할 수 있으므로 주의해야 한다.

3) 특발 폐 섬유증 idiopathic pulmonary fibrosis

특발 폐 섬유증은 폐 조직이 섬유화되면서 점차 딱딱해지는 질환이다. 주요 증상으로 마른기침을 자주 하고, 호흡 곤란이 심해져 저산소증이 올 수 있으며, 손가락 끝이 곤봉의 끄트머리처럼 둥그렇게 되는 곤봉지 증상도 나타날 수 있다. 특발 폐 섬유증을 완치하는 약물은 아직 개발되지 않았기 때문에 의사는 환자에게 우선적으로 항섬유화 약물을 투여하고, 산소 치료와 호흡 재활 등 비약물 치료를 병행하여 폐 기능이 저하되는 속도를 늦추고 합병증을 예방하는 데 초점을 맞춘다. 환자의 상태에 따라 폐 이식 수술이 진행될 수도 있다. 이 질환을 앓는 환자는 반드시 금연해야 하고, 감기·폐렴 등 호흡기 질환에 걸리지 않도록 주의해야 한다. 또 환자는 미세 먼지가 많은 장소 등 폐에 자극을 줄 수 있는 환경을 피하는 게 좋다.

4) 흉막 삼출 pleural effusion

흉막 삼출은 폐를 둘러싼 2개의 흉막에서 체액 성분인 흉수가 스며 나와 두 흉막 사이의 흉막강에 축적되는 것으로, 폐렴·결핵·심부전·암 등 여러 질환에 의한 합병증으로 발생한다. 주요 증상으로 마른기침, 호흡 곤란, 찌르는 듯한 흉통 등이 있다. 흉막 삼출을 치료하기 위해서 먼저 원인 질환을 찾고, 그에 적합한 치료 방법을 시행한다. 필요한 경우에는 흉막 유착술, 즉 흉막강에 약물을 넣어 인위적으로 염증을 유발함으로써 두 흉막을 유착시켜 흉수가 다시 쌓이지 않게 하는 수술을 진행한다.

5) 흉부 대동맥류 thoracic aortic aneurysm

흉부 대동맥류는 흉부에 위치한 동맥벽이 약해져 대동맥이 풍선처럼 부풀어 오르는 질환이다. 이는 주로 동맥 경화증이나 감염 또는 외상 등에 의해 발병하며, 목·어깨·등·허리에 통증이 나타나고 목이나 팔이 붓기도 한다. 대동맥이 파열될 만큼 크기가 크다고 진단되면 튀어나온 대동맥을 인공 혈관으로 대체하는 인공 혈관 치환술이나, 대동맥 안에 스텐트(금속 그물망)를 설치하는 스텐트 삽입술을 시행한다.

Conversation Interpretation
대화 통역 연습

Explore
기본

BRIEF
☐ 환자가 심방 잔떨림 관련 증상으로 의사를 찾아왔습니다.
☐ 통번역사는 환자와 의사의 대화를 양방향으로 원활하게 통역합니다.

환자	Doctor, I've been experiencing frequent palpitations lately, and sometimes my heartbeat becomes irregularly fast. That's why I came in.
통역사	선생님, 요즘에 자주 가슴이 두근거리면서 심장 박동이 불규칙하게 빨라질 때가 있어서 왔어요.
의사	혹시 호흡 곤란 등의 다른 증상은 없었나요?
통역사	Have you experienced any other symptoms, such as shortness of breath?
환자	Yes, sometimes I feel it's hard to breathe.
통역사	네, 가끔 숨을 쉬기 어려운 느낌도 들어요.
의사	환자분은 고혈압이나 당뇨병 등 기저 질환이 있습니까? 술과 담배는 어느 정도 하는지요?
통역사	Do you have any underlying conditions, such as hypertension or diabetes? How much do you drink and smoke?
환자	I have high blood pressure and take medication for it. I don't smoke, but I enjoy social drinking and drink quite often.
통역사	혈압이 높아서 고혈압 약을 먹고 있어요. 담배는 피우지 않지만, 술자리를 좋아해서 술은 꽤 자주 마시는 편입니다.
의사	환자분이 말씀하신 증상들과 기저 질환, 평소 생활 습관 등으로 보았을 때 심장 관련 질환일 가능성이 있습니다. 정확한 진단을 위해서 심전도 검사부터 진행할게요. 추가적으로 흉부 X-ray 검사와 심장 초음파 검사도 해 보겠습니다.
통역사	Considering the symptoms you've mentioned, along with your underlying condition and your lifestyle, there is a possibility of a heart-related disorder. I'll begin with electrocardiography to make an accurate diagnosis. I'll also conduct a chest X-ray and echocardiography.
환자	How is the electrocardiography performed?
통역사	심전도 검사는 어떻게 하는 건가요?
의사	심전도 검사는 가슴과 팔다리에 전극을 부착해서 심장의 전기 신호를 측정하는 검사입니다. 검사 시간은 5~10분 정도로 결과를 즉시 확인할 수 있고, 흉부 X-ray 촬영도 몇 분 걸리지 않습니다. 심장 초음파 검사 역시 심장 상태를 바로 확인할 수 있기 때문에 결과가 나오는 대로 제가 설명해 드릴게요.

| 통역사 | Electrocardiography involves attaching electrodes to your chest and limbs to measure the heart's electrical signals. The test takes about 5 to 10 minutes, and you'll be able to see the results right away. The chest X-ray also takes just a few minutes. Regarding the echocardiography, it will allow me to assess your heart's condition immediately, and I will explain the results as soon as they are available. |

【검사 후】

의사	검사 결과 부정맥 질환의 일종인 심방 잔떨림으로 진단되었습니다. 흔히 심방세동이라고 부르는 이 질환은 심장이 수축과 이완을 반복하면서 몸에 혈액을 전달하는 과정에 이상이 생겨 심장 박동이 불규칙해지는 거예요.
통역사	The test results indicate a type of arrhythmia known as atrial fibrillation. This condition occurs when an abnormality in the heart's circulatory system, which continuously pumps blood throughout the body as the heart contracts and relaxes, causes the heart to beat irregularly.
환자	How should it be treated?
통역사	그럼 어떻게 치료해야 하나요?
의사	환자분의 경우 심장이 떨리는 상태가 갑자기 생겼다가 없어지는 발작성 심방 잔떨림이기 때문에 먼저 약물 치료로써 항부정맥제를 처방하겠습니다. 만약 약물 치료로 증상이 호전되지 않는다면 전기 충격 요법이 필요할 수 있으며, 수술도 고려해 볼 수 있습니다.
통역사	In your case, since you have atrial fibrillation, where the heart's fluttering starts and stops suddenly, we will begin treatment with medication, prescribing an antiarrhythmic drug. If there is no improvement with medication, electric shock therapy may be necessary, and surgery could also be considered.
환자	I understand. Is there anything I should be cautious about while taking the medication?
통역사	알겠습니다. 약을 먹으면서 제가 주의해야 할 점이 있을까요?
의사	꾸준한 관리가 필요한 만큼 처방받은 약은 시간을 잘 지켜 모두 복용해 주세요. 환자분은 평소에 술을 자주 마시는 편이라고 말씀하셨는데, 심방 잔떨림은 음주가 주원인일 가능성이 큰 질환이므로 반드시 금주해야 합니다. 또 카페인을 섭취하거나 과식을 하면 증상이 악화될 수 있으니 자제해야 하고요. 너무 무거운 물건을 들거나 과도한 운동을 하는 것도 삼가시기 바랍니다.
통역사	Since ongoing management is crucial, please take all the prescribed medication as scheduled. You mentioned that you drink alcohol often, but since alcohol can be a major trigger for atrial fibrillation, you must abstain from drinking. Additionally, it's important to avoid consuming caffeine or overeating as both can worsen the symptoms. Please also refrain from lifting heavy objects or engaging in excessive exercise.

Sight Translation 1
문장 구역 연습 1

한국어 → 영어

BRIEF
- 의사가 환자에게 판막 질환에 대해 구체적으로 설명합니다.
- 통번역사는 환자가 의학적·전문적 개념을 잘 이해할 수 있게 통역합니다.

판막 질환이란?

심장에는 피가 거꾸로 흐르는 것을 막는 기능을 하는 대동맥판, 폐동맥판, 승모판, 삼첨판이라는 4개의 판막이 있습니다. 이 판막들이 정상적으로 열리고 닫히지 않아 혈액의 흐름에 장애가 생기는 것을 '판막 질환'이라고 부릅니다. 그 중 대표적 질환으로 판막이 잘 열리지 않아 혈액이 충분히 통과하지 못하는 판막 협착증과, 판막이 완전하게 닫히지 않아 혈액이 역류하는 판막 기능 부전을 들 수 있습니다.

판막 질환의 원인은 다양합니다. 이는 선천적으로 판막에 이상이 있어 발병하기도 하지만, 후천적으로는 류머티즘열이나 감염성 심내막염 등 다른 질병의 후유증으로 판막에 손상이 발생하여 발병하기도 합니다. 또한 노화로 인하여 판막 질환이 발병하는 경우도 흔합니다.

판막 질환은 초기에는 별다른 증상이 없다가 심장 기능이 저하됨에 따라 호흡 곤란이 오고 기침이 심해지며, 피로감이 높아지고 흉통도 발생할 수 있습니다. 또 맥박이 불규칙적으로 뛰는 부정맥이 동반되기도 합니다.

판막 질환인지 진단하기 위해서는 심전도 검사와 심장 초음파 검사 등을 실시합니다. 심전도 검사를 통해서는 심장이 얼마나 규칙적으로 뛰고 있는지 심장 기능을 확인할 수 있으며, 이는 판막 질환의 중증도를 평가하는 데 중요한 정보가 될 수 있습니다. 심장 초음파 검사는 심장 내부의 심방·심실·판막의 크기와 움직임을 확인할 수 있는 방법으로, 이는 판막 질환이나 심내막염 등의 진단에 필수적인 검사법입니다. 이외에도 판막 질환을 진단하기 위해 흉부 X-ray 검사, CT 검사 등을 추가적으로 실시하기도 합니다.

판막 질환은 약물 치료로 증상을 완화할 수도 있으나 심한 경우에는 수술적 치료를 해야 합니다. 판막 성형술은 손상된 판막의 모양을 교정하는 수술로, 환자의 판막을 보존한다는 장점이 있지만 재발 가능성이 있어 유의해야 합니다. 한편 판막 치환술은 손상된 판막을 인공 판막으로 교체하는 수술로, 판막의 손상이 이미 많이 진행되어 판막 성형만으로 완치되기 힘든 경우에 유용합니다.

판막 질환을 앓고 있는 환자의 경우 정기적으로 심장 기능과 질환의 진행 상태를 확인해야 합니다. 평소에 규칙적으로 혈압을 측정하여 혈압 수치를 계속해서 관리하고, 음식을 짜게 먹지 않는 등 올바른 식습관을 가져야 합니다. 또한 꾸준히 운동을 하는 등 생활 습관을 개선하여 부정맥이나 뇌졸중 같은 합병증이 발생하지 않도록 주의해야 합니다.

Lesson 17_흉부외과

Sight Translation 2
문장 구역 연습 2

한국어 ↔ 영어

BRIEF
- 환자가 기흉 관련 증상에 대해 질문하고, 의사가 답합니다.
- 통번역사는 환자의 증상과 의사의 진단을 정확하게 통역합니다.

Q Hello, I'm reaching out because I've been experiencing persistent chest pain since last month. Every time I breathe, it feels like my chest is being stabbed, making it difficult to breathe. The pain worsens when I walk or climb stairs. I also feel stiffness in my back, and my heart seems to be beating faster.

Although I'm not currently taking any medications or receiving specific treatment, I am mindful of my health due to a family history of hypertension and diabetes. These symptoms appeared suddenly, and I'm concerned there might be an issue with my heart or lungs. Could you please advise on the tests and treatments I should undergo, as well as any precautions I can take to alleviate these symptoms?

A 안녕하세요. 환자분이 말씀하신 증상들 중 호흡할 때마다 가슴을 찌르는 듯한 흉통이 있고 등에 담이 걸리는 듯하다는 점으로 보아, 기흉(공기가슴증) 증상으로 보입니다. 기흉은 폐에 생긴 구멍으로 공기가 새어 나와 흉막강에 공기가 차면서 폐가 정상적으로 팽창하지 못하게 되는 질환입니다. 기흉의 발병 원인은 다양한데, 외부의 영향 없이 저절로 생길 수도 있고 폐와 관련된 질환 또는 외상에 의해서 발생할 수도 있습니다.

정확하게 진단하기 위해 병원에 오셔서 흉부 X-ray 검사를 받으시길 권합니다. X-ray 사진을 찍어서 환자분의 폐 모양을 확인할 수 있고, 필요에 따라 CT 검사로 폐의 상태를 좀 더 자세히 살펴볼 수도 있습니다.

기흉이 맞다면, 증상이 심하지 않을 경우 먼저 산소를 투여하면서 폐에 생긴 구멍이 저절로 아무는지 상태를 지켜봅니다. 중증일 경우 흉막강에 튜브를 삽입해 공기를 빼내는데, 이렇게 해도 호전되지 않으면 흉막 유착술 등 수술적 치료를 시행합니다.

기흉을 예방하기 위해서는 평소에 과도한 신체 활동을 삼가고, 비행기 탑승 등 갑작스러운 기압 변화에 노출되지 않아야 합니다. 또 기흉은 재발률이 높으므로 치료 후에도 주기적인 검사가 필요하며, 폐 질환인 만큼 흡연자는 반드시 금연해야 합니다.

Conversation Interpretation
대화 통역 연습

Practice | 실전

□ 환자가 협심증 관련 증상으로 의사를 찾아왔습니다.
□ 통번역사는 대화 상황에 적절한 표현으로 통역을 완성합니다.

환자 | I've been diagnosed with angina pectoris for several years and have been taking medication. However, lately, I've been experiencing more frequent chest pain that feel like my chest is being squeezed. I often find it difficult to breathe, which is causing me concern.

통역사 |

의사 | 환자분은 약을 복용 중이신데도 가슴 통증이 지속된다니, 협심증이 악화되었을 가능성이 큽니다. 최근에 혈압이 올라갔거나 피로가 계속되는 등 다른 변화가 없었나요?

통역사 |

환자 | Even slight movement causes chest pain, and I get tired easily. Although the pain subsides with rest, it seems to last longer than before. Sometimes, my hands and feet feel cold.

통역사 |

의사 | 환자분도 알고 계시겠지만, 협심증은 대동맥에서 뻗어 나와 심장을 둘러싸고 있는 2개의 관상 동맥의 특정 부위가 좁아져서 심장 근육에 충분한 산소가 공급되지 않는 질환입니다. 협심증이 지속되면 심근 경색증으로 발전할 가능성도 있어요. 심근 경색증은 관상 동맥이 완전히 막히게 되어 생명까지 위협할 수 있는 질환이므로 빠르게 치료해야 합니다. 증상이 심할 때 협심증 약은 효과가 있던가요?

통역사 |

환자 | The medication helps a little, but it seems less effective than it used to be.

통역사 |

의사 | 그렇다면 빠른 시일 내에 관상 동맥 조영술을 실시하는 게 좋겠습니다. 이 검사는 손목 또는 넓적다리인 대퇴 부위의 혈관에서부터 얇은 관을 넣어 조영제를 주사하면서

심장의 관상 동맥 상태를 관찰하는 방법입니다. 검사 전 환자분은 평소 복용 중인 약들을 모두 병원에 제출하여 검사에 영향을 끼칠지 확인해야 하며, 검사 직전 최소 6시간 이상을 금식해야 합니다.

통역사

환자 Yes, I think I need to undergo coronary arteriography. Do I need any other tests? How long will they take?

통역사

의사 환자분은 관상 동맥 조영술 전에 혈액 검사, 흉부 X-ray 검사, 심전도 검사를 받고 신체 상태를 확인하게 됩니다. 관상 동맥 조영술 자체는 30분 전후로 오래 걸리지 않습니다만, 검사 도중 관상 동맥의 좁아진 부분이 발견되면 관상 동맥 중재술을 시행하여 넓혀 주어야 합니다. 그럴 경우 시술 시간은 1시간에서 4시간까지도 걸릴 수 있습니다.

통역사

환자 How many days will I need to stay in the hospital?

통역사

의사 관상 동맥 조영술을 할 때 관을 삽입하는 위치가 손목이라면 당일 퇴원도 가능하지만, 넓적다리에 관을 삽입하는 경우에는 지혈하고 안정을 취하기 위해 하루 이상 입원하는 것이 좋습니다. 퇴원은 입원 후 경과를 보면서 결정하게 됩니다.

통역사

환자 All right. I'll schedule an appointment for a date when you can conduct the tests. After the arteriography and the intervention, is there anything I should be cautious about?

통역사

의사 환자분은 시술 부위에 힘을 주지 않도록 주의하시고, 조영제 배출을 위해 물을 많이 마셔야 합니다. 퇴원 후에도 1주일 정도는 시술 부위를 많이 사용하는 운동은 삼가세요.

통역사

LESSON 18

Neurology
신경과

AI와 함께 Warm-Up with AI

STEP 1

Q: 신경과에서 다루는 주요 신체 기관은 무엇인가요?

A: 신경과에서 다루는 주요 신체 기관은 _____

STEP 2

Q:

A:

STEP 3

| 학습 목표 |
□ 통번역사로서 신경과에서 통용되는 어휘와 표현을 이해하고 통번역할 수 있다.
□ 통번역사로서 신경과에서 일어나는 상황을 의사와 환자 각각의 입장에서 원활하게 소통할 수 있다.

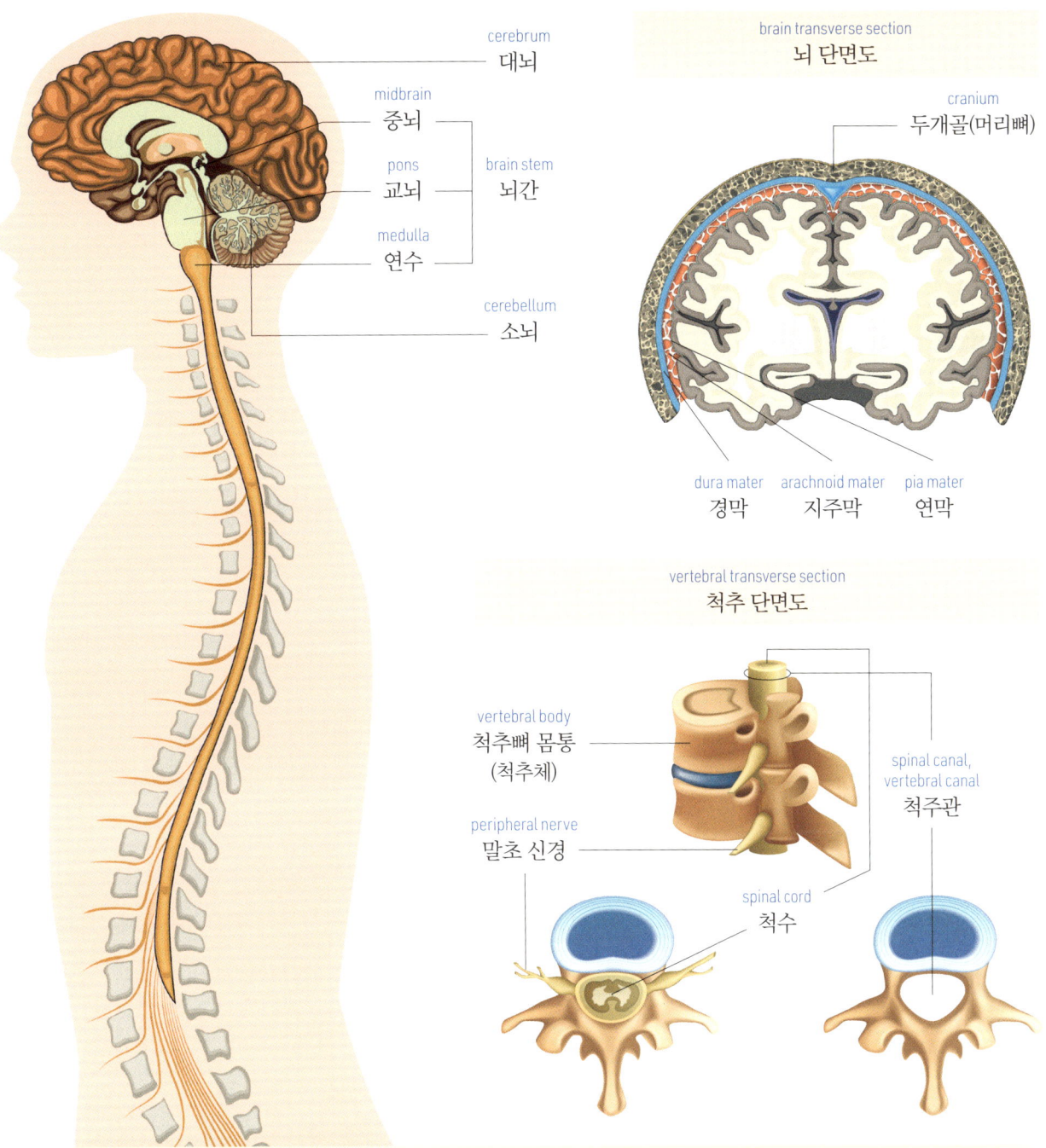

　신경과는 어지럽거나 팔다리 등 신체 기관의 감각에 이상이 있을 때 찾아가는 곳으로, 중추 신경계인 뇌·척수와 말초 신경계 및 근육 등에 발생하는 다양한 질환을 진료합니다. 신경과 의사들은 주로 뇌혈관 질환, 척수 질환, 이상 운동 질환, 두통과 신경통·신경계 질환들을 약물 치료 또는 물리 치료 같은 비침습적 방법을 통해 관리하고, 경우에 따라서는 외과적 수술도 병행합니다.

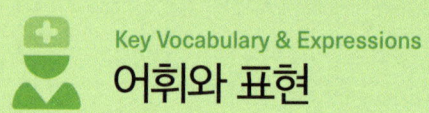

Key Vocabulary & Expressions
어휘와 표현

💬 전문 어휘

한국어	영어	한국어	영어
감각 장애	dysesthesia, sensory disturbance	감압술	decompression
결찰술	clipping	경직	spasticity
구토	vomiting	균형 감각	sense of balance
뇌 혈류 초음파 검사 (두개 경유 도플러)	TCD (transcranial Doppler)	뇌경색증	cerebral infarction
뇌염	encephalitis	뇌전증	epilepsy
뇌척수액	CSF (cerebrospinal fluid)	뇌출혈	cerebral hemorrhage
뇌파 검사	EEG (electroencephalography)	뇌혈관 질환	cerebrovascular disease
말초 신경계	PNS (peripheral nervous system)	면역 조절	immunomodulation
물리 치료	physical therapy	미각 이상	dysgeusia, parageusia
반사 작용	reflex action	방광	bladder
배뇨	miction, urination, voiding	배변	bowel movement, defecation
비침습적	noninvasive	사지 마비	quadriplegia, tetraplegia
색전술	embolization	수막뇌염	meningoencephalitis
수막염	meningitis	수초	myelin sheath
시신경	optic nerve	신경 섬유	nerve fiber
신경 전달 물질	neurotransmitter	실명(시각 상실)	blindness, typhlosis, vision loss
안면 마비(구안와사, 벨 마비)	facial palsy, Bell palsy	양전자 방출 단층 촬영	PET (positron emission tomography)

한국어	영어	한국어	영어
언어 장애	dysphasia, language disorder	오한	chill
운동 신경 세포	motor cell, motor neuron	운동 완만(서동증)	bradycinesia, bradykinesia
운동 치료	kinesiatrics, kinesitherapy	의식 저하	loss of consciousness, mental deterioration
이명	tinnitus	자가 면역 질환	autoimmune disease
작업 치료	occupational therapy	중추 신경계	CNS(central nervous system)
파킨슨병	Parkinson disease	편두통	migraine
피부 경유 전기 신경 자극	TENS(transcutaneous electrical nerve stimulation)	혈액 순환	blood circulation
혈장 교환술	plasma exchange	호흡 곤란	SOB(shortness of breath)

유용한 표현

한국어	영어	한국어	영어
감각이 둔화되다	to have diminished senses	고개를 움직이기 힘들다	to have difficulty moving the head
고열과 두통을 완화시키다	to relieve high fever and headache	근육 기능을 회복시키다	to restore muscle function
뇌에 염증이 생기다	to have inflammation in the brain	뇌의 혈관이 확장되다	to have enlarged cerebral blood vessels
뇌척수막에 염증이 생기다	to have inflammation of the meninges	머리가 지끈거리다	to have a throbbing headache
목이 뻣뻣해지다	to experience neck stiffness	몸이 떨리다	to experience body tremors
불안과 우울감을 느끼다	to experience anxiety and depression	속이 메스껍다	to experience nausea, to feel nauseous
신경 전달 물질이 부족해지다	to have neurotransmitter deficiency	심리적 안정을 취하다	to maintain psychological stability
안면 신경이 압박되다	to have facial nerve compression	얼굴 근육이 움직이지 않다	to experience immobility of the facial muscle
정해진 시간에 잠자리에 들다	to go to bed at a regular time	진통제를 처방하다	to prescribe pain relievers
청력 손실이 발생하다	to have hearing loss	편두통을 유발하다	to trigger migraines
행동이 느려지다	to have behavioral lethargy	혈액 순환 상태를 알아보다	to check blood circulation

질환의 종류

1) 근육 위축증 ALS(amyotrophic lateral sclerosis)

근위축 측삭 경화증이라고도 하는 근육 위축증은 뇌와 척수로 구성된 중추 신경계의 운동 신경 세포가 퇴화하면서 근육이 약화되어 사지 마비나 언어 장애 등이 발생하는 퇴행성 질환이다. 이 질환에 걸렸던 미국의 야구 선수 루게릭의 이름을 따서 루게릭병이라고 부르기도 한다. 점진적으로 증상이 진행되다가 결국 호흡 근육의 마비로 이어지는 근육 위축증은 현재로서는 완치하는 치료법이 없어, 병의 진행을 늦추기 위한 약물 치료와 재활 치료를 시행할 뿐이다.

2) 뇌동맥류 cerebral aneurysm

뇌동맥류(뇌동맥 자루)란 뇌의 혈관 벽이 약해져서 뇌의 동맥이 풍선 모양으로 돌출되는 혈관 질환으로, 파열되기 전까지는 증상이 나타나지 않는다. 하지만 뇌동맥이 파열되면 극심한 두통·구토·의식 저하 등의 증상이 유발되며, 이는 뇌출혈로 이어질 수 있어 빠르게 대처해야 한다. 부풀어 오른 뇌동맥의 크기가 2mm 이하로 작거나 환자의 나이가 많은 경우에는 정기적으로 영상 검사를 하여 경과를 지켜보지만, 뇌동맥의 파열 위험이 높거나 이미 파열된 상태라면 곧바로 수술해야 한다. 수술 방법은 솟아오른 뇌동맥을 작은 금속 집게로 묶거나 조이는 클립 결찰술과, 뇌동맥 안에 미세한 금속 코일을 채워 넣어 파열을 막는 코일 색전술이 있다.

3) 다발 경화증 multiple sclerosis

다발 경화증은 중추 신경계의 신경 섬유를 둘러싸고 있는 수초가 손상되어 다양한 증상이 발생하는 자가 면역 질환이다. 예를 들어 대뇌와 척수 사이에 위치한 뇌간에 손상이 생기면 감각 장애나 겹쳐 보이는 증상이, 척주관(척추뼈 구멍이 이어져서 이룬 관) 속에 있는 중추 신경인 척수에 손상이 생기면 운동 장애나 배뇨·배변·성기능 장애가, 눈의 망막에서 시작되어 뇌로 이어지는 시신경에 손상이 생기면 시력 저하나 시각 상실이 나타난다. 다발 경화증의 치료는 급성기인 경우 스테로이드 정맥 주사를 놓고, 상태에 따라 혈장 교환술을 시행한다. 완치가 어려운 다발 경화증은 증상의 완화와 재발 방지를 위해 환자가 자가 주사 치료제를 직접 투여하거나 약물을 복용하고, 면역 조절 요법도 고려할 수 있다.

4) 척수 손상 spinal cord injury

척수 손상이란 환자의 다른 질환이나 외상으로 인해 척수에 이상이 생겨 신경 신호가 신체에 제대로 전달되지 못하는 상태를 말한다. 손상의 위치와 정도에 따라 감각 상실이나 마비, 호흡 곤란, 방광 및 장 기능 장애가 나타날 수 있다. 초기 치료는 척수의 손상을 최소화하는 데 중점을 둔다. 필요한 경우 외과적 수술을 진행하고, 이후 재활 치료로 손상된 신경의 기능이 회복되도록 돕곤 한다.

5) 후두 신경통과 좌골 신경통 occipital neuralgia & sciatic neuralgia

신경통은 중추 신경계의 바깥쪽에 있는 말초 신경이 자극을 받아 발생하는 통증이다. 증상이 나타나는 위치에 따른 대표적 신경통으로 목과 머리 뒤쪽에 통증이 오는 후두 신경통, 엉덩이에서 다리까지 통증이 이어지는 좌골 신경통을 들 수 있다. 신경통은 물리 치료와 약물 치료를 병행하거나, 수술을 시행하기도 한다.

Conversation Interpretation
대화 통역 연습

Explore | 기본

□ 환자가 편두통 의심 증상으로 의사를 찾아왔습니다.
□ 통번역사는 환자와 의사의 대화를 양방향으로 원활하게 통역합니다.

환자	Doctor, I came in because I've recently been experiencing throbbing headaches. The throbbing, pounding pain can last for several hours, making daily life difficult.
통역사	선생님, 최근 두통이 너무 심해져서 왔어요. 몇 시간씩 머리가 지끈거리고 욱신욱신하는 통증이 계속되어서 일상생활이 어려울 정도입니다.
의사	두통이 얼마나 자주 발생합니까? 두통의 강도가 빛, 소리, 냄새 등에 영향받나요?
통역사	How often do you experience these headaches? Does their intensity change with exposure to light, sound, or certain smells?
환자	I experience them two or three times a week. They usually start with neck stiffness, and as the pain worsens, I feel nauseous, almost as if I'm about to vomit. As you mentioned, bright light tends to make it worse.
통역사	1주일에 두세 번씩 머리가 아파요. 두통이 시작되기 전에 목이 뻣뻣해지는 느낌이 들다가, 두통이 점점 심해지면서 속이 메스껍고 토할 것 같아요. 선생님께서 말씀하신 대로, 빛이 강한 곳에 있으면 두통이 더 심해지는 느낌도 있어요.
의사	환자분의 경우 두통과 구역·구토, 빛에 민감해지는 증상 등이 동반되는 것으로 보아 편두통일 가능성이 높습니다. 편두통은 뇌의 혈관이 확장되면서 주변을 자극해 통증이 생기는 거예요. 스트레스, 수면 부족, 특정 음식 등이 주요 원인일 수 있습니다.
통역사	Since your headaches are accompanied by nausea, vomiting, and light sensitivity, it's highly likely that you're experiencing migraines. Migraines occur when cerebral blood vessels expand and irritate nearby areas. Stress, lack of sleep, and certain foods can be major triggers.
환자	I've been under a lot of stress at work and haven't been sleeping well lately. What tests do I need to undergo?
통역사	제가 요즘 일 때문에 스트레스를 많이 받고, 잠도 잘 못 자고 있어요. 이제 저는 어떤 검사를 받아야 할까요?
의사	편두통을 진단하는 특정한 기준이나 검사 방법은 없고, 보통은 환자에게 나타나는 증상들을 근거로 진단합니다. 편두통 환자는 신체 검사나 신경 검사를 해도 결과가 모두 정상으로 나오기 때문인데요. 두개 경유 도플러라고도 하는 뇌 혈류 초음파 검사를 해서 혈류 속도와 양 등을 직접 관찰해 혈관 내의 혈액 순환 상태를 알아보기도 합니다.
통역사	There's no specific diagnostic test or set of criteria for migraines. They are typically diagnosed based on a patient's symptoms, as physical and neurological examinations usually yield normal results. However, transcranial Doppler can assess the state of

	blood circulation by examining blood flow velocity and volume.
환자	I understand. But what can I do to treat these migraines?
통역사	그렇군요. 도대체 이 편두통은 어떻게 해야 치료가 될까요?
의사	편두통이 심하시니 오늘은 진통제를 처방해 드리겠습니다. 차후 상황을 봐서 편두통 전용 약물을 사용할 수도 있습니다. 하지만 근본적으로는 환자분이 심리적 안정을 취해 편두통을 예방하는 것이 가장 좋습니다. 그러기 위해서는 생활 습관의 개선이 매우 중요합니다.
통역사	Since your migraines are severe, I'll prescribe a pain reliever today. If needed, I can later add medication specifically for migraines. However, the most important approach is maintaining psychological stability to prevent migraines from occurring in the first place. For that, improving your lifestyle habits is crucial.
환자	Improving lifestyle habits?
통역사	생활 습관 개선이요?
의사	환자분은 정해진 시간에 잠자리에 들고, 충분히 휴식을 취해야 합니다. 1주일에 최소 2~3일은 30분 이상 유산소 운동을 하는 것이 좋고, 강한 빛에 자극을 받으면 두통이 더 심해진다고 하셨으니 외출을 할 때에는 선글라스나 모자를 착용해 보세요. 또 특정 음식이 편두통을 유발할 수 있으니 식단 관리도 하셔야 합니다.
통역사	You should go to bed at a regular time and get plenty of rest. Try to do at least 30 minutes of aerobic exercise two or three times a week. Since bright light can worsen your headaches, wearing sunglasses or a hat when you go outside is a good idea. Also, be mindful of your diet, as certain foods can trigger migraines.
환자	All right, I'll do that. I didn't realize that certain foods could trigger migraines.
통역사	네, 그렇게 하겠습니다. 그런데 편두통을 유발하는 음식이 있는 줄은 몰랐어요.
의사	술, 햄이나 소시지 등 가공육, 초콜릿, 치즈 등의 음식은 편두통을 유발할 가능성이 있으므로 드실 때 주의해야 합니다. 또 카페인이 많이 함유된 음식은 두통을 더 심하게 만들고 불면을 악화시키니, 예를 들어 커피 같은 음료는 가급적 마시지 마세요. 이렇게 환자분이 생활 습관과 식습관을 조절해도 편두통이 나아지지 않는다면, 다른 원인을 찾기 위해 MRI 검사나 CT 검사를 시행할 수도 있습니다.
통역사	Alcohol, processed meats like ham and sausage, chocolate, and cheese can trigger migraines, so be mindful when consuming these foods. Additionally, foods high in caffeine can worsen headaches and disrupt sleep, so it's best to avoid beverages like coffee. If lifestyle and dietary changes don't improve your migraines, further tests, such as an MRI or CT scan, may be necessary to identify other possible causes.
환자	Got it. I'll follow your advice, make lifestyle changes, and include regular aerobic exercise.
통역사	네, 알겠습니다. 선생님께서 말씀하신 대로 생활 습관을 조절하면서 유산소 운동도 규칙적으로 해 볼게요.

Sight Translation 1
문장 구역 연습 1

한국어 → 영어

- 의사가 환자에게 안면 마비에 대해 구체적으로 설명합니다.
- 통번역사는 환자가 의학적·전문적 개념을 잘 이해할 수 있게 통역합니다.

안면 마비란?

보통 구안와사라고 하는 안면 마비는 압박을 받은 안면 신경에 일시적인 기능 장애가 생기면서 얼굴 근육이 마비되는 질환입니다. 안면 마비 중 가장 흔한 종류는 원인 없이 갑자기 발병하는 특발성 안면 마비로, 이 증상을 처음 발견한 의사의 이름을 따서 '벨 마비'라고도 부릅니다. 이 외에도 바이러스 감염이나 다른 질환 또는 외상으로 인해 안면 마비가 발생하는 경우도 있습니다. 안면 마비는 남녀 구분 없이 모든 연령대에서 발생할 수 있지만 특히 50~60대에서 많이 발병합니다.

안면 마비 환자는 한쪽 얼굴 근육이 움직이지 않아 얼굴이 비대칭적인 모습으로 변하며, 마비가 심한 경우에는 눈을 감기 힘들고 말하기도 어려워 눈물과 침을 흘리기도 합니다. 또 환자는 음식을 씹거나 삼키는 데 어려움을 겪으며, 감각이 둔화되어 맛을 잘 느끼지 못하는 미각 이상을 겪을 수 있습니다. 안면 마비 증상은 대부분 갑작스럽게 나타나 빠르게 악화되기 때문에, 후유증 예방을 위해 증상이 발생한 후 2~3일 내에 치료하는 것이 중요합니다.

안면 마비 환자는 비운동 증상도 함께 겪을 수 있습니다. 귀 주변 통증과 이명, 심한 경우에는 청력 손실이 발생할 수도 있습니다. 환자는 마비로 인한 얼굴 비대칭 때문에 사회 활동을 할 때 불편함이 생기는 경우가 많아서, 증상 발현 이후 감정적으로 불안과 우울감을 느끼기도 합니다.

이 질환은 주로 환자의 증상과 병력을 바탕으로 원인을 찾습니다. 또 필요하다면 피부 경유 전기 신경 자극 검사나 MRI 검사로 안면 신경의 손상 정도를 알아보고 다른 질환이 없는지를 확인해야 합니다.

안면 마비의 치료는 환자가 겪는 증상을 완화하고 환자를 회복시키는 데 초점을 맞추되, 일반적으로 항염증제와 항바이러스제를 사용합니다. 전기 자극 등의 물리 치료를 하거나 얼굴 운동을 해서 근육 기능을 회복시키는 것도 치료 과정에 포함될 수 있습니다. 한편, 발병 초기 얼굴에 완전 마비가 온 환자에게는 안면 신경이 압박된 부위를 수술적으로 감압하거나 이완해 주는 안면 신경 감압술을 시행하기도 합니다. 안면 마비로 인해 눈을 감지 못하는 환자에게는 각막 손상을 방지하기 위해 눈꺼풀에 금이나 플래티넘으로 만든 추를 삽입해 눈이 잘 감길 수 있게 하는 수술을 할 수도 있습니다.

대부분의 환자는 몇 주에서 몇 달 내에 완전히 회복됩니다. 하지만 일부 환자에게는 후유증이 남을 수 있기 때문에, 안면 마비를 조기에 진단하고 치료하는 것이 무엇보다 중요합니다.

Sight Translation 2
문장 구역 연습 2

한국어 ↔ 영어

- 환자가 파킨슨병 의심 증상에 대해 질문하고, 의사가 답합니다.
- 통번역사는 환자의 증상과 의사의 진단을 정확하게 통역합니다.

Q I've noticed that my movements have slowed down when I walk, and when I look in the mirror, my neck and back appear more hunched than before. People around me have pointed out these changes and suggested I see a doctor, but I'm reaching out online first. The most noticeable symptom is stiffness in my leg muscles while walking, which slows me down and makes me feel as if I might fall. Even when sitting still, my hands and feet tremble. The slow movements also make it difficult for me to perform tasks that require precision.

I've been struggling with sleep as well. Falling asleep is difficult, and I wake up frequently. Even when I do sleep, I have intense sleep talking. The lack of rest is making daily activities exhausting, and I often feel persistently down throughout the day. I'm really concerned about these symptoms and would like to understand what might be causing them.

A 안녕하세요. 환자분이 지금 겪고 계신 증상들 중 행동이 느려지는 운동 완만 현상을 '서동증'이라고 합니다. 이와 함께 가만히 있어도 몸이 떨리고 근육 강직과 자세 불안정으로 인해 걸을 때 넘어질 듯한 증상이 나타나니 파킨슨병 검사가 필요해 보입니다. 수면 문제 또한 파킨슨병 환자에게서 자주 나타나는 증상들 중 하나이며, 이는 불안과 우울감 등 감정적인 변화를 동반하기도 합니다.

파킨슨병은 주로 도파민계 신경 전달 물질이 부족해지면서 운동 능력에 문제가 생기는 중추 신경계 퇴행성 질환입니다. 파킨슨병의 진단법은 따로 없고 환자분의 상태를 의사가 직접 진찰해 판단하며, 운동 능력과 균형 감각 및 반사 작용 등을 알아보는 신경학적 검사로 진단합니다. 추가로 혈액 검사, MRI 검사, 양전자 방출 단층 촬영 등을 통해 신체의 이상 증상이 다른 질환 때문인지 확인할 수도 있습니다.

파킨슨병으로 확진될 경우에는 먼저 약물 치료를 진행하며, 필요하다면 수술을 시행할 수 있습니다. 무엇보다도 파킨슨병을 앓는 환자는 운동 치료와 작업 치료 등 재활 치료를 꾸준히 하는 것이 중요합니다. 파킨슨병은 완치가 어려운 질환이기는 하지만 환자가 규칙적인 운동, 균형 잡힌 식사, 스트레스 관리를 하고 전문적인 치료를 받으면 상태가 호전될 수 있으니 너무 걱정하지 마세요. 무엇보다 병원에 오셔서 하루속히 진단을 받으시기 바랍니다.

 **Conversation Interpretation**
대화 통역 연습

Practice | 실전

 ☐ 환자가 수막염 의심 증상으로 의사를 찾아왔습니다.
☐ 통번역사는 대화 상황에 적절한 표현으로 통역을 완성합니다.

환자 Doctor, I've had a mild fever and headache for the past few days, along with chills, so I took some cold medicine. However, since last night, my fever has become much higher, and my headache has worsened significantly. It also became difficult to move my neck, and I ended up vomiting. That's why I came in today. What tests should I undergo?

통역사

의사 환자분께 나타나는 고열, 두통, 오한, 구토 등의 증상에는 다양한 원인이 있으니 몇 가지 검사를 해 보시죠. 우선 혈액 검사와 MRI 검사를 진행하겠습니다. 말씀하신 증상들 중에 고개를 움직이기 힘든 특징적인 증상의 경우 목에 경직이 동반되는 수막염이나 뇌염 같은 질환일 가능성도 있어서 뇌척수액 검사도 하려고 합니다. 여러 검사를 진행해야 해서 조금 시간이 걸릴 수 있지만, 정확한 진단을 위해 꼭 필요한 과정이에요.

통역사

【검사 후】

의사 뇌척수액 검사 결과 바이러스성 수막염으로 판명되었습니다. 수막염은 뇌를 감싸고 있는 3층의 막, 즉 경막·지주막·연막으로 구성된 뇌척수막에 염증이 생기는 질환입니다. 한편 뇌염은 뇌에 염증이 생기는 것인데, 수막염과 뇌염 이 두 가지가 동시에 발병한 경우 수막뇌염이라고 합니다. 다행히 환자분께서는 뇌염은 아닙니다.

통역사

환자 I'm relieved that it's not encephalitis, but could you explain what viral meningitis is?

통역사

의사	수막염은 원인에 따라 바이러스성·세균성·결핵성 등으로 분류합니다. 세균성 수막염의 경우 1~2일 내에 급격히 진행되어 빨리 치료하지 않으면 심한 후유증이 발생하거나 사망에까지 이를 수 있습니다. 환자분의 경우 갑작스러운 발병은 아니었고, 검사 결과도 바이러스성으로 진단되었으므로 치료를 하는 데 무리가 없습니다.
통역사	
환자	I see. How long does the treatment usually take?
통역사	
의사	바이러스성 수막염은 자연스럽게 낫기도 하지만, 고열이 나고 구토를 하는 등 환자분의 증상이 가볍지 않으니 입원하여 경과를 보면 좋겠습니다. 고열과 두통을 완화시키기 위해서 해열제와 진통제를 처방하고, 탈수 방지를 위해 수액을 투여할게요. 대개 7일 후면 완전히 회복되니까 치료를 하면서 상태에 따라 퇴원일을 결정하겠습니다.
통역사	
환자	I see. Apart from the treatment, is there anything else I should be cautious about?
통역사	
의사	바이러스성 수막염은 면역력이 약해져서 걸리는 경우도 많으므로 영양 상태를 잘 관리해야 하고, 충분한 수면과 규칙적인 운동도 필수예요. 또 수막염은 환자의 콧물이나 침 같은 호흡기 분비물 혹은 환자가 만진 물건 등을 통해 전염되기도 하므로, 주위 사람들과 수건을 따로 쓰고 손도 자주 씻어 개인 위생 관리에 힘써야 합니다.
통역사	
환자	Can meningitis be contagious? What if my family has already contracted it from me?
통역사	
의사	수막염 환자와 접촉했다고 해서 모두 전염되는 것은 아니니, 너무 걱정하지는 마세요. 다만 가족들 중 의심 증상이 나타날 경우에는 바로 병원으로 오시기를 바랍니다.
통역사	

Medical Cultures Worldwide
국제 의료 문화

| 몽골의 의료 문화

 ## 문화 개요

국가 정보 및 지리·기후 특징

몽골은 북쪽으로는 러시아, 남쪽으로는 중국에 인접해 있는 국가로, 수도는 울란바토르이다. 인구는 350만 명가량으로 드넓은 국토 면적에 비해 인구 밀도가 낮은 국가이지만, 울란바토르에 전체 국민의 절반이 밀집해 있어 수도의 인구 밀도는 높은 편이다. 몽골은 평균 해발 고도가 약 1,600m인 고원 국가로 서북쪽은 높고 험준하며, 동남쪽은 초원과 사막이 펼쳐져 있다. 또 내륙 지역에 위치해 있어 맑은 날이 많고 강수량이 적으며 계절의 변화가 뚜렷한 전형적인 대륙성 기후를 보인다.

역사적 배경

수많은 부족으로 나뉘어 있던 몽골 지역은 13세기 칭기즈 칸에 의해 몽골 제국으로 통일을 이룬 후 아시아를 넘어 유럽까지 세력을 펼쳤다. 몽골은 중국 지역에 원나라를 세우기도 했지만, 14세기경 중국에 명나라가 등장하면서 북쪽으로 밀려나 그 세력이 축소되었다. 몽골은 17세기에 등장한 청나라의 지배를 받았으며, 청-러시아 간 조약에 따라 러시아의 지배도 받았다. 1911년 신해혁명으로 청나라가 붕괴되고 중화 인민 공화국이 수립된 뒤 몽골 남쪽 지역은 중국의 네이멍구 자치구로 남았고, 몽골 북쪽 지역은 독립을 이룬 후 1921년 사회주의 혁명을 거쳐 1924년 사회주의 국가인 몽골 인민 공화국을 건설했다. 몽골 인민 공화국은 1992년 신헌법을 제정하면서 민주주의 정치 체제로의 변화를 모색했고, 국가명 또한 오늘날의 명칭인 몽골로 변경하였다.

사회 문화적 특징

몽골인은 오랜 세월 가축을 몰고 지역을 옮기는 유목민으로 살아왔으며, 이는 몽골인의 생활 문화에 다방면으로 영향을 끼쳐 왔다. 지금까지도 몽골에는 몽골 전통 이동식 천막집인 게르에서 생활하는 유목민이 존재하며, 여름철에 전국적으로 개최되는 몽골 최대 전통 축제인 나담에서는 유목 생활을 유지하는 데 중요한 기술인 활쏘기·기마·씨름 경기가 벌어진다.

몽골인은 전통적으로 샤머니즘을 숭배했으나, 13세기 티베트식 불교인 라마교가 전래된 이래 이에 대한 신앙심이 깊다. 몽골이 사회주의 체제였던 시절에는 샤머니즘과 라마교 등 모든 종교에 탄압이 가해졌으나, 민주 공화정 체제로 전환된 이후 전통문화 부흥 운동이 일어나면서 샤머니즘과 라마교가 다시 힘을 얻어 현재에 이르렀다.

언어적 특징

알타이 어족에 속하는 몽골어는 '주어-목적어-동사' 순서의 문장 형태, 뒤의 모음이 앞 모음의 영향으로 그와 가깝거나 같은 소리가 되는 모음 조화, 어두에 둘 이상의 자음군이 오지 않는 제약, 어간에 접사가 붙어 문법적 기능을 하는 교착어로서의 특징 등 한국어와 비슷한 면이 많다. 몽골에서는 러시아의 문자에 몇 개의 몽골식 문자를 추가한 몽골식 키릴 문자를 주로 사용하고 있지만, 중국의 네이멍구 자치구에서는 왼쪽에서 오른쪽 방향으로 쓰되 세로쓰기 방식으로 표기하는 몽골의 전통 문자도 사용되고 있다.

의료 문화

보건 의료 체계

몽골의 보건 의료 체계는 3단계로 구성되어 있다. 아동 및 임산부 대상의 진료, 예방 접종과 기본 진료 및 응급 의료 등이 포함된 1차 의료 서비스는 가정 건강 센터와 지역 보건소에서 지역 주민에게 무상으로 제공된다. 환자가 더 심화된 의료 서비스를 제공받고자 하는 경우에는 1차 의료 기관에서 진료 의뢰서를 받아 2차 의료 기관인 지구 단위의 병원 등을 이용할 수 있으며, 이후 3차 의료 서비스는 전문 센터 및 종합 병원을 통해 이용할 수 있다.

건강 보험 제도

몽골은 1994년 건강 보험 제도를 도입한 이래로 의료법 개정을 통해 전 국민을 대상으로 건강 보험 제도를 실시하고 있다. 2세 미만의 자녀가 있는 한 부모, 연금 외 소득이 없는 사람, 아동 및 노인, 징집된 군인 등 특정 국민을 대상으로는 국가에서 보험료를 지원해 주기도 한다. 국공립에서 운영하는 1차 의료 서비스는 전 국민에게 보편적으로 제공되며, 이때 발생하는 의료 비용을 건강 보험으로 지원받아 무상으로 이용할 수 있다. 다만 1차 진료 중 일부 의약품 구입이나 검사 진행, 또 2차·3차 진료를 받는 경우에는 본인 부담금이 발생할 수 있다.

의료 문화의 특징

몽골에서는 전통 의학으로서 몽의학(Mongolian Medicine)이 발전하였다. 몽의학은 칭기즈 칸이 통치하던 시기부터 수많은 전쟁을 겪고 유목 생활로 말타기와 씨름 등을 자주 하면서 외상을 많이 입은 몽골인이 건강을 지켜왔던 유용한 방법으로, 침술·약초 치료·마사지 등이 주된 치료법이다.

무당과 승려가 담당하던 민간요법과 몽의학은 1921년 사회주의 혁명 이후 러시아에서 들어온 서양 의학이 장려되고 샤머니즘과 라마교가 불법으로 치부되면서 제재를 받기도 하였다. 하지만 몽골이 1990년대 민주 공화정 체제로 전환된 이후 전통 의학을 교육하는 전문 기관과 전통 의료를 제공하는 의료 기관 등이 설립되면서 몽의학은 국가의 지원을 받아 다시 유지·발전하고 있다.

샤머니즘과 몽의학 등의 영향으로 몽골인은 수술 등의 일정을 잡을 때 승려에게 좋은 날짜를 물어보고 그에 맞춰 치료를 진행하거나, 화요일과 토요일을 불길한 날로 여겨 기피하는 편이다. 의료인은 이를 배려하고, 진료 전에 진료 항목과 비용을 공지하는 몽골과 달리 환자의 상태나 질환의 특성에 따라 비용이 달라지는 한국의 진료비 청구 시스템을 몽골 환자에게 자세히 알릴 필요가 있다. 그 외에도 몽골은 약국에서 처방전 없이 대부분의 약품을 구매할 수 있으나, 한국은 병원 진료 후 원무과에서 처방전을 받아 약국에서 약을 구입하는 절차를 따르므로 이 또한 미리 알리는 것이 좋다. 병원 진료를 위해서는 대개 예약이 필요하고 입퇴원을 할 때 여러 서류를 작성해야 하는 것도 전통 의학에 익숙한 몽골 환자에게는 낯선 과정일 수 있으므로, 관련하여 의료인은 여러모로 미리 상세히 설명해 주는 것이 필요하다.

LESSON 19

Urology
비뇨 의학과

AI와 함께 Warm-Up with AI

STEP 1

 비뇨 의학과는 어떤 질환을 다루나요?

비뇨 의학과는

STEP 2

STEP 3

| 학습 목표 |
□ 통번역사로서 비뇨 의학과에서 통용되는 어휘와 표현을 이해하고 통번역할 수 있다.
□ 통번역사로서 비뇨 의학과에서 일어나는 상황을 의사와 환자 각각의 입장에서 원활하게 소통할 수 있다.

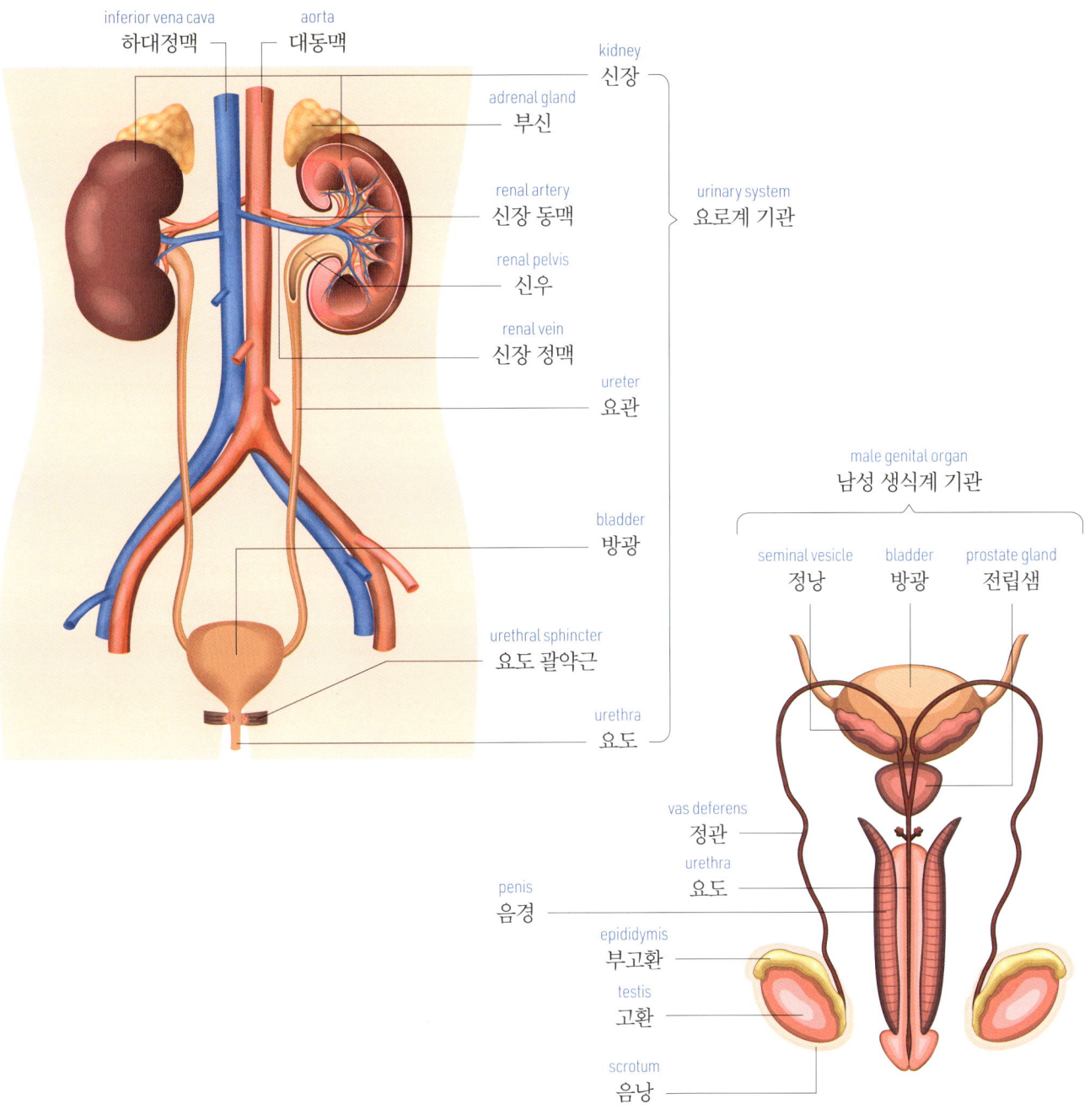

  비뇨 의학과는 소변을 생성하고 저장해 배출하는 신장·요관·방광·요도 등 요로계 기관과, 전립샘·음경·고환 등 남성 생식계 기관에 관련된 질환들을 다루는 곳입니다. 비뇨 의학과 의사들은 주로 신장암이나 방광암 등 비뇨기 종양, 요실금이나 전립샘 비대증 등 배뇨 질환, 남성 난임이나 성기능 장애 등 남성 생식계 질환을 진료합니다. 또 신장 내과와 이식 외과 등 다른 의학과의 의사들과 함께 신장 이식 수술 등도 진행합니다.

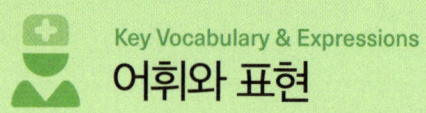

어휘와 표현
Key Vocabulary & Expressions

💬 전문 어휘

한국어	영어	한국어	영어
PSA(전립샘 특이 항원)	prostate-specific antigen	골반 근육	pelvic muscle
난임	infertility	남성 호르몬	male hormone
대장균	E. coli (Escherichia coli)	매독	lues, syphilis
발기 부전	erectile insufficiency, impotence	방광암	bladder cancer
방광염	bladder infection, cystitis	배뇨 방광 요도 조영술	VCUG (voiding cystourethrography)
배뇨 장애	dysuria, micturition disorder, urinary dysfunction	배뇨통	painful urination, urodynia
보조 생식 기술	assisted reproductive technology	복압	intra-abdominal pressure
빈뇨	frequent urination	생식기	genital apparatus, genital area, reproductive organ
성 전파성 질환(성병)	STD (sexually transmitted disease)	성기능 장애	sexual dysfunction
소변 검사	UA (urinalysis)	소변 배양 검사	urine culture test
신우신염	nephropyelitis, pyelonephritis	신장암	kidney cancer
안면 홍조	face flushing	오한	chill
요도염	urethritis	요로 감염	UTI (urinary tract infection)
인공 수정	artificial fertilization, intrauterine insemination	임신	encyesis, pregnancy
임질	gonorrhea	잔뇨감	feeling of residual urine
전립샘 절제술	prostatectomy	전립샘염	prostatitis
절박뇨	urinary urgency	정관 폐쇄	vas deferens obstruction

정관염	vasitis	정액 검사	semen analysis
정자	sperm, sperm cell, spermatozoon	조기 사정(조루증)	premature ejaculation
좌욕	sitz bath	질트리코모나스증 (질편모충증)	vaginal trichomoniasis
체외 수정	IVF(in vitro fertilization)	체외 충격파 쇄석술	ESWL(extracorporeal shock wave lithotripsy)
케겔 운동	Kegel exercise	클라미디아증	chlamydiosis
풍선 확장술	balloon dilatation	핵의학 검사	nuclear medicine test
혈뇨	hematocyturia, hematuresis, hematuria	호르몬 치료	hormone therapy

💬 유용한 표현

한국어	영어	한국어	영어
근육의 긴장을 풀다	to relax muscle tension	남성 호르몬 수치를 확인하다	to check male hormone levels
배뇨 장애를 개선하다	to improve urinary dysfunction	분비물을 채취하다	to collect secretions
생식기 관련 질환을 앓다	to suffer from genital-related diseases	성 접촉에 의해 감염되다	to contract infections through sexual contact
세균이 요도로 들어가다	to have bacterial urethritis	소변에서 세균이 검출되다	to detect bacteria in the urine
소변을 볼 때 통증을 느끼다	to feel pain when urinating	소변을 자주 보다	to urinate frequently
소변을 참지 못하다	to have difficulty holding urine	신장까지 염증이 퍼지다	to have inflammation spread to the kidneys
열이 나면서 으슬으슬하다	to have a fever and chills	요도 끝이 따갑다	to feel a stinging pain at the tip of the urethra
요도가 가렵다	to experience itching in the urethra	요로의 세균을 배출하다	to expel bacteria from the urinary tract
임신이 되지 않다	to be unable to conceive, to experience infertility	전립샘의 혈류를 증가시키다	to increase blood flow to the prostate
전신에 이상 증상이 나타나다	to have widespread abnormal symptoms	전염성이 매우 강하다	to be highly contagious
정관의 이상을 확인하다	to check for abnormalities in the vas deferens	정자가 생성되지 않다	to have no sperm production
정자의 질이 나쁘다	to have poor sperm quality	호르몬 불균형이 의심되다	to suspect hormonal imbalance

질환의 종류

1) 남성 갱년기 male climacteric

남성 갱년기란 남성이 노화·흡연·음주·비만 등에 의해 남성 호르몬의 분비가 저하되어 신체적·정신적 변화를 겪는 시기를 말한다. 대표 증상으로 안면 홍조·발한·근력 감소·발기 부전·우울감 등이 나타난다. 갱년기에 접어든 남성이 이 시기를 극복하기 위해서는 금연·금주하고, 규칙적인 운동 등으로 생활 습관을 개선하는 것이 중요하다. 필요하다면 부족한 호르몬을 보충하는 호르몬 치료를 받을 수도 있다.

2) 신장 결석 kidney stone

신장 결석이란 신장 내 소변 속 물질들이 농축되어 돌처럼 단단한 결석이 만들어지는 질환이다. 결석의 크기가 작다면 증상이 없으나, 결석이 요로를 막을 경우에는 옆구리나 복부에 심한 통증·혈뇨·구토·배뇨 장애 등이 발생할 수 있다. 5mm 미만의 작은 결석은 의료인이 환자에게 수액을 주입하거나 다량의 물을 마시게 해서 환자가 소변을 볼 때 자연적으로 배출되도록 한다. 결석이 크다면 체외 충격파 쇄석술을 시행하여 결석을 잘게 부수어 소변으로 배출되게 하거나, 기구를 장착한 내시경을 환자의 요관에 넣어 결석을 꺼내거나 부수어 제거한다.

3) 요관 협착 ureteral stricture, ureterostenosis

요관 협착이란 신장에서 생성된 소변을 방광으로 운반하는 가늘고 긴 관인 요관이 좁아진 상태를 의미한다. 이는 선천적으로 발병하기도 하지만, 후천적으로 요관에 생긴 감염·결석·종양이나 외상에 의해 발병하는 경우도 많다. 대표적으로 나타나는 증상은 좁아진 요관으로 소변이 통과되기 힘들어 생기는 통증이다. 요관 협착을 그대로 두면 요로 감염으로 발전할 위험이 있고 장기적으로는 신장 기능도 떨어지게 되므로, 환자는 요관의 협착된 위치와 범위에 따라 치료받아야 한다. 요관 협착은 소변이 잘 배출될 수 있도록 몸 밖에서부터 신장을 통해 요관으로 직접 관을 삽입하거나, 내시경을 이용한 풍선 확장술로 치료한다. 개복 수술이나 복강경 수술로 협착이 생긴 부위를 제거하는 치료법도 있다.

4) 요실금 urinary incontinence

요실금은 자신의 의지와 상관없이 소변을 흘리는 상태를 말한다. 이는 요관이나 방광의 구조적 이상 혹은 방광이나 요도 괄약근의 기능 저하로 발병하며, 특히 출산 후 골반 근육이 느슨해져 방광의 위치가 변한 여성에게 발생 빈도가 높다. 요실금이 있으면 웃거나 기침·재채기 등을 할 때 복압 상승으로 소변이 새어 나와 위생상 문제가 생긴다. 이 질환의 치료를 위해 환자는 가장 우선적으로 골반 근육을 강화하는 케겔 운동을 꾸준히 하는 게 중요하다. 환자의 상태에 따라 의사는 약물 치료 또는 수술을 통해 환자의 증상을 개선할 수도 있다.

5) 전립샘 비대증 BPH (benign prostatic hypertrophy)

전립샘 비대증은 남성의 생식 기관인 전립샘이 커지면서 요도를 압박해 소변 줄기가 가늘어지거나 잔뇨감이 느껴지는 등 배뇨 장애가 생기는 질환이다. 이 질환의 발병 원인은 명확히 밝혀지지 않았으나, 가족력·노화·식생활·음주 및 흡연 등과 관계된다고 알려져 있다. 전립샘 비대증은 우선 원활한 배뇨를 돕는 약물로 치료하고, 이 방법이 효과가 없을 경우 전립샘 절제술 같은 수술을 고려할 수 있다.

Conversation Interpretation
대화 통역 연습

Explore | 기본

□ 환자가 전립샘염 의심 증상으로 의사를 찾아왔습니다.
□ 통번역사는 환자와 의사의 대화를 양방향으로 원활하게 통역합니다.

환자	Hello, Doctor. For the past two days, I've had a frequent urge to urinate but when I go to the bathroom, only a small amount comes out. Towards the end, I feel a sharp, stinging pain at the tip of my urethra. That's why I came in.
통역사	안녕하세요, 선생님. 제가 이틀 전부터 소변을 보고 싶어서 화장실에 가면 막상 잘 나오지 않고, 겨우 소변을 보다가 다 볼 때쯤에는 요도 끝이 너무 따갑고 아파서 왔어요.
의사	그러셨군요. 환자분은 소변을 볼 때의 통증 말고 다른 증상은 없었나요?
통역사	I see. Aside from the pain when urinating, have you experienced any other symptoms?
환자	At first, I had a fever and chills, and my whole body felt heavy and fatigued. Oh, I'm not sure if it's related, but my back has also been aching more than usual.
통역사	처음에는 열이 나면서 으슬으슬했어요. 온몸이 무겁고 피곤한 느낌도 있었고요. 아, 관련이 있는지는 모르겠는데 전보다 허리도 많이 아픕니다.
의사	환자분이 소변을 볼 때 특히 요도 끝부분에 통증을 느낀다는 건 요도 또는 전립샘에 염증이 생기는 질환인 요로 감염이나 전립샘염 때문일 수 있습니다. 혹시 요도가 가렵거나, 요도에서 전과 달리 분비물이 나오지는 않았습니까?
통역사	Pain at the tip of the urethra when urinating could be a sign of a urinary tract infection or prostatitis, both of which involve inflammation of the urethra or prostate. Have you noticed any itching in the urethra or any unusual discharge?
환자	There's no discharge, but even after urinating, my bladder still feels like it isn't completely empty. I also feel a heaviness in the area between my lower abdomen and my legs.
통역사	요도에서 분비물은 안 나왔어요. 다만 저는 소변을 보고 나서도 개운하지 않고, 배 아래쪽 다리 사이가 묵직해요.
의사	그렇다면 환자분은 전립샘염일 가능성이 더 큽니다. 전립샘이 방광 바로 아래에 있어서 이상이 생기면 소변 배출에 영향을 줄 수 있거든요. 게다가 전립샘염은 열과 오한, 허리 통증 등의 증상이 동반되기도 하고요.
통역사	In that case, prostatitis is more likely to be the cause. Since the prostate is located just below the bladder, any issues with it can affect urine flow. It can also cause fever, chills, and back pain.
환자	I initially thought it was just a cold since my whole body ached, but when I started having trouble urinating, it felt unusual. What tests should I take?
통역사	몸살 기운 때문에 감기인 줄 알았다가 소변을 보기 힘들어서 이상하다 싶긴 했는데… 그럼 저는 어떤 검사를 받는 게 좋을까요?

의사	우선 소변 검사로 세균이 검출되는지 살피고, 혈액 검사로 전립샘 특이 항원, 즉 PSA의 수치를 확인하여 전립샘에 이상이 있는지 살피겠습니다. 초음파 검사도 함께 진행해서 전립샘의 크기와 구조상 변화가 있는지를 살펴볼게요.
통역사	First, I'll perform a urinalysis to check for bacteria and a blood test to measure your PSA level, which helps detect any prostate abnormalities. I'll also conduct ultrasonography to assess the size and structure of your prostate.

【검사 후】

의사	환자분의 소변에서 세균이 검출되었고 평균보다 높은 PSA 수치와 초음파 검사 결과 등을 종합해 볼 때, 환자분은 우려했던 대로 전립샘염이 맞습니다. 전립샘염은 급성 세균성·만성 세균성·비세균성 등으로 나뉘는데, 환자분의 경우 급성 세균성 전립샘염입니다. 대장균 같은 세균이 요도를 통해 들어가서 전립샘에 염증을 일으킨 거예요. 환자분은 4주 정도 항생제를 꾸준히 드셔야 하는데, 재발의 위험이 있으니 상태가 좋아지더라도 약을 끝까지 복용하는 것이 중요합니다. 제가 배뇨 장애를 개선하는 약도 함께 처방할 테니 잘 챙겨 드세요.
통역사	Based on the detection of bacteria in your urine, a higher-than-normal PSA level, and the ultrasonography results, it's confirmed that you have prostatitis, as suspected. Prostatitis is classified into acute bacterial, chronic bacterial, and non-bacterial types, and in your case, it is acute bacterial prostatitis. Bacteria such as Escherichia coli have entered the prostate through the urethra, causing inflammation. You will need to take antibiotics consistently for about four weeks. Since there's a risk of recurrence, it's important to complete the full course of medication, even if you start feeling better. I will also prescribe medication to help with urinary dysfunction, so please take it regularly.
환자	Yes, I understand. I'll make sure to take the medications as prescribed. Is there anything else I should be cautious about?
통역사	네, 알겠습니다. 약들을 잘 챙겨 먹을게요. 제가 또 주의해야 할 점이 있을까요?
의사	전립샘염 환자는 자극적인 음식과 카페인 섭취를 줄이고, 물을 충분히 마셔서 소변을 자주 누는 게 좋아요. 또 좌욕이나 반신욕을 해서 근육의 긴장을 풀면 전립샘염의 증상이 완화됩니다. 날마다 30분 이상 빠르게 걷거나 조깅 등 유산소 운동을 하는 것도 전립샘의 혈류를 증가시켜 전립샘염 치료에 도움이 됩니다.
통역사	You should reduce your intake of spicy foods and caffeine and drink plenty of water to encourage frequent urination. Sitz baths or half baths can also relax muscle tension and ease prostatitis symptoms. Additionally, doing at least 30 minutes of aerobic exercise every day, such as brisk walking or jogging, can improve blood flow to the prostate and support prostatitis treatment.

Sight Translation 1
문장 구역 연습 1

한국어 → 영어

□ 의사가 환자에게 요로 감염에 대해 구체적으로 설명합니다.
□ 통번역사는 환자가 의학적·전문적 개념을 잘 이해할 수 있게 통역합니다.

요로 감염이란?

요로 감염은 신장·요관·방광·요도 등 요로계 기관에 세균이 침입해 염증을 유발하는 질환입니다. 이는 남성보다 요도의 길이가 짧은 여성에게서 더 빈번하게 발병하며, 대장균이 요로 감염의 가장 흔한 원인균입니다. 요로 감염은 감염 부위에 따라 요로계의 상부인 신장과 요관에 발생하는 상부 요로 감염, 하부인 방광과 요도에 발생하는 하부 요로 감염으로 나뉩니다.

상부 요로 감염의 대표 질환은 신장에 발생하는 신우신염입니다. 신우신염은 소변을 볼 때 통증을 느끼는 배뇨통, 소변을 자주 보는 빈뇨, 소변을 참지 못하는 절박뇨, 소변을 누고 난 뒤에도 방광에 소변이 남은 것 같은 잔뇨감 등의 배뇨 장애와 함께 고열·오한·옆구리 통증 등의 전신 이상 증상이 동반됩니다.

하부 요로 감염의 대표 질환은 방광에 발생하는 방광염입니다. 전신에 이상 증상이 나타나는 상부 요로 감염과 달리, 하부 요로 감염인 방광염의 경우 배뇨통·빈뇨·절박뇨·잔뇨감 등의 배뇨 장애만 나타납니다. 한편 요도에 염증이 생기는 요도염은 주로 성관계를 통해 전파되는 경우가 많고, 그 증상으로 요도가 가렵거나 분비물이 나오며 배뇨통이 동반됩니다.

요로 감염은 우선 소변 검사를 실시하여 환자의 소변에서 세균이 관찰되는지를 확인하고, 소변 배양 검사를 통해 세균의 양을 측정해야 합니다. 또 혈액 검사와 더불어 초음파 검사, 핵의학 검사, 배뇨 방광 요도 조영술 등의 영상 검사도 추가로 실시할 수 있습니다.

요로 감염으로 진단되면 의사는 항생제를 사용해 치료하고, 때에 따라 탈수 방지를 위해 수액을 투여하기도 합니다. 환자가 증상이 심할 경우에는 병원에 입원해서 항생제를 투여받고 그와 동시에 다른 집중 치료들도 받아야 할 수 있습니다.

요로 감염은 잘못된 생활 습관에 의해 재발될 가능성이 크므로, 일상생활에서 주의를 기울이는 것이 중요합니다. 환자는 물을 많이 마셔서 자주 소변을 보고, 성관계 후에도 소변을 보아 요로의 세균을 모두 배출해 내는 것이 좋습니다. 청결을 위해 배변이나 배뇨 후에는 배설물을 앞에서 뒤로, 즉 항문 쪽으로 닦아 세균이 요도로 들어가는 것을 방지해야 합니다. 또한 요로 감염의 치료 중에는 카페인이 들어간 음식이나 자극적인 음식, 음주와 흡연 등을 삼가는 게 좋습니다.

요로 감염은 비교적 흔한 질환이지만, 환자가 적절한 치료를 받지 않으면 신장까지 염증이 퍼져서 심각한 합병증이 발생할 위험이 있습니다. 따라서 요로 감염은 증상이 나타나는 즉시 치료받는 것이 바람직합니다.

Lesson 19_비뇨 의학과

Sight Translation 2
문장 구역 연습 2

한국어 ↔ 영어

BRIEF
- 환자가 성 전파성 질환 관련 증상에 대해 질문하고, 의사가 답합니다.
- 통번역사는 환자의 증상과 의사의 진단을 정확하게 통역합니다.

Q Hello, Doctor. I've been experiencing uncomfortable symptoms in my genital area for the past week and would like some advice. Every time I urinate, I feel a severe stinging and burning sensation that continues even after I finish. The symptoms have been worsening, and now the area around my genitals feels itchy. I also have cloudy discharge with a bad smell, making daily life quite uncomfortable.

A few days before these symptoms started, I had sexual intercourse. Since then, I've been concerned that I may have contracted an sexually transmitted disease. I'd like to know what tests are typically done at the hospital and what treatment options are available for this condition.

A 안녕하세요. 환자분께서는 생식기와 관련하여 불편한 증상들로 걱정이 많으셨겠습니다. 환자분이 말씀하신 배뇨 때의 통증·가려움·비정상적인 분비물 배출 등과, 이 증상들이 최근 환자분이 성관계를 가진 이후 발생했다고 하신 점으로 미루어 보아 성 전파성 질환이 의심됩니다. 임질·매독·클라미디아증·질트리코모나스증(질편모충증)과 같은 성 전파성 질환은 성 접촉에 의해 감염되며, 대개 조기에 발견하면 완치가 가능하니 무엇보다도 빨리 검사받으시는 것이 중요합니다.

정확한 진단을 위해 환자분의 소변·혈액·분비물을 채취해서 요도 및 생식기 부위에 세균이나 바이러스가 있는지 확인해야 합니다. 성 전파성 질환의 종류가 많고 원인도 다양한 만큼 추가적으로 성병 검사를 받으실 수도 있습니다. 치료 또한 검사 결과에 따라 결정됩니다. 성 전파성 질환이 세균성 감염 때문일 경우에는 항생제를 사용하고, 바이러스성 감염 때문일 경우에는 항바이러스제를 사용하면 대부분 증상이 빠르게 호전됩니다.

성 전파성 질환으로 치료받을 경우 환자분은 성관계를 삼가고, 성관계를 가졌던 상대에게 감염 사실을 알려 상대방도 검진과 치료를 받게 해야 하며, 또한 질환이 완전히 나을 때까지 꾸준히 약을 복용하시는 것이 좋습니다. 무엇보다도 성 전파성 질환은 전염성이 매우 강하므로 환자분은 빠른 시일 내에 내원하여 검사받으시길 권합니다.

Conversation Interpretation
대화 통역 연습

Practice
실전

- 환자가 남성 난임에 대해 고민하며 의사를 찾아왔습니다.
- 통번역사는 대화 상황에 적절한 표현으로 통역을 완성합니다.

환자 Doctor, my wife and I have been trying to conceive for over a year without success, so we came in. The test results showed that my wife has no issues, which makes me worried that the problem might be with me.

통역사

의사 그러셨군요. 1년 이상 시도했는데도 임신이 되지 않았다면 난임일 가능성이 있어요. 남성 난임인지 검사하기 전에 몇 가지 질문을 할게요. 환자분은 흡연이나 음주를 하십니까? 전립샘염이나 정관염 등 생식기 관련 질환을 앓거나 복용 중인 약이 있나요?

통역사

환자 I do smoke and drink frequently. I don't have any of the diseases you mentioned, and I'm not taking any other medications.

통역사

의사 그렇군요. 남성 난임의 원인은 정자의 수·운동성·형태 등의 이상, 호르몬 불균형, 고환 기능 장애, 정관 폐쇄, 발기 부전 등 아주 다양합니다. 즉 남성분의 정자가 생성되지 않거나 정자의 질이 나쁠 때 혹은 정자가 이동하는 통로에 문제가 있어 정자가 적절히 배출되지 않을 때 임신이 어려울 수 있습니다. 정확한 진단을 위해 검사부터 해 보시지요.

통역사

환자 What tests should I undergo?

통역사

의사 우선 기본 검사로써 환자분의 정액을 검사해서 정자 상태를 확인할게요. 정액 검사에서 문제가 발견되면 고환이나 정관의 이상을 확인하기 위해 초음파 검사를 추가로 시행할 겁니다. 또 호르몬 불균형이 의심될 경우에는 혈액 검사로 테스토스테론과 같은

	남성 호르몬 수치를 확인할 거예요.
통역사	

환자	Can I have a semen analysis done today?
통역사	
의사	정액 검사는 2~3일 정도 성관계를 하지 않고 시행해야 가장 정확한 결과를 얻을 수 있고, 결과는 검사 후 1시간 이내에 확인하실 수 있어요.
통역사	

환자	If there's an abnormality, what kind of treatment would I receive?
통역사	
의사	검사 결과에 따라 치료 방법이 달라집니다. 정자의 질이 떨어져 있다면 환자분의 생활 습관 개선이 가장 중요합니다. 금연과 금주는 필수이고, 규칙적인 운동과 건강한 식습관으로 과체중이나 영양 불균형을 조절하는 것이 정자의 질을 높이는 데 큰 도움이 됩니다. 또 환자분이 스트레스를 줄이고 충분한 수면을 취하는 것도 중요합니다.
통역사	

환자	Is it possible to increase the chances of conception just by changing my lifestyle habits, or would I need additional treatment?
통역사	

의사	상황에 따라 다르지만, 환자분이 생활 습관을 개선하는 것만으로도 임신에 성공할 가능성이 높아질 수 있습니다. 하지만 정자가 만들어지지 않거나 정자 이동이 어려운 경우, 환자분은 약물 치료나 수술을 받아야 할 수도 있습니다. 만약 정자의 질이 저하된 경우라면 인공 수정이나 체외 수정 같은 보조 생식 기술을 통해 임신을 시도할 수도 있습니다.
통역사	

LESSON 20

Obstetrics and Gynecology
산부인과

AI와 함께 Warm-Up with AI

STEP 1

Q 여성의 생식 기관에는 어떤 것들이 있나요?

A 여성의 생식 기관에는 _____

STEP 2

Q

A

STEP 3

| 학습 목표 |
□ 통번역사로서 산부인과에서 통용되는 어휘와 표현을 이해하고 통번역할 수 있다.
□ 통번역사로서 산부인과에서 일어나는 상황을 의사와 환자 각각의 입장에서 원활하게 소통할 수 있다.

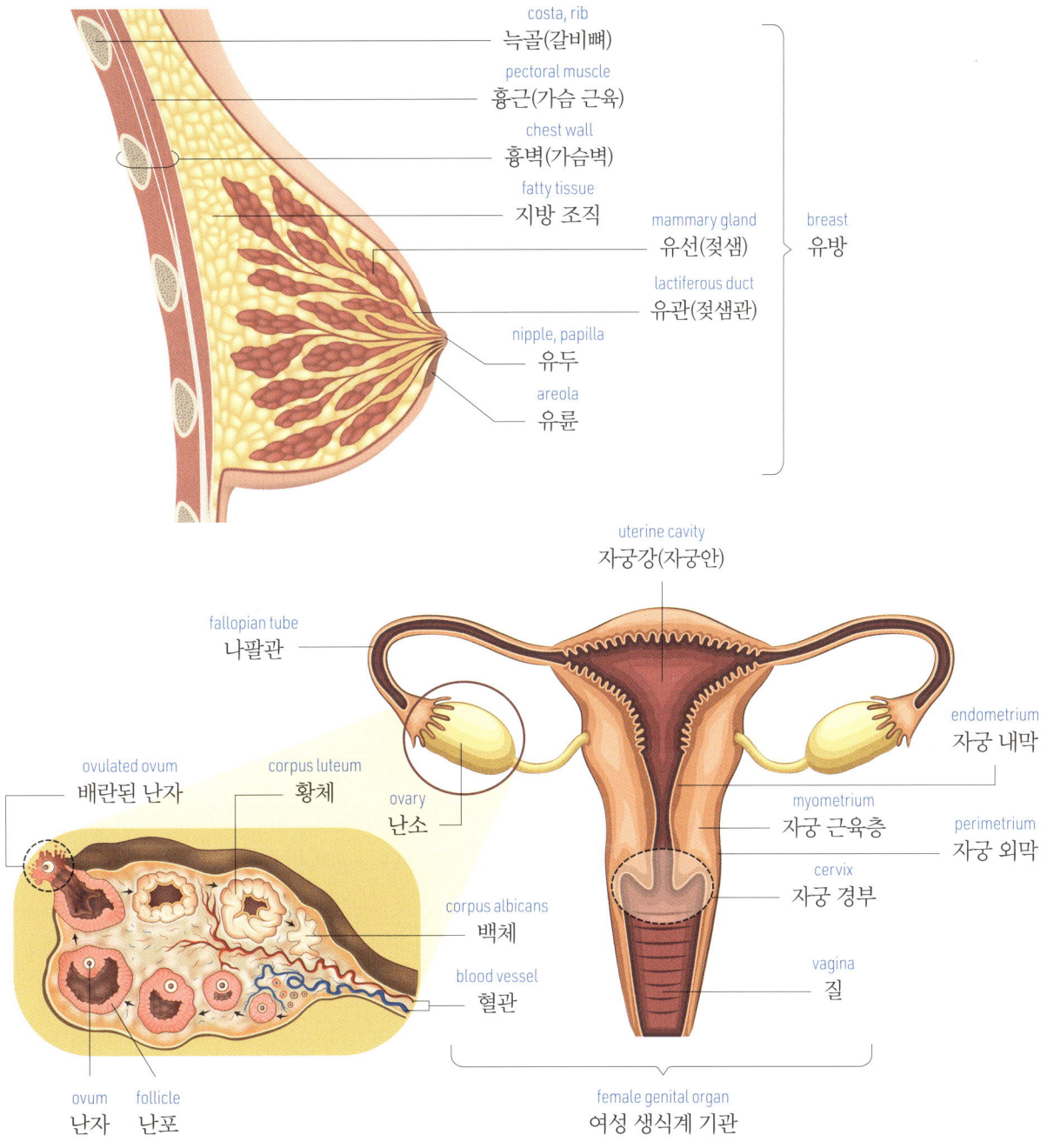

산부인과는 전 연령대의 여성들이 겪는 다양한 여성 질환들을 진료하는 곳으로, 임신·출산 등을 다루는 산과와 여성 생식계 기관이나 호르몬 이상 등으로 인한 부인병을 다루는 부인과로 나뉩니다. 산부인과 의사들은 임신부·산모·아이에 관련된 질환, 자궁 근종·난소 양성 종양·섬유 샘종 같은 양성 질환, 자궁 경부암·난소암·유방암 같은 악성 질환, 여성 비뇨기계 질환 등을 진단하고 치료합니다.

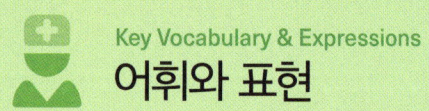

Key Vocabulary & Expressions
어휘와 표현

💬 전문 어휘

한국어	영어	한국어	영어
가임기	childbearing age, childbearing years	골다공증	osteoporosis
골반통	pelvic pain	과배란	superovulation
기형아 검사	congenital anomaly test	난소 양성 종양	ovarian benign tumor
난소암	ovarian cancer	난임	infertility
다낭 난소 증후군	polycystic ovarian syndrome	매독	lues, syphilis
멍울(종괴)	lump	목덜미 투명대 검사	nuchal translucency scan
배아	embryo	복통	abdominal pain
부인병	gynecopathy	빈혈	anemia
사람 유두종 바이러스	HPV (human papilloma virus)	사람 융모 생식샘 자극 호르몬	HCG (human chorionic gonadotropin)
산모(초산부, 다산부)	para (primipara, multipara)	색전술	embolization
생리 불순	irregular menstrual cycles, menstrual irregularity	생리 주기	menstrual cycle
생리통(월경통)	dysmenorrhea, menstrual cramps	성 전파성 질환(성병)	STD (sexually transmitted disease)
수정란	fertilized egg, fertilized ovum, oosperm	신경관	neural canal
여성 호르몬	female hormone	엽산	folic acid
유방암	breast cancer	유산	miscarriage
인공 수정	artificial fertilization, intrauterine insemination	임신	encyesis, pregnancy
임신부	gravida	임신성 당뇨(임신 당뇨병)	gestational diabetes

입덧	emesis gravidarum, morning sickness	자궁	uterus, womb
자궁 근종	hysteromyoma, uterine leiomyoma	자궁 근종 절제술	hysteromyomectomy
자궁 내막증	endometriosis	자궁 외 임신	eccyesis, ectopic pregnancy
자궁 적출술	hysterectomy	질 경유 초음파	TVUS (transvaginal ultrasound)
질 확대경(자궁경)	colposcope, hysteroscope	체외 수정	IVF(in vitro fertilization)
출산	bearing, childbirth, parturition	태아	fetus
평활근	nonstriated muscle, smooth muscle	풍진	german measles, rubella
피임약	anticonceptive, contraceptive	혈전증	thrombosis

💬 유용한 표현

한국어	영어	한국어	영어
가임력이 저하되다	to experience reduced fertility	난자를 과배란시키다	to stimulate superovulation, to release multiple eggs(ova)
난자를 채취하다	to retrieve eggs(ova)	메스꺼움이 심해지다	to experience worsening nausea
배아의 상태를 확인하다	to assess the embryo's condition	생리 양이 일정하지 않다	to have inconsistent menstrual flow
생리 주기가 불규칙하다	to experience irregular menstruation	생리통이 심하다	to have severe menstrual cramps
세포가 비정상적으로 증식하다	to experience abnormal cell proliferation	아기집이 생기다	to have gestational sac development
엽산을 충분히 섭취하다	to ensure adequate folic acid intake	유산의 위험이 있다	to be at risk of miscarriage
임신 테스트기로 확인하다	to confirm pregnancy with a test kit	임신을 시도하다	to attempt to conceive
입덧이 생기다	to experience emesis gravidarum	자궁 수축이 과도하다	to experience hypertonic uterine contractions
자궁벽이 약해지다	to have a weakened uterine wall	자궁에 배아를 이식하다	to transfer an embryo into the uterus
정자를 채취하다	to collect sperm	체중 증가를 살피다	to monitor weight gain
호르몬 수치가 정상 범위이다	to have hormone levels within the normal range	호르몬제를 사용하다	to take hormone medication

질환의 종류

1) 골반염 PID(pelvic inflammatory disease)

골반염은 자궁 내막·나팔관·난소 등 여성의 생식 기관에 염증이 발생하는 질환으로, 주로 성관계로 인한 세균 감염이 원인이다. 복통과 골반통 및 질 분비물의 증가와 악취·발열·오한 등의 증상이 나타나며 성관계나 배뇨 때 통증이 발생하기도 한다. 환자에게 항생제를 투여해 원인균을 제거하며, 심한 경우 입원 치료나 수술이 필요할 수 있다. 골반염을 진단받은 환자는 성관계를 가졌던 상대방의 성 전파성 질환 감염 여부도 반드시 확인해야 한다.

2) 섬유 샘종 fibroadenoma

유방에 생기는 섬유 샘종은 유선(젖샘) 부위가 과도하게 증식하면서 주변 조직에 변형이 일어나는 양성 종양이다. 섬유 샘종이 생기면 유방에 멍울이 만져지지만 통증이 없고, 멍울의 크기는 생리 주기에 따라 달라지기도 한다. 섬유 샘종이 유방암으로 발전하는 경우는 매우 드물어서 섬유 샘종의 크기가 2~3cm 정도로 작은 경우에는 주기적인 추적 관찰만 하지만, 크기가 커지거나 모양이 달라지는 경우에는 절제술로 제거하는 것이 바람직하다. 특히 40대 이상 여성의 유방에 섬유 샘종 같은 멍울이 만져진다면 조직 검사로 다른 질환 유무를 확인해야 한다.

3) 자궁 경부암 cervical cancer

질과 연결된 자궁의 입구 부분인 자궁 경부에 생기는 악성 종양을 자궁 경부암이라고 한다. 이 질환은 사람 유두종 바이러스, 즉 HPV가 가장 유력한 발병 원인으로 알려져 있다. 대부분 초기에는 증상이 없다가 암이 진행되면서 질 분비물 증가, 질 출혈, 골반통이나 요통, 체중 감소 등의 증상이 나타난다. 자궁 경부암의 치료는 암의 진행 정도에 따라 발병 부위만 절제하거나 자궁 전체를 제거하는 수술을 하고, 방사선 치료와 항암 화학 요법 등도 실시할 수 있다.

4) 질염 colpitis, vaginitis

질염은 질 내부에 염증이 생긴 상태로, 가려움·통증·성관계 때 불편감과 함께 질 분비물이 많아지고 악취가 난다. 질염은 원인에 따라 치료 방법이 달라진다. 산소가 없는 곳에서 증식하는 혐기성 세균에 의한 세균성 질염은 항균제를 사용하고, 곰팡이균인 칸디다균에 의한 칸디다성 질염은 항진균제를 사용해 치료한다. 성관계 때 트리코모나스 기생충이 전파되어 발생하는 트리코모나스 질염(질트리코모나스증)은 항생제를 사용하며, 성관계를 가진 상대방도 치료해야 한다. 또 폐경기 여성에게 주로 나타나는 위축성 질염은 부족한 여성 호르몬을 연고로 바르거나 약으로 복용하는 등 호르몬 보충 치료를 한다.

5) 폐경과 갱년기 menopause & climacteric

난소가 노화되면서 난자가 배란되지 않고 여성 호르몬도 생성되지 않아 1년 동안 한 번도 생리를 하지 않을 경우에 '완경'이라고도 표현하는 폐경으로 진단한다. 여성은 폐경을 전후로 신체적·정신적 변화를 겪는데, 이 시기를 '갱년기'라고 부른다. 갱년기 여성은 골다공증 발병 위험이 커지고, 안면 홍조·발한·기억력 감퇴·수면 장애·우울감 등의 증상을 겪을 수 있다. 이러한 갱년기 증상들은 호르몬 치료나, 영양을 갖춘 식사와 규칙적인 운동 등 생활 습관의 개선을 통해 완화시킬 수 있다.

Conversation Interpretation
대화 통역 연습

Explore
기본

BRIEF
- 환자가 생리 불순과 생리통 관련 증상으로 의사를 찾아왔습니다.
- 통번역사는 환자와 의사의 대화를 양방향으로 원활하게 통역합니다.

환자	Hello, Doctor. My menstrual cycle has been irregular for about six months, and my menstrual flow has been inconsistent. My cramps have gradually worsened, causing a squeezing sensation in my lower abdomen, along with back pain and stiff shoulders. The first day of my menstruation is especially tough.
통역사	안녕하세요, 선생님. 한 6개월 전부터 생리 주기가 불규칙하고, 생리 양이 일정하지 않습니다. 생리통도 점점 심해져 배 아래쪽에 쥐어짜는 듯한 느낌이 들면서 허리가 아프고 어깨도 결려요. 생리 첫날이 특히 힘들어요.
의사	환자분은 마지막 생리를 언제 하셨을까요?
통역사	When was your last menstruation?
환자	About eight weeks ago. It's been nearly two months since my last menstruation.
통역사	약 8주 전입니다. 거의 두 달 만의 생리였어요.
의사	그러셨군요. 생리 주기와 생리 양이 일정하지 않은 생리 불순은 여성 호르몬의 부족이나 불균형 혹은 갑상샘이나 내분비의 기능 이상 등으로 생기는데, 이는 심한 생리통을 유발합니다. 대개 생리통은 1차성 생리통과 2차성 생리통으로 구분하죠. 1차성 생리통은 생리 중 자궁 수축이 과도하게 일어나면서 발생하는 통증으로 생리 시작 직후에 나타납니다. 2차성 생리통은 자궁 내막증이나 자궁 근종 등 기저 질환 때문에 발생해서 통증이 점점 심해지거나 생리 전후로도 지속되는 경향이 있어요.
통역사	I understand. Irregular menstrual cycles and inconsistent menstrual flow can result from insufficient or imbalanced female hormones, as well as thyroid or endocrine dysfunction, which may also contribute to severe menstrual cramps. Menstrual cramps are generally classified into primary and secondary dysmenorrhea. Primary dysmenorrhea occurs soon after menstruation begins and is caused by excessive uterine contractions during menstruation. Secondary dysmenorrhea, on the other hand, is linked to underlying conditions such as endometriosis or uterine leiomyoma, with pain that often worsens or persists before and after menstruation.
환자	Which type do I fall under?
통역사	저의 경우는 어떤 쪽에 해당할까요?
의사	말씀드린 대로 생리 불순과 생리통의 원인은 다양하므로 몇 가지 검사를 진행해야 합니다. 먼저 호르몬 검사로 여성 호르몬이 부족하거나 불균형한지 확인하는 게 좋겠습니다. 또 골반 초음파 검사로 자궁이나 난소의 이상 여부를 살피고, 필요하다면 자궁 내막 조직 검사도 고려해야 합니다.

| 통역사 | As I mentioned, the causes of irregular menstruation and menstrual cramps can vary, so several tests may be necessary. First, a hormone test can help identify any deficiencies or imbalances in female hormones. I'll also perform a pelvic ultrasound to check for any abnormalities in your uterus or ovaries, and if necessary, I may consider an endometrial biopsy. |

【검사 후】

의사	검사 결과를 보니 환자분은 호르몬 수치가 정상 범위여서 호르몬 이상에 의한 다낭난소 증후군으로 보이지 않습니다. 자궁과 난소에도 특별한 이상이 없어요. 이처럼 별다른 질환이 없는데도 환자분이 생리 불순과 생리통이 생기는 경우는 심리적 요인이나 환경 변화가 원인일 가능성이 높습니다. 환자분은 당분간 충분한 휴식을 취하고, 스트레스를 받지 않으시는 게 좋겠습니다.
통역사	The test results show that your hormone levels are within the normal range, so polycystic ovarian syndrome due to hormonal issues doesn't seem to be the cause. There are no significant abnormalities in your uterus or ovaries either. No specific disorder has been detected, but if irregular menstrual cycles and menstrual cramps persist, psychological or environmental factors could be contributing causes. For now, getting plenty of rest and minimizing stress is recommended.
환자	I see. I'm relieved to know that there's nothing wrong with my uterus. However, what should I do if my menstrual cramps remain severe despite making lifestyle changes?
통역사	그렇군요. 제 자궁에 이상이 없다니 정말 다행입니다. 혹시 제가 생활 습관을 바꾸어도 계속 생리통이 심하면 어떻게 해야 할까요?
의사	환자분과 같은 1차성 생리통의 경우 진통제로 통증을 줄일 수 있습니다. 환자분께서 통증이 시작되기 직전인 생리 전이나 생리 첫날부터 진통제를 복용하면 그 효과가 큽니다. 또 배 아래쪽에 온찜질을 해서 배를 따뜻하게 해 주는 것도 좋은 방법이에요.
통역사	In cases of primary dysmenorrhea like yours, pain relievers can help reduce the pain. They're most effective if taken just before the pain starts, either right before menstruation begins or on the first day. Applying a hot compress to your lower abdomen to keep it warm is also a helpful method.
환자	I've heard that contraceptives can help reduce menstrual cramps. Is that true?
통역사	피임약으로 생리통을 줄일 수 있다던데, 사실인가요?
의사	네, 피임약은 생리통 완화와 생리 주기 조절에 도움을 줍니다. 대부분의 피임약은 장기적으로 복용해도 안전하고요. 다만 35세 이상이면서 흡연하는 여성의 경우에는 혈전증 등 심혈관계 부작용이 일어날 위험성이 크므로 피임약 복용을 삼가야 합니다.
통역사	Yes. Contraceptives can help alleviate menstrual cramps and regulate your cycle. Most contraceptives are safe for long-term use. However, women over 35 who smoke should avoid them due to an increased risk of cardiovascular side effects, such as thrombosis.

Sight Translation 1
문장 구역 연습 1

한국어 → 영어

BRIEF
- 의사가 환자에게 자궁 근종에 대해 구체적으로 설명합니다.
- 통번역사는 환자가 의학적·전문적 개념을 잘 이해할 수 있게 통역합니다.

자궁 근종이란?

호흡기 및 위장, 생식 기관 등 우리 몸 거의 모든 곳에는 평활근이라는 가로무늬가 없는 근육이 존재합니다. 자궁 대부분도 평활근으로 구성되어 있는데, 자궁의 이 근육 조직에 생기는 양성 종양을 자궁 근종이라고 합니다. 이 질환은 주로 가임기 여성에게 발병합니다.

자궁 근종은 그 원인이 명확하게 밝혀지지 않았으나, 여성 호르몬인 에스트로겐과 프로게스테론의 영향 및 유전적 요인 등이 복합적으로 작용하여 발병한다고 알려져 있습니다. 에스트로겐은 자궁 내막의 형성을 돕고 프로게스테론은 자궁 내막의 성장을 조절하는데, 이 호르몬들의 영향을 받아 자궁 평활근의 세포가 비정상적으로 증식하여 자궁 근종으로 성장할 수 있습니다. 특히 가족력이 있는 사람은 자궁 근종이 생길 가능성이 더 높으므로 유의해야 합니다.

자궁 근종은 증상이 거의 나타나지 않지만, 근종의 크기와 위치에 따라 다양한 이상 증상이 나타날 수도 있습니다. 생리 양이 비정상적으로 많아지거나, 생리 기간이 길어지거나, 생리통이 심해지는 등의 증상이 대표적입니다. 자궁 근종이 큰 경우에는 복부에 압박을 받아서 환자가 배의 불편함을 호소하기도 합니다.

자궁 근종은 질 경유 초음파 검사, 질 확대경 검사, CT 검사나 MRI 검사 등 영상 검사로 진단하고, 근종의 크기·위치·증상에 따라 그 치료 방법을 결정합니다. 환자에게 별다른 증상이 없다면 치료 없이 경과를 추적 관찰하고, 평상시보다 지나치게 생리 양이 늘거나 생리통이 심해지면 호르몬제를 사용해 자궁 근종의 크기를 줄임으로써 증상을 완화할 수 있습니다. 또 비수술적 방법으로 자궁 근종에 혈액을 공급하는 동맥을 막아 근종의 크기를 줄어들게 하는 자궁 동맥 색전술을 시행할 수도 있습니다. 이는 수술적 치료를 피하고 싶어하는 환자나 기저 질환이 있는 환자에게 적합한 방법이지만, 가임력이 저하될 위험이 있어 임신 계획이 있는 여성에게는 권하지 않습니다.

환자의 상태에 따라 수술이 필요할 수도 있는데, 이때도 환자의 임신 계획 여부가 수술 방법을 결정하는 중요 요소로 작용합니다. 근종 절제술은 자궁에서 근종만 제거하는 것으로, 환자가 자궁을 유지하려는 경우에 선호하는 수술입니다. 다만 근종 절제술을 받은 환자는 그 후에 자궁벽이 약해질 수 있으므로 임신을 시도하기까지 충분한 회복 시간을 가져야 합니다. 간혹 근종이 너무 크거나 다른 치료의 효과가 없을 때 환자에게 자궁 적출술을 시행할 수도 있습니다. 이 수술 후에는 임신이 불가능하므로 환자는 이 점을 충분히 고려해야 합니다.

자궁 근종은 여성 호르몬의 영향을 받기 때문에 폐경기 여성에게는 잘 발생하지 않습니다. 이 시기에는 기존에 있던 자궁 근종의 크기가 줄어들기도 하지만, 그대로 두기보다는 정기적으로 검진받아 치료하는 것이 바람직합니다. 자궁 근종을 예방하는 특별한 방법은 없으나, 균형 잡힌 식사로 체중을 관리하고 적절한 운동을 하면 예방에 도움이 됩니다.

Sight Translation 2
문장 구역 연습 2

한국어 ↔ 영어

BRIEF
- 환자가 여성 난임에 대해 고민하며 질문하고, 의사가 답합니다.
- 통번역사는 환자의 질문과 의사의 답변을 정확하게 통역합니다.

Q Hello, Doctor. I got married relatively late, so I'm very worried about getting pregnant. It's been two years since I got married, but I still haven't conceived. A few months ago, I underwent artificial fertilization procedures twice, but there's still no sign of pregnancy. Before the procedures, I was told that IVF was also an option, and now I'm considering it.

How are artificial fertilization procedures different from IVF? I've already undergone artificial fertilization twice. Would it still be appropriate to switch to IVF? I would also appreciate a detailed explanation of the IVF process and the next steps regarding my infertility.

A 안녕하세요. 임신이 되지 않아 고민이 많으셨겠습니다. 앞서 시도하셨던 인공 수정은 과배란 유도 주사로 난소에서 여러 개의 난자가 생기게 하고, 여성의 배란일에 맞춰 배우자로부터 채취한 정액 중 건강한 정자를 직접 자궁 안으로 주입하는 시술입니다.

한편 체외 수정은 인공 수정과 마찬가지로 난자를 과배란시키는 과정을 거치되, 이후 과정이 다소 복잡합니다. 즉, 과배란된 난자와 배우자의 정자를 같은 날 채취해서 수정시킨 후, 수정란을 체외에서 2~5일 정도 배양하고 이식관(카테터)을 통해 자궁에 배아를 이식하는 것으로 마무리되는 시술입니다. 이에 따른 임신의 성공 여부는 약 2주 후 혈액 검사를 통해 확인할 수 있는데, 절차가 복잡한 만큼 비용도 더 듭니다. 하지만 인공 수정에 비해 임신 성공률이 더 높고, 난자와 배아의 상태를 직접 확인할 수 있는 장점도 있습니다.

인공 수정 시술에서 체외 수정 시술로 전환하는 시점은 여성의 난소 기능과 배우자의 정자 상태 등에 따라서 결정됩니다. 문의하신 분의 연령 등을 고려하여 시간이 중요한 요소라고 판단되면, 인공 수정을 다시 시도하기보다 체외 수정으로 전환하는 것이 더 나은 선택일 수 있습니다. 체외 수정이 적절한지에 대한 결정에는 부부의 건강 상태 및 생식 기관의 이상 여부 등 종합적인 검토가 필요하므로, 병원에 오셔서 진단을 받으신 후 저희 의료인들과 함께 구체적인 계획을 세우시기 바랍니다.

Conversation Interpretation
대화 통역 연습

Practice
실전

 BRIEF
□ 임신부가 임신 확인을 위해 의사를 찾아왔습니다.
□ 통번역사는 대화 상황에 적절한 표현으로 통역을 완성합니다.

임신부	Hello, Doctor. I've been trying to conceive since I'm already in my second year of marriage. A few days ago, I tested my first morning urine with a home pregnancy test kit, and two clear lines appeared, so I came in to confirm whether I'm pregnant.
통역사	
의사	안녕하세요. 최근 마지막 생리일은 언제일까요? 혹시 몸 상태가 평소와 다른 부분이 있는지요?
통역사	
임신부	My menstrual cycle is quite regular, and my last menstruation ended about six weeks ago. Recently, I've been experiencing a mild fever, similar to a cold, and my breasts have become unusually sensitive.
통역사	
의사	그러셨군요. 생리가 규칙적이신 분이 몇 주 동안 생리를 하지 않고, 임신 테스트기로 미리 확인해 보셨다니 임신일 가능성이 높습니다. 가슴이 민감해지는 것도 임신 초기의 대표적인 증상이고요. 이를 확인하기 위해 몇 가지를 검사해 봅시다.
통역사	
임신부	What tests will be performed?
통역사	
의사	만약 임신한 지 4~5주차 정도 되었다면 혈액 검사로 HCG, 즉 사람 융모 생식샘 자극 호르몬의 수치를 확인해서 임신인지 정확하게 알 수 있습니다. 하지만 지금까지 상황으로 보아, 소변 검사와 질 초음파 검사를 진행하는 게 낫겠습니다.
통역사	

Lesson 20_산부인과

임신부	Yes, I'll do that.
통역사	
의사	오늘 초음파 검사를 해서 아기집이 생겼는지 보고, 태아의 심장 박동과 자궁 내 위치도 확인해 봅시다. 이 검사를 통해 태아가 정상적으로 자라고 있는지, 자궁 외 임신 가능성은 없는지 등도 점검할 수 있습니다.
통역사	

【 검사 후 】

의사	축하드립니다. 임신하셨습니다.
통역사	
임신부	Really? I was hoping I was pregnant. Thank you so much.
통역사	
의사	이제 임신부로서 건강을 잘 관리해야 합니다. 임신부의 건강 상태가 태아의 건강과 바로 연결되니까요. 임신부는 끼니를 거르지 말고 규칙적으로 식사하셔야 하고, 특히 임신 초기에 태아의 신경관 형성에 중요한 엽산을 충분히 섭취해야 합니다. 임신 중에는 자궁이 커지면서 장이 눌리게 되어 변비가 생길 수 있으니 수분을 충분히 섭취하시고, 잡곡밥·채소·과일·해조류 등 식이성 섬유가 풍부한 음식을 드세요. 반면에 카페인이 들어간 음식은 되도록 삼가세요. 생선회나 날고기 같은 익히지 않은 음식도 피하는 것이 좋습니다. 식중독 위험이 있기 때문에 완전히 익힌 음식을 드시는 것이 안전해요. 임신부는 태아를 위해 술과 담배도 삼가야 한다는 건 아시지요?
통역사	
임신부	Yes, I've never smoked. Since I've been trying to conceive, I've avoided alcohol as much as possible after ovulation. Is it okay for me to exercise?
통역사	

의사	걷기나 임신부 요가 같은 가벼운 운동은 임신부의 혈액 순환을 돕고 몸을 편안하게 해 주어 도움이 됩니다만, 너무 과격한 운동은 하지 마시고 몸이 피곤할 때는 푹 쉬시길 권합니다.
통역사	
임신부	I understand. I work a desk job, so I'm usually sitting. Is there anything I should be cautious about while working?
통역사	
의사	임신 초기의 임신부는 어떤 활동이든 조심하는 게 중요합니다. 장시간 앉아 있는 경우에는 중간중간 일어나서 스트레칭을 하는 게 좋고, 무거운 물건을 들거나 무리한 활동을 하는 것은 피하세요. 근무 중에도 수시로 몸 상태를 확인하면서 피곤할 때는 잠시라도 쉬어야 합니다.
통역사	
임신부	Yes, I'll take breaks from time to time while working.
통역사	
의사	임신 중에는 임신부의 체중 관리도 매우 중요합니다. 임신 전 비만도에 따라 다르긴 하지만, 보통 임신 중 체중은 11~16kg 정도 늘어나는 것이 적정합니다. 따라서 임신부는 정기적으로 건강 검진을 해서 체중 증가를 살피며 관리하는 게 좋아요.
통역사	
임신부	Yes, Doctor. I'll do that.
통역사	
의사	이후에는 꾸준히 정기 검진을 받으면서 태아 발달과 임신부의 건강을 주기적으로 확인하게 됩니다. 임신 6~10주에는 혈액 검사로 풍진·빈혈·간염·매독 등을 검사하고, 임신 11~14주에는 태아 목덜미 투명대 검사로 다운 증후군이나 심장 기형 등의 이상 유무를 알아봅니다. 15~20주에는 기형아 검사를 하고, 20~24주에는 30분 이상 정밀 초음파 검사로 정상 발달 여부 등 태아의 전반적인 상태를 살필 거예요. 그리고 24~28주가 되면 임신성 당뇨 검사를 하게 됩니다. 관련하여 병원에서 때마다 휴대폰으로 문자를 드릴 테지만, 임산부 수첩도 잘 확인하시기 바랍니다.

통역사

임신부   All right, I understand. As a newly pregnant woman, is there anything else I should be cautious about?

통역사

의사   잘 아시겠지만, 임신 초기에는 유산의 위험이 있으므로 특히 주의해야 합니다. 임신부에게 가벼운 복통이나 약간의 출혈은 있을 수 있지만, 복통이 지속되거나 출혈이 심하면 바로 병원에 오세요. 그리고 임신 4~8주경에는 입덧이 생겨 메스꺼움이 심해지고 구토도 할 수 있습니다. 이런 경우에는 향신료가 들어간 냄새가 강한 음식이나 기름기가 많은 음식보다는 소화하기 쉬운 부드러운 음식을 드시고, 간식으로 신선한 채소와 과일을 드세요. 식사하기 힘들면 조금씩 나누어 여러 번 드시고, 물을 충분히 마시는 것도 입덧을 줄이는 데 좋습니다.

통역사

Medical Cultures Worldwide
국제 의료 문화

| 베트남의 의료 문화

문화 개요

국가 정보 및 지리·기후 특징

베트남의 공식 명칭은 베트남 사회주의 공화국(Socialist Republic of Viet Nam)이다. 수도는 하노이이고 인구는 1억 명에 육박한다. 베트남은 인도차이나반도 동쪽에 위치해 중국·라오스·캄보디아와 국경을 접하고 있다. 폭이 좁고 남북으로 길게 늘어진 지형의 베트남은 국토의 4분의 3이 산악 지대이고 나머지는 저지대 해안가로, 지역에 따라 기후 차이가 크다. 베트남의 남부는 열대 몬순 기후로 평균 기온이 영상 26℃ 이상이며, 우기와 건기가 반복되는 여름철이 지속된다. 북부는 아열대 기후로 사계절의 변화가 있다.

역사적 배경

베트남은 천 년이 넘는 기간 동안 중국에 병합되어 있다가 939년에 독립했으나 1406년 다시 중국의 지배를 받았고, 1428년에 이르러 베트남의 레 왕조가 정부 체제와 법률을 정비하면서 전통문화의 발전을 이루었다. 그 후 1802년 응우옌 왕조가 '비엣남'이라는 국호를 사용하며 마지막 왕조 시대를 열었지만, 1883년 다시 프랑스의 식민지가 되었고 1940년에는 일본의 보호국이 되었다. 1945년 제2차 세계 대전이 끝난 후 호찌민을 주석으로 베트남 민주 공화국이 수립되었다가 프랑스와의 8년간 전쟁을 치른 뒤 1954년에 베트남은 북부의 민주 공화국과 미국의 지원을 받는 남부의 베트남 공화국으로 분단되었다. 이어 발발한 베트남 전쟁이 1975년에 종전되면서 현재 베트남 사회주의 공화국이 탄생했다. 이후 베트남은 1998년 아시아 태평양 경제 협력체(APEC)에 가입하고, 2007년 세계 무역 기구(WTO)의 회원국이 되는 등 안정된 국가로 발전해 가고 있다.

사회 문화적 특징

베트남은 수천 년에 걸쳐 벼농사를 짓고 농경 문화를 발전시켜 오는 과정에서 공동체 의식이 발달하였다. 베트남인은 가족 구성원 간의 유대감이 강하며, 지역 사회 내에서도 이웃들과 공동으로 축제나 행사를 치르는 등 서로 돕고 협력한다. 이러한 베트남인의 공동체 의식은 역사적으로 외부의 침략에 대응하는 과정에서도 결속력을 강화하는 데 중요한 역할을 하였다.

베트남은 다종교 국가로 헌법에서 종교의 자유를 인정하지만, 믿지 않을 자유를 침해하지 않기 위해 전도를 인정하지는 않는다. 정부 기관인 종교 위원회에서 모든 종교를 관리하며, 신자들 중에는 불교 신자가 가장 많고 그다음으로는 가톨릭 신자가 많다.

언어적 특징

베트남어는 로마자에 성조를 표시하여 기록하는 '쯔 꾸옥 응으'를 문자로 사용한다. 쯔 꾸옥 응으는 17세기 프랑스인 기독교 선교사들이 표음 문자가 따로 없어 한자를 사용하고 있었던 베트남어를 라틴어 문자인 로마자로 표기하는 과정에서 만들어진 문자로, 1945년 베트남 민주 공화국 시기에 이르러 베트남의 공식 문자로 지정되었다.

베트남어에는 6개의 성조가 있으며, 같은 발음이어도 성조에 따라 단어의 의미가 달라진다. 어순은 영어와 마찬가지로 '주어-동사-목적어' 순을 따르며, 명사의 경우 그 종류와 수량·형태 등을 나타내는 고유한 분류사가 함께 사용된다.

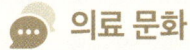 의료 문화

보건 의료 체계

베트남의 보건 의료 체계는 공공 의료 중심으로 구현된다. 이들의 공공 의료는 행정 지역 범위를 기준으로 공동체급·지역급·지방급·중앙급의 4단계로 나뉘며, 공동체급 의료 기관은 베트남의 공공 의료 체계에서 가장 기초적이고 중요한 의료 단계로서 1차 의료 서비스를 제공한다. 지역급은 2차 의료 기관으로서 질환의 치료 및 예방 활동과 보건 프로그램 실시, 통계 자료 관리를 맡고 있다. 지방급은 지방 단위의 행정 지역의 의료 서비스를 관리 담당하는 3차 의료 기관으로 종합 병원, 의료 학교, 제약, 의료 장비 및 생산 시설 등을 감독한다. 마지막으로 의료 체계를 통괄하는 중앙급의 보건부는 국가 보건 정책을 수립·시행하고, 중앙 병원과 외국인 투자 병원 등 의료 기관의 관리와 의과 대학 및 연구소 등의 감독도 책임지고 있다. 한편 민영 병원은 베트남 전체 병원의 약 15%를 차지하며, 주로 대도시에 집중되어 있다.

건강 보험 제도

베트남의 의료 체제는 무상으로 의료 서비스를 제공하는 완전 공공 서비스 체계였다가 1989년 민간 의료 공급이 합법화되면서 공공과 민간이 혼재된 형태로 전환되었다. 이후 1992년에 사회 건강 보험 정책을 시행하면서 공공 의료 시스템을 구축하고 건강 보험 제도를 전국적으로 확산·적용하였다.

베트남 사회 건강 보험 정책은 의무 가입과 자발적 가입이라는 두 가지 형태로 시행되고 있다. 1개월 이상 혹은 기간의 정함이 없는 근로 계약을 맺은 베트남 국민은 사회 건강 보험 가입 의무 대상이다. 사회 건강 보험 가입자는 1차 의료 기관의 의뢰를 거쳐 상급 의료 기관으로 옮길 경우 20% 이하의 본인 부담금을 내지만, 1차 의료 기관을 거치지 않는다면 본인 부담금이 그 이상으로 증가한다.

한편 민간 건강 보험 가입자 수는 매년 늘어 베트남 인구의 3분의 1 이상이 가입한 상황이며, 앞으로도 가입자 수는 계속 증가할 것으로 전망된다.

의료 문화의 특징

베트남은 세계에서 고령화 속도가 가장 빠른 국가 중 하나로, 고령자들을 대상으로 하는 의료 서비스의 수요가 증가하는 추세이다. 더불어 코로나-19 팬데믹을 겪으면서 건강 관리 및 진단 서비스를 제공하는 디지털 서비스도 꾸준히 늘고 있다. 실제로 베트남은 디지털 피트니스·디지털 치료·온라인 진료 등 디지털 헬스케어 분야에서 눈에 띄는 성장세를 보이는 대표적인 국가로 손꼽힌다.

이와 함께 베트남은 공공 병원을 중심으로 의료 서비스가 제공되고 있음에도, 환자당 의사 수가 전 세계 평균보다도 적고 공공 병원은 물론 민영 병원들도 대도시에 몰려 있는 등 의료 서비스의 접근성은 높지 않은 편이다. 이 때문에 해외로 진료를 받으러 나가는 사람들이 많아지고 있는데, 특히 베트남에서 상대적으로 가까우면서 의료 서비스의 질이 높고 베트남 국민들이 의료 비자를 따로 발급받을 필요가 없는 싱가포르를 많이 찾고 있다. 베트남 정부는 자국민들의 해외 진료비에 매년 수십 억 달러를 지원하고 있으며, 민간 보건 의료 시장의 해외 진출 또한 장려하고 있다.

최근 외국인 환자 유치 정책을 실시하는 한국을 방문하는 의료 목적의 베트남인도 상당해졌다. 의료인은 이들 베트남인들을 상대할 때 특히 다양한 종교적 신념을 존중하고, 이를 치료 과정에 적절히 통합하도록 노력하여야 한다.

LESSON 21

Plastic and Reconstructive Surgery
성형외과: 미용 성형

AI와 함께 Warm-Up with AI

STEP 1

Q: 성형외과에서 하는 미용 성형 수술에는 어떤 것들이 있나요?

A: 성형외과에서 하는 미용 성형 수술에는

STEP 2

Q:

A:

STEP 3

| 학습 목표 |
□ 통번역사로서 성형외과 내 미용 성형에서 통용되는 어휘와 표현을 이해하고 통번역할 수 있다.
□ 통번역사로서 성형외과 내 미용 성형에서 일어나는 상황을 의사와 환자 각각의 입장에서 원활하게 소통할 수 있다.

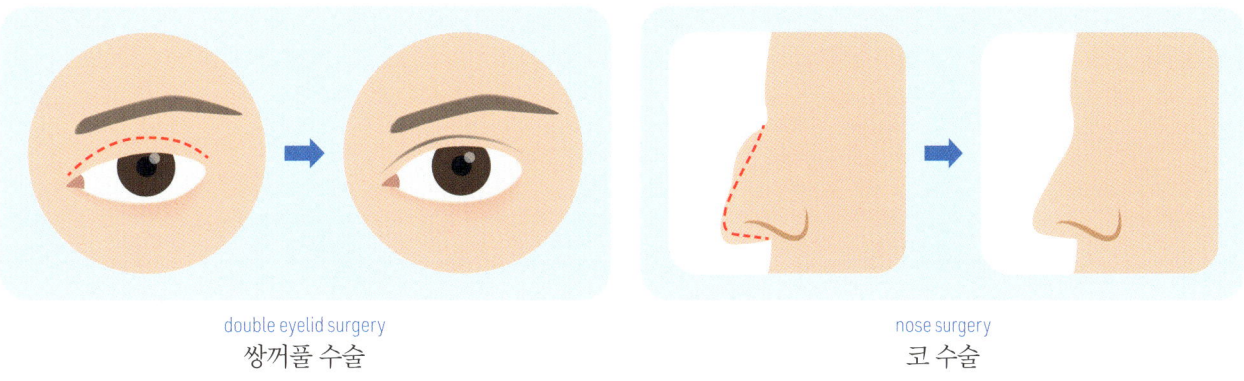

double eyelid surgery
쌍꺼풀 수술

nose surgery
코 수술

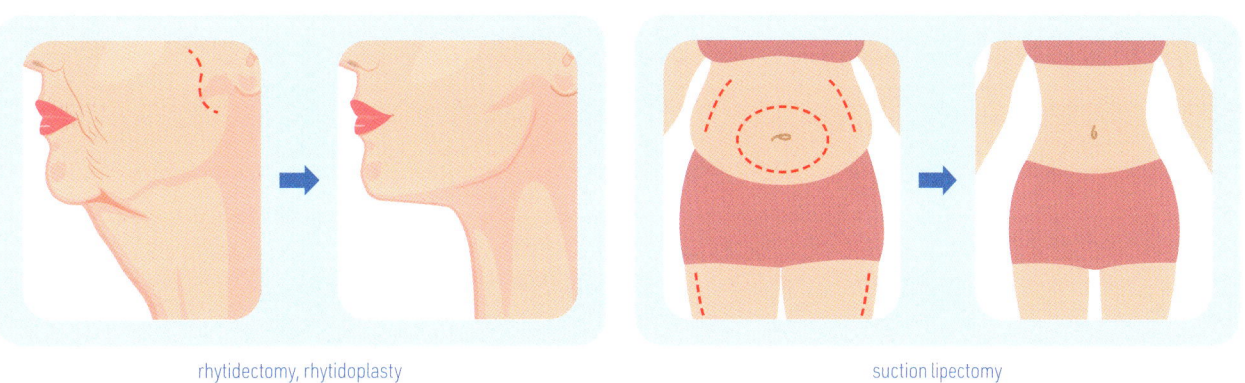

rhytidectomy, rhytidoplasty
주름 성형 수술

suction lipectomy
지방 흡인술

　성형외과는 수술적·비수술적 방법을 통해 신체 기능과 외형을 복원함으로써 환자의 신체적·심리적 건강 상태를 개선하고 삶의 질을 향상시켜 주는 외과의 한 분야입니다. 성형외과에서 하는 처치는 의학적 필요에 의한 재건 성형(1권 10과)과 개인의 선택에 의한 미용 성형으로 나뉩니다. 미용 성형에는 기능상 문제는 없지만 심미적인 개선을 목적으로 한 눈·코·유방 수술, 피부의 주름을 제거하기 위한 주름 성형 수술, 체형 교정을 위한 지방 흡인술 등이 있습니다.

Key Vocabulary & Expressions
어휘와 표현

💬 전문 어휘

한국어	영어	한국어	영어
결합 조직 세포	connective tissue cell	골격	skeleton
광대뼈	cheekbone, malar bone, zygomatic bone	눈꺼풀 처짐	blepharoptosis
땀 악취증	bromhidrosis, kakidrosis, osmidrosis	레이저 치료	laser therapy
리프팅	lifting	매부리코	hump nose
보툴리누스 독소(보톡스)	botulinus toxin	부기(부종)	swelling
부정 교합	malocclusion, odontoparallaxis	비절개법(매몰법)	non-incisional blepharoplasty, suture method
상악골(위턱뼈)	maxilla	상안검(위 눈꺼풀)	upper eyelid
안면 구조	facial structure	안면 비대칭	facial asymmetry
압박 스타킹	compression stocking	양악 돌출	bimaxillary prognathism
양악 수술	bimaxillary surgery, double jaw surgery	얼굴뼈	facial bone
여성형 유방	gynecomastia	연골	cartilage
연조직	soft tissue	유방 처짐	mastoptosis
유방 축소	breast reduction	유방 확대	breast augmentation
융비술	augmentation rhinoplasty	임플란트(보형물)	implant
자가 지방	autologous fat	전방 부분 절골술	ASO(anterior segmental osteotomy)
절개법	incisional blepharoplasty	주걱턱	lantern jaw, prognathism
주름	fold, pucker, wrinkle	체형	body type, habitus, physique

코끝	nasal tip	코뼈	nasal bone
콧대	bridge of nose	콧등	dorsum nasi, nasal bridge
콧방울	ala nasi, nosewing	콧속	endonasal, intranasal
턱관절 장애	temporomandibular joint disorder	피부 요철	uneven skin texture
피부 탄력	skin elasticity	피하 조직	hypoderm, subcutaneous tissue
필러	filler	하악골(아래턱뼈)	mandible
하안검(아래 눈꺼풀)	lower eyelid	한선(땀샘)	sweat gland

💬 유용한 표현

한국어	영어	한국어	영어
골격 구조를 바로잡다	to correct the skeletal structure	냉찜질을 하다	to apply a cold compress
땀 분비량을 감소시키다	to decrease sweat secretion	땀샘을 파괴하다	to ablate sweat glands
모낭을 파괴시키다	to ablate hair follicles	발음이 어눌해지다	to have slurred speech
성형으로 교정하다	to undergo surgery to improve its appearance	압박복을 착용하다	to wear compression garments
얼굴 좌우의 균형이 맞지 않다	to have an imbalance between the left and right side of the face	영구적으로 제모하다	to remove hair permanently
입술이 도드라져 보이다	to have pronounced lips	입을 다물기 어렵다	to have difficulty closing the mouth
잇몸이 과하게 드러나다	to have excessive gum exposure	지방 세포의 크기가 커지다	to experience fat cell expansion
지방과 근육 두께를 측정하다	to measure the thickness of fats and muscle	지방을 제거하다	to remove fat
지방층을 부드럽게 만들다	to soften fat layer	코끝 처짐을 보완하다	to correct a drooping nasal tip
코뼈를 얼굴 안쪽으로 좁히다	to narrow the nasal bone inward	콧대와 코끝을 올리다	to elevate the bridge and tip of the nose
콧등이 살짝 돌출되다	to have a slightly protruded nasal bridge	피부 탄력을 고려하다	to consider skin elasticity
피부 표면이 울퉁불퉁해지다	to have lumpy skin	하악골이 발달하다	to have a well-developed mandible

미용 성형 수술의 종류

1) 섬유종 제거 수술 fibroma removal surgery

섬유종은 피부의 결합 조직 세포와 섬유질이 증식해서 생기는 양성 종양이다. 이는 건강상 문제가 되지 않는다면 그대로 두어도 괜찮지만, 환자가 미용적으로 개선을 원하거나 종양의 크기가 커서 불편함을 느낄 경우에는 제거하기도 한다. 피부에 발생하는 연성 섬유종(쥐젖)은 대부분 레이저로 제거하며, 외과적 수술로 절제할 수도 있다. 한편, 턱뼈나 얼굴뼈 등에 발생하는 화골성 섬유종은 재발을 방지하기 위해 섬유종과 그 주변 조직까지 절제한다.

2) 쌍꺼풀 수술 double eyelid surgery

쌍꺼풀 수술은 눈꺼풀에 선을 만들어 눈매를 선명하게 하는 성형 방법이다. 수술은 대개 국소 마취 후, 절개법이나 비절개법(매몰법)으로 진행된다. 피부를 절개해 선을 만드는 절개법은 눈꺼풀 처짐이 심한 경우에 적합하고, 수술 결과가 영구적으로 지속되며 눈꺼풀의 지방도 제거할 수 있다는 장점이 있다. 하지만 절개한 선을 따라 약간의 흉터가 남을 수 있다는 단점도 있다. 한편 의료용 실로 작게 매듭을 지어 선을 만드는 비절개법은 눈꺼풀이 얇은 경우에 적합한데, 이 시술은 회복이 빠르고 모양이 자연스럽다는 장점이 있지만 시간이 지나면서 선이 흐릿해지거나 쌍꺼풀 풀림 현상이 발생하는 단점도 있다.

3) 유방 수술 breast surgery

유방 수술은 유방 크기와 모양 등을 개선하기 위한 성형 방법으로, 남녀를 불문하고 행해진다. 여성의 경우 주로 유방 확대 혹은 축소를 위해 수술을 시행한다. 유방 확대술은 겨드랑이나 유방 밑 주름선

안으로 실리콘 또는 생리 식염수로 만든 보형물을 삽입하거나, 자가 지방을 주입하여 유방의 크기를 키우는 수술이다. 유방 축소술은 과도한 유방 조직을 절제하여 유방 크기를 줄이는 수술로, 유방 처짐을 개선하는 리프팅 효과도 얻을 수 있다. 한편 여성형 유방을 가진 남성의 경우 원인에 따라 체중 감량이나 남성 호르몬 보충 요법을 시행하거나, 초음파 지방 흡인술과 유선 절제술을 병행하여 지방과 유선 조직을 모두 제거하는 유방 수술을 시행하기도 한다.

4) 주름 성형 수술 rhytidectomy, rhytidoplasty

주름 성형 수술은 얼굴과 목 등의 주름을 제거하여 피부 탄력을 개선하는 방법이다. 의사는 얼굴의 잔주름일 경우 보툴리누스 독소를 주사하는 보톡스 시술, 피부 유사 물질을 주입하는 필러 시술, 또는 레이저나 초음파를 이용한 시술 등 비수술적 방법을 시도한다. 한편 얼굴의 깊은 주름에는 처진 피부를 절제하여 주름을 펴는 안면 주름 성형술을 시행한다. 또 주름이 생긴 부위에 따라 이마·눈썹 거상술, 목 주름 성형술, 상안검·하안검 성형술 등을 시행한다.

5) 코 수술 nose surgery

코 수술은 보통 코의 중앙부인 콧등과 코끝의 모양 및 높이를 조정해 얼굴의 윤곽을 더 조화롭게 만드는 것을 목표로 한다. 대표적인 코 수술 중 하나인 융비술은 콧속에 실리콘 등의 보형물이나 자가 지방 혹은 연골을 삽입하여 코를 전체적으로 높이는 방법이다. 환자의 코 모양에 따라 콧대는 그대로 둔 채 코끝만 성형할 수도 있고, 퍼져 있는 콧방울만 절제하기도 한다. 또한 지나치게 높은 코를 낮추거나 휘어진 코를 바로잡기 위해 코 수술을 하는 경우도 있다.

Conversation Interpretation
대화 통역 연습

Explore | 기본

- 환자가 매부리코 교정 수술을 상담하기 위해 의사를 찾아왔습니다.
- 통번역사는 환자와 의사의 대화를 양방향으로 원활하게 통역합니다.

환자	Doctor, I'm here for a consultation about the shape of my nose. My friends tease me because of the hump on my nose, and it causes me a lot of stress.
통역사	선생님, 코 모양 때문에 상담하러 왔습니다. 친구들이 제 코를 매부리코라고 놀려서 스트레스를 받을 때가 많거든요.
의사	환자분의 경우 콧등이 살짝 돌출된 매부리코네요. 환자분은 외형적인 불만 외에 코 막힘 같은 코의 기능상 문제는 없나요?
통역사	In your case, the nasal bridge is slightly protruded, creating a hump. Apart from dissatisfaction with your appearance, do you have any functional issues like nasal congestion?
환자	Fortunately, I don't have any functional issues. But because of the shape, I've lost confidence. When you look at my face from the side, you can see a protruding area on the bridge, and it really bothers me. That's why I'm considering plastic surgery.
통역사	다행히 코 기능에는 문제가 없어요. 하지만 코 모양 때문에 자신감이 떨어져요. 제 얼굴의 옆모습을 보면 아시겠지만, 콧등에 혹이 난 것처럼 튀어나온 부위가 있어서 신경이 쓰이거든요. 그래서 성형 수술을 하면 어떨까 상담하러 온 거예요.
의사	네, 환자분처럼 매부리코를 가지신 분들 중에는 코 모양을 성형으로 교정해서 더 보기 좋게 만드는 경우가 많습니다. 물론 환자분마다 콧등과 코끝의 모양이 달라서 그에 따라 수술 방법도 다릅니다.
통역사	Yes. Many people with a hump on their nose decide to undergo surgery to improve its appearance. Of course, each patient's nasal bridge and tip are unique, so the surgical approach varies accordingly.
환자	How does the surgical process vary for each case?
통역사	수술 과정이 어떻게 다른가요?
의사	먼저 CT 검사로 환자분의 코뼈 모양과 콧등 굴곡 등을 확인한 후 수술 방향을 결정합니다. 콧등이 많이 튀어나오지 않은 경우에는 대개 돌출된 뼈를 다듬는 비교적 간단한 수술이 진행됩니다. 하지만 콧등이 많이 튀어나와 굴곡진 각도가 심한 경우에는 솟아오른 부위와 연골을 한꺼번에 절제하고 양쪽으로 퍼져 있는 코뼈를 얼굴 안쪽으로 좁힌 후, 콧대와 코끝을 올리는 융비술을 함께 진행하는 게 좋습니다. 요즘은 융비술을 할 때 절제한 자가 연골을 코끝 처짐을 보완하는 이식 재료로 사용하여 부작용을 줄이고 자연스러운 코 모양을 유도합니다.

통역사	First, a CT scan is used to examine the shape of the nasal bones and the curvature of the bridge, and then a surgical plan is made. If nasal bridge hump isn't very large, a relatively simple procedure to shave down the protruding bone is usually performed. However, if the hump is significant and the curvature is severe, the raised portion and cartilage are removed together, the nasal bones are narrowed inward, and augmentation rhinoplasty is performed to elevate both the bridge and tip. These days, the patient's own excised cartilage is often used as a graft to correct a drooping nasal tip, reducing side effects and resulting in a more natural shape.
환자	How long does the surgery and recovery usually take?
통역사	수술 시간과 회복 기간은 어느 정도로 예상하면 될까요?
의사	환자마다의 수술 방법과 과정에 따라 수술 시간은 다르지만, 일반적으로 국소 마취나 수면 마취 후에 1~2시간 정도가 걸립니다. 회복 기간도 개인차가 있겠지만, 대부분의 환자는 1주일 정도 지나면 일상생활이 가능하고 멍과 부기까지 없어지는 데에는 대개 1개월이 걸립니다.
통역사	It depends on the surgical method and procedure for each patient, but typically, the surgery takes about one to two hours under local anesthesia or sedation. Recovery also varies by individual, but most people can resume daily activities after about a week, and bruising and swelling generally subside within a month.
환자	Are there any potential side effects or complications?
통역사	혹시 수술 부작용이나 합병증은 없을까요?
의사	비교적 회복이 빠른 수술이긴 하지만 출혈·비대칭 등의 부작용이나 감염으로 인한 합병증이 생기는 경우도 있으니, 환자분은 회복 기간 동안 주의 사항을 잘 지켜 주셔야 합니다. 또 환자분은 수술 후 1주일 동안 수술 부위에 냉찜질을 하시고, 누울 때도 머리를 심장보다 높은 위치에 두고 지내시면 출혈과 부기가 빠르게 사그라드는 데 큰 도움이 됩니다. 무엇보다도 코를 건드리지 않도록 주의하시고, 격렬한 운동도 피해야 합니다.
통역사	Although recovery is relatively quick, complications such as bleeding, asymmetry, or infection can occur, so it's important to follow the post-operative instructions carefully. For the first week after surgery, apply a cold compresses to the surgical site. When lying down, keep your head elevated above heart level to help reduce bleeding and swelling. Also, be careful not to bump your nose and avoid strenuous exercise.
환자	All right, I understand. I'll think it over and get back to you later.
통역사	네, 알겠습니다. 좀 더 생각해 보고 다시 찾아뵙겠습니다.

문장 구역 연습 1

한국어 → 영어

- 의사가 환자에게 안면 미용 성형에 대해 구체적으로 설명합니다.
- 통번역사는 환자가 의학적·전문적 개념을 잘 이해할 수 있게 통역합니다.

안면 미용 성형이란?

안면 미용 성형은 환자가 주걱턱, 양악 돌출, 안면 비대칭 등 얼굴에 구조적 문제가 있을 때 시행하는 수술입니다. 안면 구조상 문제가 생기면 환자는 음식물을 씹기 어렵거나 발음과 호흡이 불편해질 수 있고, 심미적인 결함으로 인해 위축감을 느끼는 등 심리적인 문제도 겪을 수 있습니다.

주걱턱은 아래턱뼈인 하악골이 위턱뼈인 상악골에 비해 과도하게 발달하여 돌출된 상태로, 치아의 부정 교합을 유발합니다. 유전적 요인 때문에 혹은 하악골이 과도하게 성장하거나 상악골이 미처 성장하지 못한 경우에 주걱턱이 생길 수 있으며, 턱을 괴는 습관이나 입으로 숨을 쉬는 호흡법 등도 원인이 될 수 있습니다. 주걱턱은 상악골과 하악골의 위치를 재조정하는 양악 수술로 부정 교합 문제를 해결하여 심미적·기능적 개선을 동시에 이룰 수 있습니다.

흔히 '돌출 입'이라고 부르는 양악 돌출은 상악이나 하악, 혹은 양쪽 모두 앞으로 과도하게 돌출된 상태입니다. 이는 입술이 도드라져 보이고 잇몸이 과하게 드러날 수 있으며, 돌출 상태에 따라 입을 다물기 어렵거나 발음이 어눌해지는 경우도 있습니다. 양악 돌출은 유전적 요인 때문에 혹은 치아 배열의 이상 또는 골격 자체가 돌출되어 있는 경우에 발생하고, 혀를 내밀거나 손가락을 빠는 습관도 돌출 입의 원인이 될 수 있습니다. 환자 입의 돌출 상태에 따라 치료 방법도 달라지는데, 만약 잇몸 뼈의 위치는 정상이고 치아 배열의 이상으로 입이 돌출된 경우라면 치아를 교정하면 됩니다. 그러나 치아의 돌출 정도가 심하고 잇몸 뼈의 위치도 문제라면 흔히 ASO 수술이라고 부르는 전방 부분 절골술을 시행하고, 필요하면 양악 수술로 골격 구조를 바로잡아야 합니다.

안면 비대칭은 얼굴 좌우의 균형이 맞지 않는 상태로, 턱·광대뼈·이마·코 등의 구조적 비대칭이 원인입니다. 안면 비대칭은 환자에게 단순한 외모상 문제뿐 아니라 턱관절 장애나 두통을 유발하고, 씹는 기능에도 문제를 일으킵니다. 그 원인은 유전적 요인, 선천적·후천적 골격 비대칭, 성장기의 외상, 잘못된 생활 습관 등으로 다양합니다. 안면 비대칭은 발병 원인에 따라 치료 방법이 달라지는데, 보통 치아 교정·뼈 수술·피부나 연조직 수술 등을 시행합니다. 근육 비대칭을 개선하기 위해 보톡스 시술과 같은 비수술적 방법도 활용됩니다.

안면 미용 성형은 환자의 골격 구조와 연조직 상태를 의사가 면밀히 분석하고 개인 맞춤형으로 계획해야 합니다. 이를 위해 X-ray 검사, CT 검사, 3D 스캔 등을 활용한 진단이 필수적입니다. 또한 수술 후 회복 과정도 중요하므로 환자는 냉찜질 등으로 멍과 부기를 줄이고 금연과 금주를 실천하는 등 철저히 관리해야 합니다.

미용 성형 수술은 환자의 외모 변화를 넘어 신체 기능을 개선해 주어 삶의 질을 향상시키며, 환자들에게 자신감을 불어넣어 대인 관계에도 긍정적인 영향을 끼칩니다. 미용 성형을 고려하는 환자들은 전문의와 충분히 상담하여 현실적인 기대치를 설정하고, 지속적인 사후 관리를 통해 안정적이며 만족스러운 결과를 얻도록 노력하는 것이 중요합니다.

Lesson 21_성형외과: 미용 성형

Sight Translation 2
문장 구역 연습 2

| 한국어 ↔ 영어

BRIEF
- 환자가 땀 악취증에 대해 질문하고, 의사가 답합니다.
- 통번역사는 환자의 증상과 의사의 진단을 정확하게 통역합니다.

Q Hello, Doctor. When I sweat, I experience a strong odor under my arms. After exercising, or especially during the summer, the smell becomes even more noticeable, which bothers me. Even in everyday situations, I worry that others might find it unpleasant, and it affects my confidence, making daily life difficult.

I want to address this issue before it gets worse. Is there a way to improve the symptoms without surgery? If surgery is necessary, can it completely resolve the issue? I would also like to know the available treatment options and the recovery period. I plan to establish a treatment plan based on your answer, so I would appreciate a detailed explanation.

A 안녕하세요. 환자분께서 취한증 또는 액취증으로도 불리는 '땀 악취증'으로 인해 고민이 많으신 듯합니다. 땀 악취증은 겨드랑이·귀·유두 등에 분포되어 있는 한선(땀샘)의 분비액이 분해되는 과정에서 불쾌한 냄새가 발생하는 질환입니다. 이 질환은 환자분의 상태에 따라 의사가 비수술적 치료법이나 수술적 치료법으로 접근합니다.

먼저 비수술적 치료법에는 약물 치료, 보톡스 시술, 레이저 치료 등이 있습니다. 이 중 약물 치료는 지한제나 산화 방지제, 항생제 연고로 세균 증식을 억제하는 방식인데, 치료 효과가 미미하여 주로 질환의 증상이 심하지 않은 초기에 시행합니다. 보톡스 시술은 땀 분비량을 감소시키는 방법으로, 시술 후 바로 일상생활이 가능하다는 장점이 있지만 이 또한 효과가 반년을 넘지 않습니다. 레이저를 이용해 모낭을 파괴시켜 영구적으로 제모하는 레이저 치료는 비교적 간단한 시술로 통증도 적지만, 5~6회 반복적으로 시술해야 하고 땀 악취증이 완치되기도 어렵습니다.

수술적 치료법에는 대표적으로 피하 조직 절제술이 있습니다. 이는 피부를 절개해서 땀샘을 제거하는 방식으로 완치 가능성이 높지만, 수술 직후 환자분이 팔을 사용하는 데 불편함을 느낄 수 있고 흉터도 남습니다. 해당 부위를 작게 절개한 후 땀샘을 파괴하여 흡입하는 초음파 땀샘 흡입술은 흉터가 크게 남지 않고 치료 효과도 높다는 장점이 있지만, 다른 치료법에 비해 비용이 비쌉니다. 이처럼 땀 악취증의 상태에 따라 치료 방법이 다양한 만큼, 환자분께서는 내원하여 상담을 받으시길 바랍니다.

135

Conversation Interpretation
대화 통역 연습

Practice | 실전

 ☐ 환자가 지방 흡인술을 상담하기 위해 의사를 찾아왔습니다.
☐ 통번역사는 대화 상황에 적절한 표현으로 통역을 완성합니다.

환자	I'm stressed because there's a part of my body that won't lose weight no matter how hard I try. I've heard that suction lipectomy can help remove fat from targeted areas. Is that true?
통역사	

의사	네, 지방 흡인술은 몸 안에 쌓인 불필요한 지방을 제거하는 수술이에요. 이 수술은 체중 감량을 위한 방법은 아니고, 지방이 잘 빠지지 않는 국소 부위의 지방을 제거해 체형을 매끄럽게 교정하는 데 효과적이에요. 환자분은 어느 부위가 고민이신가요?
통역사	

환자	It's my abdomen and thighs. No matter how much I exercise, these two areas show no improvement.
통역사	

의사	복부와 허벅지는 지방 흡인술을 많이 시행하는 신체 부위입니다. 환자분께서는 어떤 점을 개선하고 싶으신지 자세히 말씀해 주시겠어요?
통역사	

환자	Not only my abdomen but also the fat on the sides of my thighs bothers me. Even when I wear nice clothes, they don't look flattering, and it's a real concern.
통역사	

의사	네. 이 수술은 무조건 지방을 많이 빼는 게 목표가 아니라 수술 부위의 지방 두께와 수술 후 피부 탄력을 고려해 진행되므로, 환자분은 수술 전 몇 가지 검사가 필요해요.
통역사	

환자	What kind of tests are involved? Could you also explain the surgical process?
통역사	

| 의사 | 혈액 검사와 심전도 검사 등으로 건강 상태를 확인하고, 초음파 검사로 수술 부위의 지방과 근육 두께를 측정하여 수술 후 지방 감소량을 예측해 볼 거예요. 이때 환자분은 수술 1주일 전부터 수술 중 혈소판 응집을 방해하는 아스피린 등 약물 복용을 중 |

단하고, 수술 전 8시간 이상 공복 상태를 유지해야 합니다. 수술은 지방을 흡인하는 넓이에 따라 국소 마취나 전신 마취 후 1~3시간 동안 진행됩니다. 먼저 통증 감소와 출혈 방지 효과가 있으면서 지방층을 부드럽게 만드는 용액을 주입하고, 수술 부위를 작게 절개한 후 얇은 관을 삽입해 지방을 흡인할 겁니다. 환자분은 수술 다음 날부터 천천히 걸으며 가볍게 움직이는 게 좋고, 약 2주 후에는 일상 활동을 하셔도 됩니다.

통역사

환자   Are there any potential side effects from the surgery?

통역사

의사   수술 직후에 멍과 부기가 생길 수 있지만, 이는 일시적인 현상으로 시간이 지나면 자연스럽게 사라집니다. 3~6개월 동안 압박 스타킹이나 압박복을 착용하시면 부기가 더 빨리 가라앉으니 참고하세요. 드물게 감염이나 출혈, 수술 부위의 피부 표면이 울퉁불퉁해지는 '피부 요철' 증상 같은 부작용이 발생하기도 하지만, 숙련된 저희 의료인들이 수술을 진행하고 환자분이 수술 후 관리를 잘한다면 이를 최소화할 수 있습니다.

통역사

환자   Can fat return to the area where surgery was performed?

통역사

의사   지방 흡인술은 결과적으로 지방 세포 수를 줄이는 수술이므로 수술 부위의 지방이 다시 생기지는 않습니다. 다만 체중이 증가하면 남아 있는 지방 세포의 크기가 커져서 환자분은 살이 찐 듯한 느낌을 받을 수 있습니다. 따라서 균형 잡힌 식습관과 적절한 운동으로 수술 후 관리를 철저히 하는 것이 무척 중요합니다.

통역사

LESSON 22

Cancer Center
암 센터

AI와 함께 Warm-Up with AI

STEP 1

Q: 암 센터에서는 어떤 일을 하나요?

A: 암 센터에서는 _____

STEP 2

Q:

A:

STEP 3

| 학습 목표 |
□ 통번역사로서 암 센터에서 통용되는 어휘와 표현을 이해하고 통번역할 수 있다.
□ 통번역사로서 암 센터에서 일어나는 상황을 의사와 환자 각각의 입장에서 원활하게 소통할 수 있다.

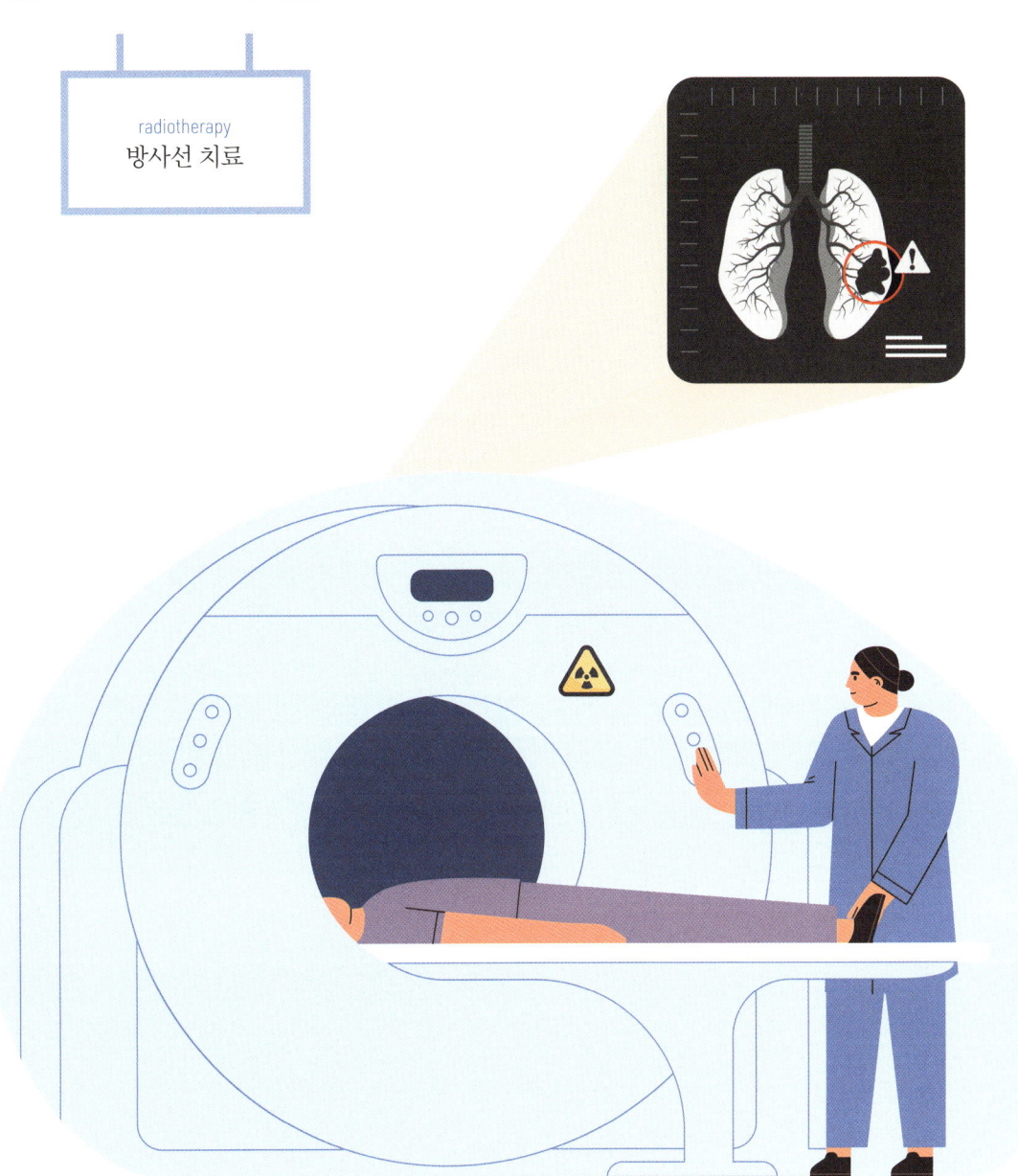

　　암 센터는 각종 암의 발병 원인을 규명하고, 환자에게 수술적 치료와 더불어 항암 화학 요법 및 방사선 치료 등 물리적 치료를 시행하는 곳입니다. 암 센터의 의사들은 폐암·갑상샘암·대장암·혈액암·간암 등 발병 빈도가 높은 암 질환뿐만 아니라 희귀 암 질환에 대한 진단법과 치료법을 개발하고 이를 예방하는 연구에 힘씁니다. 또한 암 환자들의 신체 치료와 함께 심리 안정을 위한 포괄적인 의료 서비스를 제공합니다.

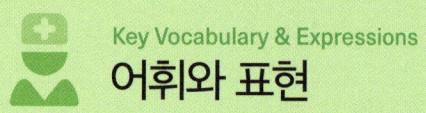

Key Vocabulary & Expressions
어휘와 표현

💬 전문 어휘

한국어	영어	한국어	영어
간암	liver cancer	갑상샘 절제 수술	thyroidectomy
갑상샘 호르몬제	thyroid hormone drug	갑상샘암	thyroid cancer
객담 도말 검사	sputum smear test	거부 반응	rejection
골수	bone marrow	구내염	stomatitis
근력 운동	muscle strength training	기관지 내시경	bronchoscope
내성	fastness, resistance, tolerance	대장암	colorectal cancer
림프절	lymph node	마취	anesthesia
만성 골수 백혈병	chronic myeloid leukemia	말초 혈액	peripheral blood
면역 세포	immunocyte	면역 억제제	immunosuppressant
면역 체계	immune system	문합	anastomosis
미분화암	undifferentiated cancer	방사성 요오드	radioactive iodine
부갑상샘 저하증	hypoparathyroidism, parathyroprivia	분화	differentiation
비소세포	non-small cell	사람 백혈구 항원	HLA (human leukocyte antigen)
성대 마비	vocal cord paralysis	세침 흡인 검사	fine needle aspiration biopsy
세포 면역	cellular immunity	소세포	small cell
수질암	medullary cancer	악성	malignant
암세포	cancer cell	여포암	follicular cancer

한국어	영어	한국어	영어
연하 장애(삼킴곤란)	dysphagia	염색체 이상	chromosomal aberration
유두 모양암	papillary cancer	이식 수술	transplant surgery
재발	recurrence	전이	metastasis
제대혈	cord blood	조직 적합성	histocompatibility
조혈 모세포 이식	hematopoietic stem cell transplantation	종양	tumor
폐암	lung cancer	항암 화학 요법(항암제 치료)	chemotherapy
혈액암	hematologic malignancy	흉통	chest pain

유용한 표현

한국어	영어	한국어	영어
간 수치가 증가하다	to increase in liver enzyme levels	골수 조혈 모세포를 채취하다	to collect bone marrow hematopoietic stem cells
골수를 완전히 비우다	to fully deplete the bone marrow	기침이 가라앉다	to experiece that the cough has subsided
다른 신체 기관으로 전이되다	to metastasize to other organs	마스크를 착용하다	to wear a mask
면역 억제제를 투여하다	to administer immunosuppressants	면역 체계가 회복되다	to experience immune system recovery
바이러스 감염을 예방하다	to prevent viral infections	볼록한 덩어리가 만져지다	to experience a palpable bulging mass
새로운 혈액이 만들어지다	to produce new blood cells	수술 부위가 붓고 빨개지다	to have a swollen and red surgical site
수술 부위가 뻐근하다	to feel discomfort at the surgical site	쉰 목소리가 나다	to experience voice breaks, to have voice cracks
암세포를 제거하다	to remove cancer cells	완치율이 높다	to have a high cure rate
재활 프로그램에 참여하다	to participate in a rehabilitation program	조혈 모세포를 주입하다	to infuse hematopoietic stem cells
종양의 모양을 살피다	to observe the shape of the tumor	피 섞인 가래가 배출되다	to expel blood-streaked sputum, to experience hemoptysis
항원이 일치하다	to have matching antigen profiles	혈액을 통해 전이되다	to spread through the bloodstream
호흡 곤란이 오다	to have shortness of breath	흉통이 생기다	to develop chest pain

암 치료의 종류

1) 종양 절제 수술 tumorectomy

수술, 항암 화학 요법, 방사선 치료는 암의 대표적 치료법이다. 이 중 수술은 암세포가 포함된 조직을 직접 제거하는 외과적 치료 방법으로, 종양 절제 수술과 같이 국소 부위의 암 치료에 적합하다. 하지만 종양 절제 수술은 수술로 인한 상처 부위의 감염이나 출혈, 암 조직을 제거한 뒤 접합 부위가 벌어져 새는 문합부 누출 등 부작용 및 수술 후 해당 신체 기관의 기능에 장애가 생길 수 있다. 그러므로 의사는 종양의 크기와 위치 등을 고려하여 신중하고도 구체적인 수술 방법을 결정해야 한다.

2) 세포 독성 항암제 cytotoxic chemotherapy

항암 화학 요법은 암세포의 성장을 억제하거나 암세포를 제거하기 위해 약물을 투여하는 치료법이다. '항암제 치료'라고도 불리는 이 치료법은 사용되는 항암제의 개발 시기에 따라 1세대, 2세대 식으로 구분된다. 이 중 1세대 항암 화학 요법인 세포 독성 항암제는 비정상적인 분화 속도를 보이는 암세포를 파괴하는 데에는 효과적이지만, 정상 세포까지 공격하여 구토·탈모증·구내염 등의 부작용을 일으킬 수 있다. 나아가 환자가 치료를 임의로 생략하거나 중단할 경우 치료 효과를 기대하기 어려우므로, 의료인과 함께 꾸준히 치료하는 게 중요하다.

3) 표적 항암제 targeted therapy

2세대 항암 화학 요법으로 개발된 표적 항암제는 종양의 특성에 따라 그 종류가 다양하다. 이는 암세포 자체가 아니라 암세포에 나타나는 특정 단백질이나 유전자 변이를 표적으로 삼는다. 따라서 약물이 암세포에 직접 전달될 수 있어 세포 독성 항암제에 비해 정상 세포에 생기는 부작용이 적다. 그러나 이 약물은 표적으로 삼을 수 있는 특정 단백질이나 유전자 변이 등이 확인된 환자에게만 사용할 수 있고, 장기간 사용하면 내성이 생기는 단점이 있다.

4) 면역 항암제 immunochemotherapy

3세대 항암 화학 요법으로 사용되는 면역 항암제는 면역 세포를 활성화시켜서 암세포를 더욱 효과적으로 파괴할 수 있는 약물이다. 이는 환자 몸의 면역 체계를 이용하기 때문에 세포 독성 항암제와 표적 항암제에 비해 부작용이 거의 없다. 또 면역 항암제는 완벽히 제거되지 않은 암세포를 찾아내어 파괴하기 때문에 암의 전이나 재발을 막는 데 유용하다. 그러나 모든 환자에게 효과적이지는 않으며, 효과가 있는 경우에도 증상이 개선되기까지 시간이 오래 걸린다는 단점이 있다.

5) 방사선 치료 radiotherapy

방사선 치료는 고에너지 방사선을 암세포에 쪼여 파괴함으로써 암세포의 전이를 막는 치료법이다. 이는 국소 부위의 암 치료나 종양 절제 수술 후 잔여 암세포의 제거 및 암의 재발 방지에 효과적이다. 방사선 치료는 식도나 기관지 내에 관을 삽입해 방사선을 직접 쪼이는 방법과, 신체 밖에서 쪼이는 방법으로 나뉜다. 방사선 치료 후 시간이 지나면 정상 세포는 방사선에 의한 손상에서 회복되지만 암세포는 회복이 어려우므로, 방사선 치료를 여러 번 진행함으로써 암세포를 효과적으로 제거할 수 있다.

Conversation Interpretation
대화 통역 연습

Explore | 기본

□ 환자가 폐암 관련 증상으로 의사를 찾아왔습니다.
□ 통번역사는 환자와 의사의 대화를 양방향으로 원활하게 통역합니다.

환자	I've had a cough for a couple of months and have been taking cold medicine, but it still hasn't subsided. Since last week, I've been experiencing sharp chest pain, and last night, I even coughed up blood-streaked sputum, which really worries me.
통역사	두어 달 전부터 기침이 나서 감기약을 먹었는데, 지금까지 기침이 가라앉지 않네요. 지난주부터는 가슴이 찌릿하는 흉통이 생기고, 어젯밤에는 기침 끝에 피가 섞인 가래도 나와서 걱정입니다.
의사	최근에 체중 변화가 있었나요?
통역사	Have you noticed any changes in your weight recently?
환자	Yes, I've noticed significant weight loss, and I still feel tired even after a full night's sleep.
통역사	네, 눈에 띄게 살이 빠졌고 잠을 자도 계속 피곤해요.
의사	환자분은 흡연이나 음주를 하시나요? 혹시 가족 중에 특정 질환을 앓았던 분이 계신지요?
통역사	Do you smoke or drink alcohol? Has anyone in your family had any specific medical conditions?
환자	I smoke about a pack a day and drink occasionally. My father had lung cancer.
통역사	담배는 하루에 한 갑 정도 피우고, 술은 가끔 마셔요. 아버지께서 폐암을 앓으셨어요.
의사	가슴 통증의 원인을 알아보기 위해 다양한 검사를 시행하고자 합니다. 우선 혈액 검사와 흉부 X-ray 검사 후 필요하다면 CT 검사도 진행하겠습니다. 피 섞인 가래가 배출되었다니 객담 도말 검사와 기관지 내시경 검사는 함께 진행하는 게 좋겠습니다.
통역사	I need to conduct several tests to determine the cause of your chest pain. First, I'll perform blood tests and a chest X-ray, and if necessary, proceed with a CT scan. Since you've coughed up blood-streaked sputum, it would be advisable to perform both a sputum smear test and a bronchoscope.

【 검사 후 】

의사	여러 검사들을 실시한 결과, 안타깝게도 환자분께서는 비소세포 폐암 2기입니다.
통역사	I'm sorry to inform you that, based on the results of several tests, you have been diagnosed with stage two non-small cell lung cancer.
환자	What do you mean by that?
통역사	그게 무슨 말씀이신지요?

의사	폐암은 암세포의 크기에 따라 비소세포 폐암과 소세포 폐암으로 분류되는데, 대부분의 폐암은 환자분처럼 암세포의 크기가 작지 않은 비소세포 폐암에 속합니다.
통역사	Lung cancer is classified as either non-small cell lung cancer or small cell lung cancer, depending on the size of the cancer cells. Most lung cancer cases, including yours, are non-small cell lung cancer, where the cells are larger.
환자	Lung cancer…. My father battled lung cancer. Could this be related?
통역사	폐암이라니…. 저희 아버지께서 폐암으로 투병 생활을 하셨는데, 그것과 관련이 있을까요?
의사	폐암은 가족력이 있거나 호흡기 질환을 앓은 병력이 있는 경우 발병 확률이 더 높아지지만, 무엇보다도 흡연이 주원인입니다. 물론 석면이나 크롬 등의 물질에 장기간 노출되는 환경적 요인도 폐암 발병에 영향을 끼칩니다.
통역사	A family history or past respiratory disease can increase the probability of developing lung cancer, but smoking is the main cause. Environmental factors, such as prolonged exposure to substances like asbestos or chromium, can also contribute to lung cancer.
환자	If it's stage two, is it treatable?
통역사	폐암 2기라면 치료할 수 있나요?
의사	물론입니다. 폐암은 보통 특이 증상이 잘 나타나지 않다 보니 3기 이후에 발견되어 폐뿐만 아니라 뼈와 간 등 다른 신체 기관으로 전이된 상태에서 발견되는 경우가 많습니다. 다행히 환자분은 전신이 아닌 폐 주변 조직으로만 조금 전이된 상태입니다. 따라서 수술과 항암 화학 요법을 통해 완치될 확률이 높습니다.
통역사	Of course. Lung cancer often goes undetected due to the lack of noticeable symptoms until it reaches stage three or later. By that point, it has often metastasized not only within the lungs but also to other organs, such as the bones or liver. Fortunately, in your case, the cancer has only spread to the tissues around the lung, not throughout the entire body. Therefore, there is a high chance of a complete cure through surgery and chemotherapy.
환자	I understand. So, what should I do next?
통역사	그렇군요. 그럼 저는 앞으로 어떻게 해야 할까요?
의사	환자분의 경우 먼저 종양 절제 수술을 해야 하니, 귀가 전 수술일을 예약하고 가세요. 수술은 전신 마취를 한 다음 진행될 거예요. 수술과 함께 항암 화학 요법도 병행할 테니, 환자분께서는 이를 잘 견뎌 낼 수 있도록 건강한 몸 상태를 유지해야 합니다. 환자분은 수술 때까지 스트레스를 줄이고, 영양을 충분히 섭취하면서 푹 쉬셔야 해요. 그리고 지금부터라도 반드시 금연하시기를 바랍니다.
통역사	First, you'll need to have the tumor surgically removed, so please schedule the surgery before you leave. The surgery will be performed under general anesthesia. Chemotherapy will also be administered alongside surgery, so it's important for you to maintain good physical condition to endure the treatment. Until the surgery, try to reduce stress, eat a balanced diet, and get plenty of rest. And from now on, you must quit smoking.

Sight Translation 1
문장 구역 연습 1

한국어 → 영어

- 의사가 환자에게 갑상샘암에 대해 구체적으로 설명합니다.
- 통번역사는 환자가 의학적·전문적 개념을 잘 이해할 수 있게 통역합니다.

갑상샘암이란?

갑상샘암은 목 아래쪽에 있는 갑상샘에 발생하는 악성 종양으로, 그 유형이 다양합니다. 갑상샘암은 암세포가 배열된 모양이 유두처럼 볼록하다고 해서 이름 붙여진 유두 모양암, 암세포가 혈액을 통해 전이되는 여포암, 유두 모양암이나 여포암이 오래되어 변형된 미분화암, 유두 모양암 및 여포암과 다른 성질을 가지며 유전의 영향을 받는 수질암으로 나뉩니다. 이 중 한국에서 가장 흔하게 발병하는 갑상샘암의 유형은 유두 모양암으로, 이 암은 진행 속도가 느리고 수술도 비교적 쉬우며 완치율도 가장 높습니다.

갑상샘암은 초기에는 별다른 증상이 나타나지 않다가 암이 진행됨에 따라 목 부위에 볼록한 덩어리가 만져지거나 쉰 목소리가 나고, 연하 장애가 발생할 수 있습니다. 또 갑상샘 부위에 통증이나 불편함이 느껴지다가 때로는 호흡 곤란이 오기도 합니다.

갑상샘암은 발병 원인이 명확하지 않으나 유전적 요인, 갑상샘 관련 질환 병력, 방사선 노출 등과 연관이 있는 것으로 알려져 있습니다. 특히 잦은 방사선 검사나 치료를 받았거나 환경적 이유로 방사선에 노출되었을 가능성이 있는 사람은 갑상샘암 발병의 위험성이 증가할 수 있습니다. 또 호르몬의 이상과 식습관의 영향 등도 갑상샘암의 원인으로 꼽습니다.

갑상샘암을 진단하기 위해서는 초음파 검사로 종양의 모양을 살피고, 혈액 검사로 갑상샘 기능의 항진 및 저하 여부를 확인합니다. 그리고 갑상샘에 주사기를 삽입해 세포를 채취하는 세침 흡인 검사를 통해 종양이 암세포인지를 확인하며, CT 검사로 종양의 전이 여부를 확인합니다.

환자가 갑상샘암으로 진단되면 암의 유형, 다른 신체 기관으로의 전이 여부, 환자의 전반적인 건강 상태 등을 고려하여 의료인이 다양한 방법으로 치료합니다. 대부분의 경우에는 갑상샘 절제 수술을 실시하여 환자의 갑상샘 일부 또는 전체를 제거합니다. 만약 암세포가 갑상샘 주변의 림프절로 전이되었다면 림프절까지 제거하고, 방사성 요오드 치료로 남아 있는 암세포를 제거합니다. 갑상샘을 제거한 환자는 갑상샘 호르몬제를 지속적으로 투여받아야 하고, 재발 여부를 확인하기 위해 정기적으로 방사성 요오드를 이용한 전신 촬영과 초음파 검사 및 혈액 검사를 통한 추적 관찰이 필요합니다.

수술 후 환자는 출혈, 호흡 곤란, 감염, 부갑상샘 저하증, 성대 마비로 인한 목소리 변화 등의 부작용이 발생할 수 있으므로 주의 깊은 관리가 필요합니다. 과로하지 말고 충분히 휴식을 취해야 하며, 음주와 흡연은 삼가야 합니다. 또한 올바른 식습관을 유지하고 꾸준히 운동하는 등 생활 습관을 개선하여 건강을 지키는 데 힘써야 합니다.

Lesson 22_암 센터

Sight Translation 2
문장 구역 연습 2

한국어 ↔ 영어

BRIEF
- 환자가 대장암 수술 후에 나타나는 증상에 대해 질문하고, 의사가 답합니다.
- 통번역사는 환자의 질문과 의사의 답변을 정확하게 통역합니다.

Q Hello, Doctor. I had colorectal cancer surgery with you last month. Thanks to you, the cancer was detected relatively early, and I was able to receive treatment. I truly appreciate it.

I'm reaching out today because I've noticed some changes in my body since the surgery. Lately, I've been feeling easily fatigued, even with slight movement, and overall, I have little energy. I'm also experiencing indigestion, irregular bowel movements, and frequent diarrhea, so my body doesn't feel the same as before. Additionally, I have abdominal pain, and feel discomfort at the surgical site. Are these symptoms a normal part of the recovery process?

I'm also undergoing chemotherapy, and I would appreciate any advice on lifestyle habits I should follow to maintain my strength.

A 안녕하세요? 환자분께서 수술 후 나타나는 징후에 대해 걱정하는 마음, 잘 이해합니다. 먼저 수술을 받은 다음 환자분이 겪고 계신 체력 저하와 잦은 피로감, 소화 불량, 배변 활동의 변화는 대장암 수술 후 회복 과정에서 흔히 나타나는 증상이므로 너무 염려하지 않으셔도 됩니다. 설사의 경우 환자에 따라 6개월 동안 지속되기도 하며, 복부의 경미한 통증과 함께 수술 부위가 뻐근한 것도 회복 과정에서 자연스러운 현상입니다. 다만 환자분이 통증을 심하게 느끼시거나, 수술 부위가 붓고 빨개지면서 열감이 동반된다면 이는 염증이 생겨서일 수 있으니 즉시 병원에 오시기 바랍니다.

무엇보다도 대장암 수술을 받은 환자는 균형 잡힌 식사를 하는 것이 중요합니다. 퇴원 때 들으셨을 테지만 환자분은 수술 직후 2개월 정도 상처 치유를 위해 기름기 없는 살코기·두부·생선 등 고단백질 식사를 해야 하는데, 튀기지 말고 삶거나 찌는 방법으로 조리한 음식이 좋습니다. 단, 섬유질이 많은 음식은 수분을 지나치게 흡수하므로 이 시기가 지난 후에 드시기를 권합니다. 또 대장암 수술 환자는 산책처럼 가벼운 운동으로 시작하여 운동량을 서서히 늘리는 게 좋습니다. 기타 스트레칭, 근력 운동, 유산소 운동 등을 포함한 재활 프로그램에 참여하시면 수술 후 건강을 회복하는 데 큰 도움이 될 것입니다.

 **Conversation Interpretation**
대화 통역 연습

Practice | 실전

 ▫ 만성 골수 백혈병 환자가 조혈 모세포 이식 수술을 위한 세포 면역 검사 후 의사를 찾아왔습니다.
▫ 통번역사는 대화 상황에 적절한 표현으로 통역을 완성합니다.

환자 Hello, Doctor. I'm here for my test results, as I was told to come in.

통역사

의사 안녕하세요. 차트를 보니 환자분은 만성 골수 백혈병, 즉 염색체 이상으로 혈액에 비정상적인 세포가 계속 증식하는 혈액암을 진단받으셨네요. 그 후 환자분은 항암 화학 요법도 받으셨고, 완치율이 높은 조혈 모세포 이식 수술을 위해 세포 면역 검사를 하셨네요.

통역사

환자 Yes, both my younger sibling's blood and mine were examined.

통역사

의사 정말 다행입니다. 환자분은 동생분과 HLA가 일치해서 조혈 모세포 이식 수술이 가능합니다.

통역사

환자 Really? What is HLA?

통역사

의사 HLA란 흔히 조직 적합성 항원이라고 부르는 사람 백혈구 항원으로, 조직의 적합성을 결정짓는 단백질입니다. 조혈 모세포 이식을 하려면 기증자의 HLA와 수혜자인 환자의 HLA가 일치해야 합니다.

통역사

환자 I see. That's a relief!

통역사

의사 그러게요. 서로의 항원이 일치하면 거부 반응 없이 이식에 성공할 확률이 높아지니까요. 조혈 모세포는 주로 골수에 들어 있고, 말초 혈액과 신생아의 제대혈에도 들어 있습니다. 어디에서 조혈 모세포를 채취하는가에 따라 흔히 골수 이식이라고 하는 골수 조혈 모세포 이식, 말초 혈액 조혈 모세포 이식, 제대혈 조혈 모세포 이식으로 달리 부릅니다. 환자분은 동생분의 골수 조혈 모세포를 채취하여 이식할 예정이에요.

통역사	

환자	I see. How does the transplant surgery process work?
통역사	
의사	골수 조혈 모세포 이식 전에, 의료인은 고용량 항암 화학 요법과 방사선 치료로 환자분의 몸에서 암세포를 모두 제거하고 골수를 완전히 비우는 과정을 먼저 진행합니다. 그런 다음 동생분의 건강한 조혈 모세포를 주입하여 새로운 혈액이 만들어지도록 하죠.
통역사	

환자	To be honest, I'm scared. Are there any side effects?
통역사	
의사	환자의 건강 상태나 기증받은 조혈 모세포와의 적합성 등에 따라 차이가 있지만, 이 수술은 완치율이 높은 편입니다. 다만 이식 후 감염·출혈 등이 생기거나 간 수치가 증가할 수 있어요. 간혹 기증자의 세포가 환자의 세포를 공격하는 합병증이 발병하기도 하지만, 이런 부작용의 예방을 위해 면역 억제제를 투여할 예정이니 염려하지 마세요.
통역사	

환자	All right. After the transplant, is there anything I should be especially cautious about?
통역사	
의사	이식 수술 후 환자분의 면역 체계가 완전히 회복될 때까지 몇 달이 걸릴 수 있습니다. 따라서 퇴원 후에도 세균이나 바이러스 감염을 예방하기 위해 사람들이 많은 곳에는 가급적 가지 마시고, 부득이하게 가야 한다면 꼭 마스크를 착용하세요. 정기적으로 병원에 오셔서 지속적인 관찰을 통해 건강을 관리하는 것도 필요합니다. 지금은 무엇보다 빠른 시일 내에 수술을 하는 게 중요하므로 치료 일정을 조율하도록 합시다.
통역사	

국제 의료 문화
Medical Cultures Worldwide

| 수가와 진료비 지불 제도

 개념

수가와 진료비 지불 제도의 정의

의료 수가(酬價)란 의료 공급자 및 의료 기관이 환자를 치료하고 받는 진료비이며, 진료비 지불 제도란 이와 같은 진료비를 보상하는 방식으로 '보상 대상'과 '지불 단위'에 따라 다양하게 분류된다. 이때 보상 대상은 의료 행위를 제공한 의료 공급자인 의료인과 시설·장비·운영비 등을 투입한 의료 기관을 말하며, 지불 단위는 의료 서비스 종류 및 진료에 사용된 기기·방문 횟수·환자 등의 항목을 말한다. 진료비 지불 제도는 행위별 수가제·포괄 수가제·인두제·봉급제·총액 계약제·일당 정액제가 있으며, 보통 두 가지 이상의 제도가 혼합된 형태로 실시된다.

한국의 진료비 지불 제도

한국은 행위별 수가제를 기본으로 삼고 포괄 수가제와 일당 정액제 등을 함께 도입하여 제도화하였다. 한국의 행위별 수가제는 의료 행위별 업무량·진료에 사용되는 시설 및 장비와 임금 등의 비용·위험도를 고려한 상대 가치 점수제를 근간으로 실시하고 있으며, 7개 질병군(백내장 수술·편도 수술·맹장 수술·항문 수술·탈장 수술·제왕 절개 분만·자궁 수술)에는 진료비를 미리 책정하여 지불하는 방식인 포괄 수가제를 적용한다. 한편 행위별 보상 적용이 어려운 요양 병원과 정신과 입원 수가, 혈액 투석 외래 건당 진료비 등의 의료 서비스에는 일당 정액제를 적용하기도 한다.

 진료비 지불 제도의 유형

행위별 수가제

가장 대표적인 진료비 지불 제도로서 행위별 수가제(fee-for-service)는 약제나 치료 재료 등의 비용을 별도로 산정하고 의료 행위마다 항목별로 비용을 책정하는 방식이다. 이는 시장 접근적인 방식인 까닭에, 대부분의 자본주의 국가에서 보편적으로 채택하는 진료비 지불 제도이다. 이 제도는 환자에게 충분한 의료 서비스를 제공하고 의료 신기술 및 신약 개발 등을 촉진하는 장점이 있지만, 진료 횟수가 늘수록 의료인 및 의료 기관의 수입도 늘어나는 구조이기에 과잉 진료가 발생할 수 있다. 또 의료인이 금액 대비 최소한의 의료 행위를 제공하려고 할 경우 오히려 서비스의 질이 저하될 수 있다는 단점도 있다.

포괄 수가제

포괄 수가제(bundled-payment)는 의료 행위를 기준으로 하는 행위별 수가제와 달리, 질환별로 미리 정해 둔 진료비를 지급하는 방식이다. 이는 진단명 기준 환자군에 따른 분류 체계, 즉 DRG(Diagnosis Related Group)를 적용한 의료 시스템에 해당된다. 포괄 수가제는 검사나 수술, 약제 등 의료 서비스의 종류와 양에 관계없이 환자가 어떤 질환에 대한 진료를 받았는지에 따라 질환별로 책정되어 있는 일정 금액을 보상해 준다. 이는 사전에 의료 비용을 예측할 수 있어 과잉 진료를 방지하는 장점이 있지만, 의료 서비스의 질이 개선되지 못하고 정체될 위험도 있어 의료 행위에 대한 꾸준한 점검이 필요하다.

인두제

인두제(capitation)는 의료인이 담당하는 환자 수를 진료비 지불 기준으로 삼아 이에 따라 진료비를 사전에 결정하여 지급하는 방식이다. 즉, 이는 지역 주민이 의사를 선택하고 등록을 마치면 의사가 의료 서비스의 제공 여부와 상관없이 등록된 주민 수에 따라 국가나 보험자로부터 일정한 보수를 지급받는 진료비 지불 제도이다. 보통 1차 의료 서비스에 적용되는 경우가 많아 보건 의료 체계가 잘 확립된 국가에서 유용한 방식이며, 현재 영국 및 북유럽에서 시행되고 있다. 인두제는 사전에 진료비 예측이 가능하고 진료비 지불의 관리 및 운영이 편리하며 의료인과 환자가 지속적인 관계를 맺을 수 있다는 장점이 있다. 반면에 과소 진료, 중증 환자 기피 현상, 신기술 적용 지연 등의 단점도 있다.

봉급제

봉급제(salary)는 의료인의 경력·직책·기술 수준과 근무 의료 기관의 종류에 따라 보수가 책정되고 이를 매월 혹은 매년 지급받는 방식이다. 이 제도는 주로 사회주의 국가와, 자본주의 국가의 국영 의료 체계의 병원급 의료 기관에서 근무하는 의료인에게 적용되는 경우가 많다. 봉급제는 농어촌 및 오지에 사는 국민도 공공 의료의 혜택을 받을 수 있고 과잉 진료를 예방하며 행정상 관리가 쉽다는 장점이 있으나, 관료화·형식화로 인해 의료의 질이 저하될 우려가 있다.

총액 계약제

총액 계약제(global budget)는 보험자와 의료 단체 간에 의료 서비스에 대한 진료비 총액을 협의하고 사전에 계약한 후 지불하는 방식이다. 이때 의료 단체는 의료 행위별 수가 기준 등에 따라 의사에게 진료비를 배분한다. 총액 계약제는 보건 의료 부문의 예산을 미리 정할 수 있어 건강 보험 재정을 효과적으로 운영할 수 있고, 과잉 진료나 과잉 진료비 청구의 염려가 적다는 장점이 있다. 그러나 보험자와 의료 단체 사이의 협의가 수월하지 않을 수 있고, 진료 과목이나 의료 기관별로 진료비를 배분하는 기준도 명확하지 않으며, 의사가 중증의 환자를 기피할 수 있다는 단점도 있다.

일당 정액제

일당 정액제(daily charge or per diem fee)는 주로 입원 환자에게 적용되는 진료비 지불 제도로, 진료 1일당 수가를 정해 보수를 지불하는 방식이다. 일당 진료비 방식으로도 불리는 이 제도는 실제로 의료 서비스가 제공되는지의 여부와 상관없이 진료 기간에 따라 진료비의 총액이 결정되기 때문에 포괄 수가제의 일종으로 보기도 한다. 일당 정액제는 진료비의 청구 방법이 간단해서 행정적 관리가 쉽지만, 병원이 정해진 기간 동안의 총 비용을 늘려 일당 진료비를 상승시키거나 진료 일수 자체를 늘릴 수도 있다는 단점이 있다.

LESSON 23

Emergency Center
응급 의료 센터

AI와 함께 Warm-Up with AI

STEP 1
Q: 어떤 상황일 때 응급 의료 센터에 가나요?

A: 응급 의료 센터에는 _____

STEP 2

STEP 3

| 학습 목표 |
□ 통번역사로서 응급 의료 센터에서 통용되는 어휘와 표현을 이해하고 통번역할 수 있다.
□ 통번역사로서 응급 의료 센터에서 일어나는 상황을 의사와 환자 각각의 입장에서 원활하게 소통할 수 있다.

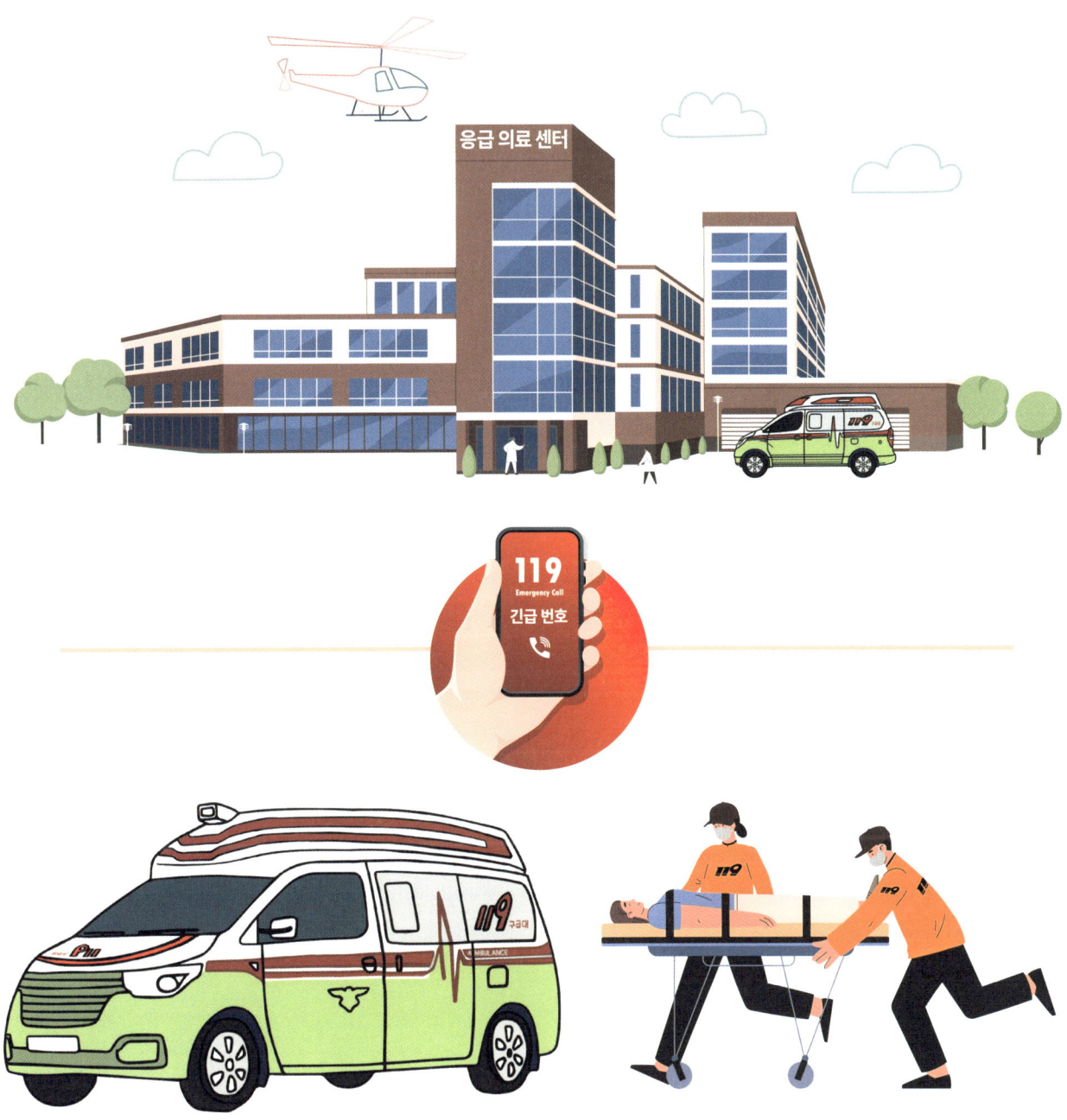

　　응급 의료 센터는 응급 의학 전문의가 상주하면서 각종 응급 상황에 처한 환자들에게 신속하고 정확한 진단을 내리고 전문적인 치료를 시행하는 곳입니다. 응급 의료 센터의 의료인들은 사고로 인한 중증 외상, 갑자기 악화되는 급성 질환 및 내과계·외과계 등과 연관된 다양한 응급 질환에 대해 즉각적인 처치를 합니다. 나아가 필요한 경우 질환별 전문 의학과의 의료인들과 함께 진료합니다.

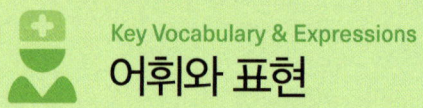

Key Vocabulary & Expressions
어휘와 표현

전문 어휘

한국어	영어	한국어	영어
간 기능 검사	LFT (liver function test)	간 부전	hepatic failure
감염자 격리·분리, 방역·검역·건강 격리	isolation, quarantine	골든 타임	golden hour
골절	fracture	과민 반응	hypersensitivity reaction
구급차	ambulance	기도 폐쇄	airway obstruction
기억 상실	amnesia	낙상	falling
냉각 담요	cooling blanket	뇌출혈	cerebral hemorrhage
다발성 장기 부전(다기관 부전)	multiple organ failure	동공 반응	pupillary reaction
동맥 경화증	arteriosclerosis	무호흡	apnea
법정 전염병	legal communicable disease	부정맥	arrhythmia
산소 포화도	oxygen saturation	신부전	renal failure
신장 기능 검사	renal function test	심근 경색증	MI (myocardial infarction)
심전도 검사	ECG/EKG (electrocardiography)	심정지(심장 마비)	cardiac arrest
심폐 소생술	CPR (cardiopulmonary resuscitation)	압궤 손상	crush injury
에피네프린(아드레날린)	epinephrine, adrenalin	열사병	heat pyrexia, heat stroke
열상	lacerated wound, laceration	응급 수술	emergency surgery
응급 처치	emergency care, first aid	응급실	ER (emergency room)
의식 상실	unconsciousness	자동 심장 충격기	AED (automated external defibrillator)

한국어	영어	한국어	영어
재접합	replantation	절단	amputation
중증 외상	major trauma	체온 조절 중추	heat-regulating center
체온·맥박·호흡수	TPR (temperature, pulse, and respiration)	트리아제(중증도 분류)	triage
하임리히법(복부 밀어 올리기)	Heimlich maneuver, abdominal thrust	해독제	antidote
혈압 상승제	vasopressor	혈액 검사	blood test
혈액 응고 장애	hemostatic disorder	협심증	angina pectoris
호흡 곤란	SOB (shortness of breath)	혼수상태	coma

💬 유용한 표현

한국어	영어	한국어	영어
골든 타임을 확보하다	to secure the golden hour	구급차로 이송하다	to transport by ambulance
냉각 요법을 실시하다	to administer cooling therapy	산소 포화도를 측정하다	to monitor oxygen saturation
생명이 위급하다	to be in critical condition	숨을 쉬기 어렵다	to have difficulty in breathing
신체 기관이 손상되다	to experience organ damage	신체에 산소를 공급하다	to supply oxygen to the body
심장이 멈추다	to experience cardiac arrest	알레르기 반응을 보이다	to show an allergic reaction
열을 내리다	to induce hypothermia, to lower body temperature	예측 불가능한 상황에 처하다	to be in an unpredictable situation
음식물이 목을 막다	to experience an airway obstruction caused by food	응급 처치 상자를 마련하다	to prepare the first aid kit
응급 처치를 하다	to administer first aid	의식을 잃다	to lose consciousness
의식을 회복하다	to regain consciousness	전문적인 진료가 필요하다	to require specialized care
전해질이 손실되다	to have an electrolyte imbalance	정밀하게 상태를 확인하다	to assess the condition accurately
중증도 분류에 따르다	to follow triage protocols	체온 조절이 이루어지다	to be in a state where the body is regulating its temperature
치료의 우선순위를 결정하다	to determine treatment priorities	환자를 바르게 눕히다	to lay the patient down properly

질환의 종류

1) 외국인 근로자의 근무 중 응급 질환 medical emergency during a foreign worker's shift

산업 현장에서 근무하는 외국인 근로자들은 낙상으로 인한 골절, 끼임으로 인한 신체 절단이나 압력에 의한 압궤 손상, 화재나 화학 약품 등으로 인한 피부 화상 같은 부상을 입는 경우가 더러 있다.

비교적 경증에 해당되는 골절이라면 석고 붕대나 부목을 사용하여 골절 부위를 고정하고, 중증인 골절이라면 부상 부위에 핀이나 금속 나사 등을 삽입하는 수술을 한다. 신체 절단 사고일 경우에는 골든 타임인 6시간 안에 재접합 수술을 하는 것이 가장 중요하다. 그리고 압력에 의해 신체 조직이나 혈관·신경·뼈 등에 부상을 입은 경우에는 손상 부위와 상태에 따라 검사와 치료 방법이 달라진다. 화상 역시 피부의 손상 정도에 따라 단계별로 치료하고, 화상 환자는 필요한 경우 전문의와 상담하여 피부 이식이나 재건 성형 수술을 한다.

2) 뇌진탕 cerebral concussion

뇌진탕은 교통사고나 운동 중 부상, 산업 재해 등으로 인해 일시적으로 뇌에 충격이 가해져 두통·어지러움·기억 상실·의식 상실 등이 나타나는 상태를 말한다. 일반적으로 뇌진탕은 휴식을 취하면 후유증 없이 회복된다. 그러나 뒤늦게 뇌출혈 등의 합병증이 발생하기도 하므로, 환자는 뇌진탕 초기에 CT 검사나 MRI 검사로 뇌의 구조적 이상을 확인하고 이후 상태를 세심히 관찰하는 것이 바람직하다.

3) 심장 발작 cardiac crisis, heart attack

심장 발작은 동맥 경화증·심근 경색증·협심증 등에 의해 심장 근육에 혈류가 차단되어 발생하는 경우가 많다. 흉통·호흡 곤란·구토 등 심장 발작 증상이 나타난 뒤 1~2시간 이내에 환자가 사망할 위험성이 가장 높기 때문에 이런 경우 즉시 환자를 응급 의료 센터로 이송해야 한다. 이후 심전도 검사·혈액 검사 등으로 관련 질환을 치료해야 한다.

4) 아나필락시스 anaphylaxis

아나필락시스(급성 중증 과민증)는 특정 물질에 과민 반응이 일어나는 질환으로, 대개 국소 부위에만 이상 증상이 나타나는 알레르기 반응과는 달리 전신에 걸쳐 심각한 이상이 생긴다. 특정한 음식이나 약물을 먹은 뒤 혹은 벌 같은 곤충에 접촉된 후 1시간 내 기침·흉통·구토·발진·마비·호흡 곤란 등의 증상이 나타나며, 환자는 쇼크로 인한 혼수상태에 빠지거나 사망에 이르기도 한다. 이 경우 가장 먼저 환자에게 에피네프린(아드레날린)을 주사하여 혈압을 상승시키고 기도를 확보해야 한다. 더불어 수액을 공급하고, 항히스타민제·스테로이드제·혈압 상승제 등을 사용해 증상을 완화시킬 수 있다.

5) 중독 toxication, toxicosis

음식·약물·화학 물질 등에 의한 중독으로 호흡 곤란 또는 장기 손상 등의 신체 이상 증상이 나타나는 경우, 환자를 응급 의료 센터로 긴급 이송하여 원인에 따른 해독제를 투여하고 필요하다면 추가적인 치료를 해야 한다. 일상생활에서 흔히 접할 수 있는 중독 사례로는 세균에 감염되거나 독소에 오염된 음식을 섭취했을 때 복통·설사·구토 등의 증상을 보이는 식중독을 들 수 있다. 식중독은 수분을 충분히 섭취하거나 수액을 주사해 치료하면 대부분 회복되지만, 증상이 심한 경우 항생제를 사용하기도 한다.

Conversation Interpretation
대화 통역 연습

Explore
기본

 ☐ 교통사고 환자가 구급차에 실려 응급 의료 센터로 이송되고 있습니다.
☐ 통번역사는 환자와 119 구급 대원의 대화를 양방향으로 원활하게 통역합니다.

【 거리에서 119 상황실의 상황 요원과 한국인 목격자의 통화 】

119 상황 요원	119입니다. 무엇을 도와드릴까요?
한국인 목격자	도봉역 2번 출구 근처입니다. 하얀색 경차가 도로 표지석을 들이박았어요. 운전자가 차에서 내리기는 했는데, 비틀거리다가 그 자리에 앉아 있어요.
119 상황 요원	주변 상황은 안전한지요?
한국인 목격자	도롯가이기도 하고 지나는 차가 별로 없어서 위험하지는 않아요.
119 상황 요원	네, 알겠습니다. 환자가 몇 명이나 됩니까? 차 안에서 나오지 못한 사람이 있습니까?
한국인 목격자	운전자 한 명뿐인데, 이마에서 피가 나고 가슴을 쥐어 잡고 계세요.
119 상황 요원	운전자가 의식이 있는 상태인가요? 아니면 지금은 의식 불명 상태입니까?
한국인 목격자	의식은 있습니다. 무슨 말씀을 하시는데…. 이분 한국인이 아닌가 봐요.
119 상황 요원	네, 알겠습니다. 바로 구급대를 보내겠습니다. 전화를 끊지 마시고, 그사이 환자가 움직이지 않도록 해 주세요.

【 구급차 안에서 119 구급 대원과 119 통역 서비스의 통역사 및 환자의 통화 】

119 구급 대원	통역사님, 교통사고 환자를 구급차로 이송하고 있습니다. 지금부터 전화로 제 말을 통역해 주세요.
통역사	네, 알겠습니다. This is the interpreter. I'll relay the 119 paramedic's instructions to you over the phone while you're on your way to the hospital.
119 구급 대원	환자분, 저는 구급 대원입니다. 환자분은 지금 병원으로 이송하는 구급차 안에 있습니다. 환자분 이름이 어떻게 되십니까?
통역사	The paramedic asks your name. What's your name?
환자	I'm Smith.
통역사	저는 스미스입니다.
119 구급 대원	환자분은 몇 살이시죠? 한국에서 거주하고 계신 곳은 어디입니까?
통역사	How old are you, and where do you live in Korea?
환자	I'm thirty two. I live in Guui-dong, Gwangjin-gu, Seoul.
통역사	저는 서른 두 살입니다. 서울시 광진구 구의동에 살아요.

119 구급 대원	이마에 약간의 출혈이 있어서 지혈한 다음 체온·맥박·호흡수와 혈압 및 산소 포화도를 측정하겠습니다. 환자분, 지금 이마 말고 다른 불편한 데가 있으세요?
통역사	You have a small cut on your forehead, so I'll stop the bleeding first. Then, I'll check your temperature, pulse, respiration, blood pressure, and oxygen saturation. Besides your forehead, do you feel any discomfort elsewhere?
환자	Both my chest and stomach hurt.
통역사	가슴이 아프고 배도 아파요.
119 구급 대원	(환자의 가슴과 배 부위를 손으로 가볍게 누르며) 여기입니까?
통역사	(Gently pressing on the patient's chest and abdomen) Does this hurt?
환자	Yes, right there. It hurts when you press on it.
통역사	네, 거기요. 누르니까 아파요.
119 구급 대원	숨을 쉬기 어렵지는 않습니까?
통역사	Do you have any difficulty in breathing?
환자	My breathing is fine.
통역사	숨 쉬는 건 괜찮아요.
119 구급 대원	알겠습니다. 그럼 환자분의 팔과 다리를 움직일 수 있겠습니까?
통역사	I understand. Can you move your arms and legs?
환자	My legs feel fine, but my right shoulder is stiff.
통역사	제 다리는 괜찮은 것 같아요. 그런데 오른쪽 어깨가 뻐근해요.
119 구급 대원	환자분은 평소에 고혈압이나 당뇨병 같은 질환을 앓거나 복용 중인 약이 있습니까?
통역사	Do you have a history of hypertension or diabetes? Are you currently taking any medications?
환자	I don't have any health issues, and I'm not taking any medication.
통역사	저는 병도 없고 복용 중인 약도 없습니다.
119 구급 대원	환자분은 담배를 피우거나 술을 드시는지요?
통역사	Do you smoke or drink alcohol?
환자	Yes, I smoke and drink a little.
통역사	네, 담배와 술은 조금씩 합니다.
119 구급 대원	네, 알겠습니다. 저희는 곧 병원에 도착할 거예요. 도착하면 응급 의학 전문의가 정밀하게 환자분의 상태를 확인하고, 바로 검사와 치료를 진행할 것입니다. 환자분, 힘드시겠지만 그때까지 조금만 참으세요.
통역사	All right. We'll be at the hospital soon. Once we arrive, an emergency physician will examine you and begin tests and treatment right away. I know this is tough, but please hang in there until then.

Sight Translation 1
문장 구역 연습 1

한국어 → 영어

- 의사가 환자에게 응급 의료 센터의 기능과 트리아제에 대해 구체적으로 설명합니다.
- 통번역사는 환자가 의학적·전문적 개념을 잘 이해할 수 있게 통역합니다.

응급 의료 센터의 기능과 트리아제

응급 의료 센터는 사고에 의한 중증 외상, 갑작스러운 발작이나 호흡 곤란, 급성 질환 등으로 인하여 예측 불가능한 상황에 처한 환자들을 대상으로 즉각적인 의료 처치를 하는 곳입니다. 이곳에서 24시간 상주하고 있는 응급 의료인들은 갑자기 방문하게 된 환자들을 우선적으로 '트리아제' 기준에 따라 분류한 다음, 각각의 상황에 맞는 처치와 치료를 시행합니다.

트리아제란 응급 환자들의 상태를 신속히 평가해 치료의 우선순위를 결정하는 중증도 분류 체계로, 이는 환자의 생명을 구할 수 있는 골든 타임을 확보하는 데 결정적 역할을 합니다. 한국의 경우에는 한국 중증도 분류인 KTAS(Korean Triage and Acuity Scale)에 준해 이를 5등급으로 분류합니다. 1등급인 '매우 중증' 단계는 심정지나 무호흡 등 환자의 생명이 위급한 상태로, 즉각적인 처치가 필요한 경우입니다. 2등급인 '중증' 단계는 심근 경색증이나 뇌출혈 등 환자의 생명에 잠재적 위험이 있는 상태로, 빠른 치료가 필요한 경우입니다. 3등급인 '중증 의심' 단계는 호흡 곤란 등의 증상으로 환자의 상태가 더 심각해질 가능성이 있는 상황이며, 4등급인 '경증' 단계는 환자에게 고열과 복통 등을 동반하는 질환이 있어 1~2시간 내 처치가 필요한 상황입니다. 5등급인 '비응급' 단계는 피부가 찢어져 생긴 열상이나 설사처럼 환자에게 처치를 해 주어야 하기는 하지만 응급은 아닌 상태를 말합니다. 이처럼 응급 의료 센터에서는 응급실 도착 순서가 아닌, 의료인의 중증도 분류에 따라 치료의 우선순위를 정하여 좀 더 위급한 환자를 먼저 치료함으로써 더 많은 생명을 구하게 됩니다.

예를 들어 심정지나 과다 출혈 등으로 의식을 잃었거나 외상이 심각한 환자라면 응급실 접수 시간에 관계없이 의료인은 해당 환자에게 우선적으로 응급 처치와 응급 수술 등의 치료를 합니다. 그리고 주의가 필요한 법정 전염병 등으로 격리를 해야 하는 환자는 격리실로 옮긴 후 응급 처치를 합니다. 중증이 아닌 일반적인 증상의 환자라면 배정받은 진료 구역의 담당의가 환자의 상태를 살펴 필요한 처치를 하면서 치료를 이어갑니다.

응급 의료 센터의 의료인들은 응급 질환을 정확하게 진단하기 위해 혈액 검사, 소변 검사, CT 검사, MRI 검사, 초음파 검사 등 환자에게 필요한 검사를 신속하게 실시하며, 환자의 상태에 따라 진단·검사·치료를 동시에 진행하기도 합니다. 또 응급 의료인이 즉각적인 수술이나 장기적인 치료 등을 해야 하는 경우에는 환자에게 입원실을 배정하고, 그 증상에 맞게 더 전문적인 진료가 필요한 경우라면 응급 의료인들과 해당 의학과의 의료인들이 함께 진료하는 등 위급한 환자의 생명을 살리기 위해 정확한 판단을 내리고 적절한 처치를 합니다.

Lesson 23_응급 의료 센터

Sight Translation 2
문장 구역 연습 2

한국어 ↔ 영어

BRIEF

- 보호자가 응급 처치 방법에 대해 질문하고, 의사가 답합니다.
- 통번역사는 보호자의 질문과 의사의 답변을 정확하게 통역합니다.

Q I'm the guardian who brought my child to the emergency medical center last week when a piece of jelly blocked his airway. Someone nearby performed first aid, helping my child vomit up the jelly. Immediately after that, we rushed to the hospital. Later, I realized that this technique is called the 'Heimlich maneuver.' I'm worried that a similar incident might happen again, so I want to learn how to perform the maneuver. I would appreciate your informing me about other available first aid methods and where I can learn them.

A 안녕하세요? 보호자분이 말씀하셨듯이 응급 처치 방법을 배우면 응급 상황에서 빠르고 정확하게 대처할 수 있습니다. 대표적 응급 처치는 심폐 소생술로, 이는 갑자기 심장이 멈췄을 때 신체에 산소를 공급하는 방법입니다. 심폐 소생술 실시 전 환자의 의식 상태부터 확인한 다음, 주위 사람에게 119 신고를 부탁하고, 환자를 바르게 눕혀 가슴 중앙을 깍지 낀 두 손으로 누릅니다. 이때 압박의 강도는 가슴이 5cm 정도 들어가게, 횟수는 1초당 2회 정도로 빠르게 압박해 주어야 합니다.

하임리히법은 음식물 등이 목을 막아 기도가 폐쇄되었을 때의 응급 처치로, 이를 시행하는 사람은 환자 뒤에서 겨드랑이 사이로 두 손을 넣은 후 한 손은 주먹을 쥐고 다른 손은 그 위로 겹쳐 환자의 가슴과 배꼽 중간 부분을 강하게 위로 밀어 올립니다. 이는 가슴 부위에서 위쪽 방향으로 가해진 압력에 의해 목에 걸린 이물질이 입 밖으로 배출될 때까지 여러 번 반복해 줍니다. 환자가 어린이라면, 무릎을 꿇은 채 한 손으로 아이의 가슴을 받치고 다른 손으로 등을 두드리세요.

응급 처치 교육은 각 지역의 보건소, 소방서, 병원 등에서 실시합니다. 해당 기관에 문의 전화를 하거나 홈페이지의 공지 사항을 통해 정확한 교육 일시를 확인할 수 있습니다. 참여 방법은 보통 사전 예약이 필수이며, 외국인을 위한 통역 서비스가 제공되기도 하니 필요한 경우 미리 신청하시면 됩니다. 오프라인의 다양한 응급 처치 교육 프로그램을 통해 앞서 설명드린 심폐 소생술, 하임리히법뿐 아니라 자동 심장 충격기 사용법과 응급 상황별 대응 요령 등도 직접 체험해 볼 수 있습니다. 또 온라인으로도 응급 처치에 대한 그림 및 설명, 동영상 등을 보면서 배울 수 있습니다. 대표적으로 '국민 안전 교육 플랫폼'과 '중앙 응급 의료 센터 E-Gen' 사이트를 추천합니다. 응급 처치 방법을 배우신 후에는 가정용 응급 처치 상자를 마련하여, 가정 내에서 발생하는 응급 상황에 대처하시기 바랍니다.

Conversation Interpretation
대화 통역 연습

Practice | 실전

□ 열사병에 걸린 환자가 구급차에 실려 보호자와 함께 응급 의료 센터로 이송되어 왔습니다.
□ 통번역사는 대화 상황에 적절한 표현으로 통역을 완성합니다.

의사	저는 응급실 담당 의사입니다. 환자의 보호자이신가요?
통역사	
보호자	Yes, I'm a coworker. He suddenly passed out while working. What is his condition now?
통역사	
의사	(환자의 동공 반응, 호흡 상태, 체온 등을 확인하며) 119 구급 대원에게 환자의 체온이 40.5도였다고 들었는데, 구급 대원이 환자의 윗옷을 탈의한 후 젖은 수건으로 몸을 적시고 물을 뿌리는 등 응급 처치를 잘하셨네요. 환자는 현재 의식을 회복했고, 체온도 39.4도로 떨어진 상태입니다. 이제 응급 의료인들이 얼음 팩과 냉각 담요로 냉각 요법을 계속 실시해 환자분의 열을 내리고, 수액도 계속 투여할 겁니다. 그럼 보호자분께 환자에 대해 몇 가지 질문을 할게요. 환자가 의식을 잃을 당시의 상황과 증상이 어땠습니까?
통역사	
보호자	We're welders, and today we've been working outdoors all day. After lunch, we went back to work, and then my coworker suddenly lost consciousness.
통역사	
의사	환자분이 평소에 앓던 질환이 있거나 알레르기 반응을 보일 때가 있었습니까?
통역사	
보호자	He didn't seem to be in any specific pain, but he did mention feeling dizzy and nauseous all day.
통역사	
의사	환자분의 경우 기저 질환이 없고, 오늘 같은 더운 날씨에 외부에서 일하셨다니 고체온·두통·어지러움·구역감 등의 증상이 나타나는 열사병에 걸린 것으로 보입니다. 열사병은 체온 조절이 이루어지지 않아서 발생하는 질환으로, 심한 경우에는 다발성 장기 부전이 발생할 수도 있으니 추가 검사를 하는 게 좋겠어요.

통역사	

보호자	Are you saying that lowering his body temperature alone might not be enough, and that there could be other underlying issues?
통역사	

의사	그럴 가능성도 있습니다. 환자분은 응급 처치를 받아 체온이 떨어졌어도 체온 조절 중추의 기능 이상으로 심장·신장·간 등 주요 신체 기관이 손상되었을 수 있어요. 환자분의 상태를 살펴 심전도 검사, 신장 기능 검사, 간 기능 검사 등을 진행하겠습니다.
통역사	

보호자	I understand. How long will it take for him to recover?
통역사	
의사	환자분에게 뒤늦게라도 저혈압·부정맥·신부전·간 부전·혈액 응고 장애 등이 나타나면, 이를 치료해야 합니다. 그렇지만 열사병 증상이 나타난 초반에 구급 대원과 저희 의료인들이 빠르게 냉각 요법을 실시했으므로 합병증의 가능성은 낮아 보입니다. 하루나 이틀 정도 병원에서 경과를 보고, 환자분의 상태가 안정되면 퇴원하실 수 있어요.
통역사	

보호자	Yes, thank you. But could heat stroke occur again?
통역사	
의사	더운 날씨에 오래 야외에 있을 경우 열사병이 재발할 수 있습니다. 환자분뿐만 아니라 보호자분도 선글라스와 모자를 써서 햇볕을 가리고, 규칙적으로 그늘에서 쉬셔야 해요. 물도 자주 마시고, 땀을 많이 흘리면 전해질이 손실될 수 있으니 이온 음료나 전해질 보충제를 섭취하는 것도 좋습니다. 또 헐렁하고 통풍이 잘되는 옷을 입기를 권합니다.
통역사	

LESSON 24

Medical Interpretation Practice
의료 통역 실무

AI와 함께 Warm-Up with AI

STEP 1

Q 의료 통번역사는 의료 현장에서 어떤 자세를 갖추어야 할까요?

A 의료 통번역사는

STEP 2

Q

A

STEP 3

| 학습 목표 |
□ 통번역사로서 갖추어야 할 기본 자세와 의료 윤리 원칙에 입각하여, 의료 과정에서 통용되는 어휘와 표현을 이해하고 통번역할 수 있다.
□ 통번역사로서 의료 법규 및 환자의 권리와 의무에 대한 지식을 갖추어, 의료인과 환자 각각의 입장에서 원활하게 소통할 수 있다.

　의료 통번역사는 의료 현장에서 의사·간호사 및 기타 의료 전문가와 환자 및 보호자 간의 원활한 의사소통을 돕고, 그들에게 중요한 의료 정보를 전달하는 역할을 합니다. 따라서 의료 통번역사는 의료인과 환자의 입장을 이해하고, 현장에서 사용하는 의료 용어를 정확하게 숙지해야 합니다. 또 외국인 환자의 문화적 배경을 고려하고 의료 윤리에 입각하여 환자에게 전체 진료 과정을 안내하며, 혹시 발생할 수 있는 의료 분쟁 등을 해결하는 데 도움이 되는 신뢰할 만한 통번역을 제공해야 합니다.

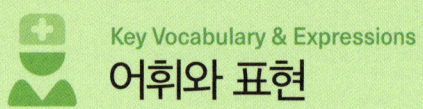

Key Vocabulary & Expressions
어휘와 표현

전문 어휘

의료 약어	영어	의료 약어	영어
ABO 혈액형 체계 ABO	ABO blood group system	절대 침상 안정 ABR	absolute bed rest
자동 심장 충격기 AED	automated external defibrillator	심방 잔떨림(심방세동) AF	atrial fibrillation
근육 위축증 ALS	amyotrophic lateral sclerosis	자율 신경계 ANS	autonomic nervous system
전방 부분 절골술 ASO	anterior segmental osteotomy	골수 흡인 농축물 BMAC	bone marrow aspirate concentrate
골밀도 BMD	bone mineral density	체질량 지수 BMI	body mass index
혈압 BP	blood pressure	전립샘 비대증 BPH	benign prostatic hypertrophy
혈당 검사 BST	blood sugar test	출혈 시간 BT	bleeding time
인지 행동 치료 CBT	cognitive behavioral therapy	중추 신경계 CNS	central nervous system
만성 폐쇄 폐 질환 COPD	chronic obstructive pulmonary disease	심폐 소생술 CPR	cardiopulmonary resuscitation
제왕 절개 CS	cesarean section	뇌척수액 CSF	cerebrospinal fluid
뇌졸중 CVA	cerebrovascular accident, stroke	당뇨병 DM	diabetes mellitus
직장 손가락 검사 DRE	digital rectal examination	진단 Dx	diagnosis
심전도 검사 ECG/EKG	electrocardiography	분만 예정일 EDC	expected date of confinement
뇌파 검사 EEG	electroencephalography	근전도 검사 EMG	electromyography
응급실 ER	emergency room	전기 충격 요법 EST	electric shock therapy
체외 충격파 쇄석술 ESWL	extracorporeal shock wave lithotripsy	체외 충격파 요법 ESWT	extracorporeal shock wave therapy
공복 혈당 FBS	fasting blood sugar	불명열 FUO	fever of unknown origin

한국어	약어	영어	한국어	약어	영어
성장 호르몬	GH	growth hormone	당 부하 시험	GTT	glucose tolerance test
사람 융모 생식샘 자극 호르몬	HCG	human chorionic gonadotropin	혈액 투석	HD	hemodialysis
고밀도 지단백질	HDL	high density lipoprotein	사람 면역 결핍 바이러스	HIV	human immunodeficiency virus
사람 백혈구 항원	HLA	human leukocyte antigen	사람 유두종 바이러스	HPV	human papilloma virus
병력	Hx	history	절개 배농(배액)	I & D	incision and drainage
섭취 배설	I & O	intake and output	중환자실	ICU	intensive care unit
체외 수정	IVF	in vitro fertilization	유동식	LD	liquid diet
저밀도 지단백질	LDL	low density lipoprotein	간 기능 검사	LFT	liver function test
심근 경색증	MI	myocardial infarction	금식	NPO	nil per os/non per os
비스테로이드 소염제	NSAID	nonsteroidal anti-inflammatory drug	퇴행성 관절염	OA	osteoarthritis
수술	OP	operation	(처방전에서) 필요한 경우	p.r.n.	pro re nata
양전자 방출 단층 촬영	PET	positron emission tomography	폐 기능 검사	PFT	pulmonary function test
골반염	PID	pelvic inflammatory disease	혈소판	PLT	platelet
말초 신경계	PNS	peripheral nervous system	처방전	Rx	prescription
호흡 곤란	SOB	shortness of breath	성 전파성 질환(성병)	STD	sexually transmitted disease
증상	Sx	symptom	교통사고	TA	traffic accident
결핵	TB/TBC	tuberculosis	뇌 혈류 초음파 검사(두개 경유 도플러)	TCD	transcranial Doppler
피부 경유 전기 신경 자극	TENS	transcutaneous electrical nerve stimulation	체온·맥박·호흡수	TPR	temperature, pulse, and respiration
질 경유 초음파	TVUS	transvaginal ultrasound	치료	Tx	treatment
소변 검사	UA	urinalysis	요로 감염	UTI	urinary tract infection
폐활량	VC	vital capacity	배뇨 방광 요도 조영술	VCUG	voiding cystourethrography

의료인과 외국인 환자

1) 의료인 medical professionals

〈의료법〉(시행 2024. 12. 20.) 제2조에서 정의하는 '의료인'이란 보건 복지부 장관의 면허를 받은 의사·치과 의사·한의사·조산사 및 간호사를 말한다. 의료인은 종별에 따라 다음의 임무를 수행하여, 국민 보건 향상을 이루고 국민의 건강한 생활 확보에 이바지할 사명을 가진다. 의사는 의료와 보건 지도를, 치과 의사는 치과 의료와 구강 보건 지도를, 한의사는 한방 의료와 한방 보건 지도를, 조산사는 조산(助産)과 임산부 및 신생아에 대한 보건과 양호 지도를 임무로 한다. 간호사는 환자의 간호 요구에 대한 관찰·자료 수집·간호 판단 및 요양을 위한 간호, 의사·치과 의사·한의사의 지도하에 시행하는 진료의 보조, 간호 요구자에 대한 교육과 상담 및 건강 증진을 위한 활동의 기획과 수행, 그 밖의 대통령령으로 정하는 보건 활동, 간호 조무사가 수행하는 업무 보조에 대한 지도를 임무로 한다.

2) 의료인의 의무와 권리 duties and rights of medical professionals

의료인은 환자의 질환에 대한 '진료 의무'를 가지므로 정당한 이유 없이 환자에 대한 의료 행위를 거부할 수 없다. 진료 시에는 환자의 동의와 승낙을 얻기 위해 의료 행위에 대해 설명해야 하는 '설명의 의무'를 가지며, 의료 계약에 따라 질병에 관한 정보를 진료 기록부에 기록해야 하는 '진료 기록 의무'도 있다. 무엇보다도 의료인은 공익의 보호를 위한 경우를 제외하고 환자의 비밀을 누설해서는 안 되는 '비밀 준수 의무'를 지켜야 한다. 한편 의료인의 권리로서 의료인은 전문가로서 행해진 의료 행위에 간섭을 받지 않을 권리가 있고, 의료 행위를 방해받거나 의료 시설을 파손당하지 않을 권리도 있다. 또한 의료 업무에 필요한 기구·약품, 그 밖의 재료를 압류당하지 않을 권리와 의료 행위에 필요한 기구·약품, 그 밖의 시설 및 재료를 우선적으로 공급받을 권리를 가진다.

3) 외국인 환자 foreign patients

〈의료 해외 진출 및 외국인 환자 유치 지원에 관한 법률〉(시행 2024. 7. 10.) 제2조에서 정의하는 '외국인 환자'란 〈국민 건강 보험법〉(시행 2025. 4. 23.) 제109조에 따른 국민 건강 보험 가입자나 피부양자가 아닌 외국인 환자를 말한다. 즉, 외국인 환자는 국적이 한국이 아닌 사람을 의미한다. 예를 들어 국내 거소 신고 또는 외국인 등록을 하지 않은 외국인이나 외국 국적 동포, 재외 공관과 국제 기구의 직원 및 그 가족, 주한 미군 및 그 가족 등이 해당된다. 또한 메디컬 비자(의료 사증)를 소지한 외국인 역시 외국인 환자로서 한국 내에서 병원 진료를 받을 수 있다.

4) 외국인 환자의 메디컬 비자 medical visa for foreign patients

한국 내 의료 기관에서 치료 또는 요양을 위해 입국하는 외국인 환자와, 간병 등을 위해 동반 입국하는 가족 및 간병인은 메디컬 비자를 준비해야 한다. 대한민국 비자 포털(www.visa.go.kr)의 정보를 살펴보면 메디컬 비자는 체류 기간에 따라 두 가지로 나뉜다. C-3-3 비자는 의료 관광 비자로 한국에 90일 이하로 머물며 병원 진료를 받을 수 있는 단기 비자이고, G-1-10 비자는 치료 요양 비자로 한국에 1년 이내로 머물며 치료와 요양을 받을 수 있는 장기 비자이다. 만약 C-3-3 비자를 발급받아 입국한 외국인이 그 기간보다 더 오래 진료를 받아야 할 경우에는 G-1-10 비자로 변경할 수 있다. G-1-10 비자 역시 일정 기준에 따라 체류 기간을 연장할 수 있다.

Conversation Interpretation
대화 통역 연습

Explore | 기본

- 다음은 선생님이 학생들에게 의료 통번역사로서의 기본 자세를 설명하는 대화입니다.
- 통번역사는 의료 통번역사로서 갖추어야 할 자세에 유념하여 이를 양방향으로 원활하게 통역합니다.

선생님	여러분, 안녕하세요. 오늘은 의료 현장에서 환자와 의료인 간 대화를 통번역할 때 의료 통번역사로서 갖추어야 할 기본 자세를 살펴보기로 해요. 여러분이 의료 통번역사로서 현장에서 일할 때 이를 원칙적 자세로서 잘 지킨다면, 의료인들과 환자 사이의 의사소통이 원활해져 좀 더 나은 의료 과정을 구축하는 데 도움을 줄 수 있습니다.
통역사	Hello, everyone. Today, let's discuss the key attitudes medical interpreters should maintain when facilitating communication between patients and medical professionals in a clinical setting. By following the key principles of on-site interpreting, you can ultimately enhance the medical process through smooth communication between medical professionals and patients.
학생들	Yes, I understand.
통역사	네, 알겠습니다.
선생님	의료 통번역사로서 갖추어야 할 가장 중요한 첫 번째 자세는 환자가 건강을 보호받고 행복하게 살 권리를 보장받도록 기여하는 데 있습니다. 의료 행위 자체가 환자의 건강과 행복을 목적하므로, 의료 통번역사는 단순한 의사소통 전달자 이상의 역할을 수행해야 합니다. 따라서 의료 통번역사는 의료인들과 협력하여 환자가 적절한 치료를 받을 수 있도록 해야 하며, 의료 사고를 예방하고 환자의 존엄성을 지킬 책임이 있습니다. 만약 환자가 학대를 당하거나 생명을 위협받는 상황이라면 신중한 판단을 통해 개입해야 합니다.
통역사	The primary and most crucial principle in medical interpreting is upholding patients' right to protect their health and live a fulfilling life. Since medical treatments aim to safeguard patients' well-being, interpreters' roles go beyond simply conveying messages. Medical interpreters must collaborate closely with medical professionals to ensure patients receive appropriate care, help prevent medical errors, and uphold patients' dignity. If patients are facing abuse or their lives are at risk, interpreters may need to intervene, exercising careful judgment.
학생 1	Professor, aren't medical interpreters supposed to stay neutral?
통역사	선생님, 의료 통번역사는 중립성을 유지해야 하잖아요?
선생님	좋은 질문입니다. 의료 통번역사의 자세로서 중립성 유지도 유념해야 합니다. 이때 중립성이란 의료 통번역사가 환자와 의료인 간의 관계에서 객관성을 유지하여, 어느 한쪽의 편을 들거나 그들에게 영향을 끼쳐서는 안 된다는 것입니다. 즉, 의료 통번역사는 의료인을 대신하여 환자와 상담하는 것을 삼가야 하며, 의료인과 환자를 대신하여 의

료에 대한 결정을 내리지 않아야 합니다. 하지만 환자의 안전과 건강을 보호하는 것이 최우선이기 때문에 중립성과 상충될 경우 의료 통번역사는 첫 번째 자세를 우선해야 합니다.

통역사 That's a great question. Maintaining neutrality is also a fundamental principle of medical interpreting. As the second key principle, neutrality requires interpreters to remain objective in interactions between patients and medical professionals, without taking sides or influencing decisions. In other words, interpreters should avoid advising patients on behalf of medical professionals or making medical decisions for either party. However, patient safety and well-being take priority, so if neutrality conflicts with this responsibility, the first principle must take precedence.

학생 2 So, what if a close foreign friend gets sick and asks me to interpret in a medical setting?

통역사 그럼 친한 외국인 친구가 아파서 의료 통번역을 부탁할 경우에는 어떻게 해야 하죠?

선생님 만약 의료 통번역사가 환자나 의료인과 개인적 친분이 있는 경우에는 중립성의 유지에 따라 다른 의료 통번역사에게 통번역을 의뢰하여, 의료 통번역사로서 객관적인 태도를 확보할 수 있어야 합니다. 의료 통번역사에게는 개인적 신념이나 감정을 배제한 중립적인 태도가 매우 중요하니까요.

통역사 If a medical interpreter has a personal connection to the patient or the medical professional, the principle of neutrality requires that another interpreter be called in to ensure objectivity during interpretation. It is essential for medical interpreters to set aside personal beliefs or emotions, maintaining a neutral stance.

학생 2 I see.

통역사 그렇군요.

선생님 환자와 친분이 있든 없든 간에 의료 통번역사로서 꼭 지켜야 할 세 번째 자세는 통번역 과정에서 알게 된 환자의 정보를 의료인 외 다른 사람에게 공개해서는 안 된다는 비밀 보장의 태도입니다. 환자의 건강 정보는 매우 개인적인 사안이며, 보호받아야 할 중요한 권리이기 때문입니다.

통역사 Regardless of whether the interpreter is familiar with the patient, the third principle of medical interpreting is confidentiality. This means that interpreters must not disclose any patient information acquired during the interpreting process to anyone except the medical professional. A patient's health information is deeply personal and must be protected as a fundamental right.

학생 2 If patients need to be transferred to another medical institution, how should their information be handled?

통역사 그럼 환자가 의료 기관을 옮겨야 할 일이 생기면, 그때는 환자의 정보를 어떻게 관리해야 할까요?

선생님 새로운 의료인이 기존 정보를 공유받기 위해서는 환자의 동의가 필요합니다. 다만 환자의 생명이 위급한 경우라면 통번역사가 적절한 방식으로 정보를 전달해야 할 수도 있습니다. 반면, 문화적 차이를 고려하여 환자가 가족에게도 정보를 공유하고 싶어하지 않을 수 있음을 인지하는 것도 중요합니다. 자, 그럼 의료 통번역사로서 지켜야 할 또 다른 기본 자세로 어떤 것이 있는지 아는 사람은 말씀해 주세요.

통역사   For sharing a patient's existing information with new medical professionals, the patient's consent is required. However, if the patient's life is in danger, the interpreter may need to convey the information appropriately. It's also important to recognize cultural differences, as some patients may not wish to share their information even with family members. Now, can anyone tell me another principle of medical interpreting?

학생 1   Since this interpreting involves medical issues directly related to a patient's life, I believe expertise is crucial.

통역사   환자의 생명과 직결된 의료 분야의 통번역인 만큼, 전문성을 갖춰야 할 것 같습니다.

선생님   훌륭합니다. 의료 통번역사로서 갖추어야 할 네 번째 기본 자세로 전문성을 들 수 있습니다. 전문성이란 의료 통번역사가 단순히 통번역 기술뿐 아니라 병원 진료 절차·의료 용어·외국인 환자의 문화적 이해를 포함한 종합적인 역량을 갖추어 통번역해야 함을 의미합니다. 이를 위해 의료 통번역사는 지속적인 학습을 통해 최신 의료 지식을 습득하고, 통번역 기술을 연마해야 합니다. 이에 더해 의료인과 환자가 신뢰할 수 있도록 투명하고 정직한 태도를 유지하는 것도 중요합니다.

통역사   Excellent. Expertise can be considered the fourth principle of medical interpreting. It means that interpreters should not only have strong interpreting skills but also possess a deep understanding of hospital procedures, medical terminology, and the cultural backgrounds of foreign patients. To achieve this, medical interpreters must continually update their medical knowledge and refine their interpreting skills. Additionally, maintaining transparency and honesty is crucial to ensure that both medical professionals and patients can trust interpreters.

학생 1   I will take that to heart.

통역사   명심하겠습니다.

선생님   이제 의료 통번역사의 마지막 기본 자세로서 정확성에 대해 말씀드리겠습니다. 정확성은 의료 통번역의 핵심 가치로서, 출발어를 도착어로 변환할 때 원문의 의미를 추가·생략·왜곡 없이 충실히 전달하는 태도를 의미합니다. 의료인들이 환자의 증상을 정확히 파악하고 올바른 치료를 제공하려면, 의료 통번역사는 그들에게 환자의 모든 발화를 명확하고 일관성 있게 전달해야 합니다.

통역사   Now, let's talk about accuracy, the last principle of medical interpreting. Accuracy is a core value in this field, requiring interpreters to faithfully convey the original meaning when converting the source language into the target language without adding, omitting, or distorting any information. For medical professionals to fully understand patients' symptoms and provide appropriate treatment, medical interpreters must deliver all patients' statements clearly and consistently.

학생 2   Professor, what should I do if I make a mistake while conveying meaning during interpreting? Also, how can I ensure that I convey the meaning clearly to both medical professionals and patients?

통역사	선생님, 의료 통번역을 하는 중에 의미를 잘못 전달하는 등의 실수를 했을 때는 어떻게 대처해야 할까요? 그리고 의료인들과 환자에게 의미를 명확하게 전달하는 데 도움이 되는 방법이 있을지도 궁금합니다.
선생님	의료 통번역사가 통번역 중에 실수할 경우 이를 인정하고 곧바로 수정하여 정확하게 바로잡는 것이 중요합니다. 그리고 의미를 명확하게 전달하려면 외국인 환자의 발화에서 문화적 맥락을 고려하되, 환자가 증상을 호소할 때나 의사가 검사 결과지로 진단할 때 그들이 말하고자 하는 바를 의료 통번역사가 얼굴 표정이나 손짓 혹은 억양 등을 포함한 비언어적 요소를 활용해 전하는 것도 하나의 방법입니다. 의료인이 약어나 전문 용어를 사용할 경우에는 환자가 이해하기 쉽도록 의료인에게 간단한 설명을 덧붙여 달라고 요청하고, 의료인의 설명이 길어지는 경우에는 의료인에게 미리 중간중간 끊어서 통역할 수 있도록 배려해 달라고 요청하는 것도 좋은 방법입니다.
통역사	If a mistake occurs in interpreting, it's important to acknowledge and correct it immediately and accurately. When interpreting for foreign patients, consider the cultural context of their statements. Additionally, when patients describe their symptoms or doctors provide diagnoses based on test results, you can use nonverbal cues such as facial expressions, gestures, or intonation to enhance understanding. If medical professionals use abbreviations or specialized terms, you can ask them to provide a brief explanation for patients' clarity. If their explanation is so long, you may also request that they pause intermittently to allow for step-by-step interpretation. These are effective strategies to ensure clear communication.
학생1	How can I effectively communicate the symptoms patients are describing to the medical professionals?
통역사	그 외에 환자가 말하는 증상들을 의료인에게 잘 설명하려면 어떤 방법이 있을까요?
선생님	환자분께 증상을 가능한 한 구체적으로 설명해 달라고 부탁하는 것이 좋습니다. 예를 들어 환자가 "배가 아파요."보다는 "배의 오른쪽 아랫부분이 찌르는 듯이 아파요."라고 표현한다면 의료인이 더 빨리, 더 정확하게 진단을 내리는 데 도움이 될 테니까요. 그밖에 의료 통번역사 자신에게 긴급한 상황이 발생하여 통번역하지 못하게 될 경우에는 신속하게 대체 통번역사를 연결하는 등 책임감을 가지고 업무를 수행해야 합니다. 또한 의료 통번역사로서 의료 현장에서 적절한 복장을 갖추고 예의를 지키며, 통번역 일시를 철저히 준수해야 함도 기본 자세임을 잊지 마세요.
통역사	It's helpful to ask patients to describe their symptoms as specifically as possible. For example, instead of saying, 'My stomach hurts,' it's better to say, 'I have a sharp pain in the lower right part of my abdomen.' This allows the medical professionals to make a quicker and more accurate diagnosis. Additionally, if an urgent situation arises and you're unable to continue interpreting, you must promptly arrange for a replacement interpreter and fulfill your responsibilities. Lastly, don't forget the fundamentals such as wearing appropriate attire in a medical setting, showing courtesy, and strictly adhering to the scheduled interpreting times.

Sight Translation 1
문장 구역 연습 1

한국어 → 영어

- 선배 통번역사가 의료 통번역을 공부하는 후배들에게 의료 사고와 의료 분쟁에 대해 구체적으로 설명합니다.
- 통번역사는 학생들이 의학적·전문적 개념을 잘 이해할 수 있게 통역합니다.

의료 사고와 의료 분쟁

　외국인 환자가 한국 병원에서 진료받을 때, 간혹 의료 사고나 의료 분쟁이 일어날 수 있습니다. 따라서 의료 통번역사는 이에 대한 정보를 알아 두어야 합니다.

　〈의료 사고 피해 구제 및 의료 분쟁 조정 등에 관한 법률〉(시행 2024. 1. 1.) 제2조에 따르면, '의료 사고'란 보건 의료인이 환자에게 실시하는 진단·검사·치료·의약품의 처방 및 조제 등의 의료 행위로 인하여 환자의 생명·신체·재산에 피해가 발생한 경우를 말합니다. 이와 같은 의료 사고로 인한 다툼을 '의료 분쟁'이라고 합니다.

　의료 분쟁이 발생했을 때 이와 관계된 사람들은 격한 언행을 하거나 폭력을 사용하는 등 감정적으로 대응해서는 안 됩니다. 특히 환자 및 보호자는 의료인이나 의료 기관의 과실 여부를 확인하고, 어떤 면에서 과실이 있었는지 냉정하게 판단해야 합니다. 먼저 의료 사고가 발생한 장소·날짜·시간, 관련 의료인, 구체적 상황 등을 기록해 두는 게 좋습니다. 이어 해당 의료 기관에 진료 기록이나 검사 때의 영상 자료, 수술 기록, 처방전 등을 요청해야 합니다. 이때 증거 자료의 확보가 수월하지 않다면 법원에 증거 보전 신청을 하는 방법도 있습니다. 다음으로는 관련 의료인 및 해당 의료 기관에 상황 설명을 요구하고, 의료 사고를 시인하면 각서를 받아 두어야 합니다. 의료 사고를 당한 환자는 다른 의료 기관으로 이송하고, 만약 환자가 사망했다면 보호자는 전문 기관에 사망한 환자의 부검도 의뢰해야 합니다.

　의료 사고의 사실 관계를 확인하여 당사자 간 합의를 거쳐 의료 분쟁을 해결하는 방식이 가장 바람직하지만, 합의가 이루어지지 않은 경우라면 환자 및 보호자는 의료 소송을 진행하기 전에 '한국 의료 분쟁 조정 중재원'의 의료 분쟁 조정 제도를 활용할 수 있습니다. 환자와 의료인 및 의료 기관 모두가 만족할 만한 결과를 도출하고자 하는 한국 의료 분쟁 조정 중재원은 외국인 환자의 의료 분쟁에 대해서도 마찬가지 노력을 기울입니다. 환자 및 보호자는 의료 분쟁의 조정 및 중재와 상담, 의료 사고 감정, 손해 배상금 대불, 의료 분쟁과 관련된 정책 연구·통계 작성·교육 및 홍보 등의 업무를 수행하는 이 기관을 통해 의료 소송보다 짧은 시간 내 적은 비용으로 의료 분쟁을 비사법적으로 해결할 수 있습니다.

　의료인과 의료 기관의 의료 행위 및 인적·물적 관리 등 모든 의료 과정에서 과실 여부를 가리기 위해 환자 및 보호자가 직접 의료 소송을 제기하는 방법도 있습니다. 의료 소송은 그 성격에 따라 민사·형사·행정 소송 등으로 진행됩니다. 민사 소송은 의료 행위로 인한 피해에 대하여 금전적인 손해 배상을 청구하는 소송이고, 형사 소송은 업무상 과실을 다투는 소송이며, 행정 소송은 의료법 위반에 대한 행정 처분을 다투는 소송입니다. 의료 소송은 변호사 등과 협력하여 관할 법원에 소장을 제출하는 것으로 시작해 증거 제출 및 법정 변론 등을 거칩니다. 이때 각 소송의 소멸 시효가 만료되지 않았는지 주의하여 진행해야 합니다.

Sight Translation 2
문장 구역 연습 2

한국어 ↔ 영어

- 환자가 의료 통번역 서비스를 이용한 후 환자의 권리와 의무에 대해 질문하고, 담당 직원이 답합니다.
- 통번역사는 환자의 질문과 담당 직원의 답변을 정확하게 통역합니다.

Q Hello. I am an foreign patient who recently used a medical interpretation service because I am not fluent in the Korean language. I was able to complete my consultation properly in this unfamiliar environment, but now, I have a few questions.

I understand the right to patient confidentiality during medical consultations, but I'm curious about how my personal information, illness, and symptoms are protected during the interpretation process. I will need to use a medical interpretation service again when I receive treatment, and I'm concerned that too much of my information might be exposed. Additionally, I would appreciate it if you could inform me about the responsibilities that the patient must follow.

A 안녕하세요? 저는 의료 통번역 서비스를 관리하고 있는 담당 직원입니다. 먼저 환자의 권리와 의무에 대하여 〈의료법 시행 규칙〉(시행 2025. 3. 11.)에 있는 별표 1의 내용을 토대로 설명드리겠습니다. 환자의 가장 기본적이고 필수적인 권리는 '진료받을 권리'입니다. 환자는 성별·나이·종교·경제적 사정 등을 이유로 건강에 관한 권리를 침해받지 않으며, 자신의 건강 보호와 증진을 위하여 의료 서비스를 받을 권리를 가집니다. 환자는 '비밀을 보호받을 권리'도 있습니다. 이는 환자가 진료와 관련된 신체 및 건강상 비밀을 침해받지 않는다는 의미입니다. 또 '알 권리 및 자기 결정권'도 있어 환자는 의료인에게 질병 상태·치료 방법·비용 등에 대해 충분한 설명을 듣고, 이에 관한 동의 여부를 결정할 권리를 가집니다. 환자에게 의료 분쟁이 발생한 경우에는 전문 기관에 '상담·조정을 신청할 권리'도 있습니다.

한편, 환자는 '의료인에 대한 신뢰·존중 의무'가 있어서 자신의 건강 정보를 의료인에게 정확히 알리고, 의료인의 치료 계획을 신뢰하고 존중해야 합니다. 또 '부정한 방법으로 진료를 받지 않을 의무'에 따라 환자는 다른 사람의 명의로 진료를 받는 등 거짓이나 부정한 방법으로 진료를 받지 않아야 합니다.

의료 통번역 과정에서도 환자의 권리와 의무가 공통적으로 적용됩니다. 의료 통번역사는 외국인 환자와 의료인 및 의료 기관 간의 의사소통을 원활하게 돕는 전문 인력입니다. 다음번 의료 통번역 서비스를 받으실 때 이해되지 않는 부분이 생긴다면 의료 통번역사에게 자유롭게 추가 질문을 하셔도 괜찮습니다. 감사합니다.

Conversation Interpretation

대화 통역 연습

Practice | 실전

BRIEF
- 다음은 의료 통번역사와 의사 및 환자가 의료 윤리 원칙과 통역 방식에 대해 이야기하는 대화입니다.
- 통번역사는 이 상황을 의사와 환자에게 양방향으로 각각 설명하며, 밑줄 친 부분을 완성하여 통역합니다.

의사 의료 통번역사님, 안녕하세요. 환자분과 저에게 통역해 주시기 전에 의료 통번역의 기본 원칙을 양방향으로 설명해 주시면 의사소통에 큰 도움이 될 것 같습니다.

통역사 네, 선생님. 의료 통번역을 할 때에도 기본적으로 의료 윤리의 4대 원칙을 따릅니다. 그 첫 번째는 자율성 존중의 원칙입니다. 이에 따르면 환자가 자신의 건강과 치료에 대해 직접 결정할 수 있도록 의료인이 충분한 정보를 제공해야 합니다.

The doctor asked what the most important principle of medical interpreting is. I first mentioned the _____ principle, emphasizing the importance of a patient's decision.

환자 Does that mean I can refuse treatment?

통역사 Yes, you have the right to choose your treatment direction. The important point here is that a patient must take an informed decision based on the sufficient information provided by medical professionals.

환자분께서 치료를 거부할 수도 있는지 질문하셨습니다. 저는 환자가 충분한 정보를 제공받고 나서 _____ 권리가 있다고 설명드렸습니다.

의사 알겠습니다. 이제 두 번째, 악행 금지의 원칙을 설명해 주세요.

통역사 악행 금지의 원칙은 의료인이 어떠한 이유로든 환자에게 해를 끼치는 행위를 해서는 안 된다는 것입니다. 의료인의 태만이나 무관심으로 인해 환자가 위험해지는 일이 없어야 하니까요. 즉, 의료인은 환자의 안전을 최우선으로 해야 합니다.

The doctor asked about the principle of nonmaleficence, which states that medical professionals must not harm patients. I explained it as

환자 So, what should I do if the medical professionals makes a mistake or acts negligently?

통역사 In that case, you can discuss the issue with the medical professionals or raise it with the hospital's counseling office. You can also consult with the Medical Dispute Mediation and Arbitration Agency.

환자분께서 의료인의 실수나 태만에 대해 어떻게 대응해야 하는지 물어보셨습니다. 저는 _____

_____ 설명드렸습니다.

의사 이제 세 번째 원칙인 선행의 원칙이 악행 금지의 원칙과 어떻게 다른지 설명해 주세요.

통역사	선행의 원칙은 의료인이 악행을 피하는 것뿐만 아니라 적극적으로 환자의 건강을 증진해야 한다는 내용입니다. 의료인은 단순히 치료를 제공하는 것이 아니라, 최상의 의료 행위를 위해 노력해야 한다는 윤리적 의무를 가지고 있습니다. The doctor asked about the principle of beneficence, which states that medical professionals must actively work to improve patients' health. I explained it as _____.
환자	I see. So, does the hospital provide all medical services according to the same standard?
통역사	That's why the final principle of justice is important. It means that although medical resources are limited, medical professionals must distribute them fairly and provide medical services equally, regardless patients' ages, genders, or economic situations. 환자분께서 의료 서비스가 공정하게 제공되는지 궁금해하셨습니다. 그래서 마지막으로 정의의 원칙으로서 _____ _____ 설명드렸습니다.
의사	네, 의료 통번역사님의 의료 윤리 원칙에 대한 설명에 감사드립니다. 그런데 통역 방식에는 여러 가지가 있다고 들었습니다. 어떤 방식이 가장 많이 사용되나요?
통역사	의료 통역 때 사용하는 가장 일반적인 방식은 순차 통역입니다. 환자가 발화를 끝낸 후에 통역을 하는 방식이죠. 이 방법이 가장 정확한 전달을 보장합니다. The doctor asked about interpreting methods. I explained the most common method is _____.
환자	Is there a method for simultaneous interpreting in real time?
통역사	Yes, simultaneous interpreting is mainly used in lectures or conferences and requires special equipment. 환자분께서 동시 통역에 대해 궁금해하셨습니다. 저는 _____ _____ 설명드렸습니다.
의사	그럼 의료인과 환자가 직접 대화할 때도 통역 방식이 달라지나요?
통역사	네, 환자와 의료인이 직접 대화를 나눌 때는 대화체 통역이 사용됩니다. 이는 법정이나 의료 분야에서 많이 사용되는 방식입니다. The doctor asked which interpreting method is used when patients and medical professionals communicate directly with each other. I explained it as _____.
환자	Then, which method will be used when I receive treatment?
통역사	Usually, consecutive interpreting and dialogue interpreting are used together. If necessary, sight translation, which is the method of interpreting written text, can be used to explain documents. 환자분께서 본인의 진료 상황에서 어떤 통역 방식이 사용되는지 질문하셨습니다. 저는 _____ _____ 설명드렸습니다.

Medical Cultures Worldwide
국제 의료 문화 | 한국의 외국인 건강 보험 제도

💬 한국 국민 건강 보험의 적용 대상 외국인

외국인의 가입 조건

한국에 체류하는 외국인은 한국인과 마찬가지로 직장 가입자나 지역 가입자 혹은 피부양자 자격으로 한국의 건강 보험 제도인 국민 건강 보험에 가입할 수 있다. 먼저 외국인이 한국에서 국민 건강 보험의 직장 가입자가 되려면 건강 보험 적용 사업장에 고용되어 근로의 대가로 보수를 받으며 생활하는 근로자여야 한다. 한편 한국에서 직장에 고용되지 않은 외국인이더라도 〈출입국 관리법〉(시행 2025. 6. 1.)에 따라 외국인 등록을 마친 뒤 6개월 이상 한국에 체류하는 경우에는 지역 가입자의 자격을 얻을 수 있다.

외국인의 피부양자

한국의 국민 건강 보험에 가입한 외국인에게 가족이 있다면, 그들 또한 피부양자 자격으로 국민 건강 보험에 가입할 수 있다. 이때 가족은 해당 외국인의 배우자, 직계 존속과 직계 비속, 배우자의 직계 존속과 직계 비속, 30세 미만 또는 65세 이상의 미혼인 형제자매까지를 포함한다.

외국인의 피부양자 자격은 2024년 4월을 기준으로 제도상 변화가 생겼다. 피부양자가 한국에 입국하는 즉시 국민 건강 보험 자격을 취득할 수 있었던 과거와 달리, 한국인 지역 가입자와의 형평성 및 공정성을 강화하고자 외국인의 피부양자가 한국에 입국 후 6개월 이상 체류해야 피부양자로서 가입 자격을 얻을 수 있게 되었다. 다만, 외국인 피부양자 중에서 배우자와 미성년인 자녀는 입국 당일 국민 건강 보험 가입을 신청할 수 있다.

즉시 가입 대상 외국인

유학(D-2) 또는 일반 연수 초중고생(D-4-3)의 체류 자격으로 입국한 외국인 유학생, 비전문 취업(E-9), 영주(F-5), 결혼 이민(F-6) 등 6개월 이상 체류가 확실한 비자를 보유한 경우에는 외국인 등록 이후 즉시 건강 보험에 가입할 수 있다. 다만 한국 국민 건강 보험의 가입 대상 외국인 기준과 피부양자 자격 및 체류 기간, 즉시 가입 대상 등 제반 사항은 그 정보에 변화가 생길 수 있으므로 〈장기 체류 재외 국민 및 외국인에 대한 건강 보험 적용 기준〉 같은 보건복지부 고시나 관계 법령을 수시로 확인하는 것이 좋다.

가입 제외 대상 외국인

일부 외국인들은 외국의 법령 및 사업장의 사용자, 즉 고용주와의 계약 등에 의거하여 한국에서 국민 건강 보험 가입 의무를 면제받고 있다. 프랑스 국적자의 경우 프랑스 정부와 한국 정부 간의 협정을 통해 건강 보험 가입 의무를 면제받는다. 또한 본국에서 건강 보험에 가입한 일본 국적자와 미국 국적자, 유엔으로부터 의료 보장을 받는 정부 관료·군인·퇴직자 및 그 가족도 한국에서 건강 보험 가입 제외 대상에 해당된다. 기타 한국에 장기 체류하기 전 외국에서 민간 보험에 가입하여 의료 보장을 받고 있었거나 외국에서 고용주에게 의료 보험료 또는 의료비를 보상받고 있는 경우에는 건강 보험 가입 제외 신청이 가능하다.

외국인 가입 절차와 보장 조건

외국인의 가입 절차

외국인 직장 가입자는 한국인 직장 가입자와 마찬가지로 사업장의 사용자가 외국인 근로자를 고용한 후 14일 이내에 신고하여 국민 건강 보험에 가입하게 된다. 지역 가입자의 경우 한국에 6개월 이상 체류하면 국민 건강 보험 공단에서 지역 가입자로 일괄 가입 처리하며, 등록된 한국 내 체류지로 건강 보험증과 보험료 납부 고지서를 발송한다. 만약 건강 보험증 등 필요한 서류를 받지 못해 자동 가입 처리되지 않은 경우나 가족이 동반 입국하며 보험료를 세대 단위로 납부하려는 경우에는 외국인 민원 센터에 직접 방문하여 건강 보험 가입 신고를 해야 한다.

자격 상실과 재가입

직장 가입자로 한국의 국민 건강 보험에 가입한 외국인은 한국에서의 체류 기간이 종료된 경우, 강제 퇴거 명령을 받은 경우, 다른 직장 가입자의 피부양자가 된 경우, 사망한 경우 등이 발생하면 그 가입 자격을 상실한다. 이외에도 지역 가입자 자격으로 국민 건강 보험에 가입한 외국인은 최소 체류 유지 기간인 6개월 사이에 한국이 아닌 지역에서 30일을 초과하여 체류하면 국민 건강 보험의 가입 자격을 상실한다. 이 경우에 해당 외국인이 한국에 재입국을 한다면 입국일로부터 6개월이 경과된 후부터 다시 지역 가입자 자격으로 국민 건강 보험에 가입할 수 있다. 이에 더하여 외국인 지역 가입자가 스스로 건강 보험 가입 제외를 신청한 경우에도 가입 자격이 상실된다.

외국인에 대한 보험료

한국에서 외국인이 부담하는 국민 건강 보험료는 한국인과 동일한 기준으로 산정된다. 이에 따라 외국인 직장 가입자의 보험료는 급여를 기준으로 책정되며, 한국인과 마찬가지로 근로자와 사용자가 각각 50%씩 부담한다. 외국인 지역 가입자의 보험료도 한국인과 마찬가지로 소득과 재산을 기준하여 부과된다. 보험료를 체납할 경우 체납 기간과 체납 횟수에 따라 보험 급여가 제한되며, 병원 방문 때 건강 보험 혜택을 제한받는다. 나아가 비자 발급·연장·변경 등 각종 체류 허가에 필요한 사항들도 수행할 수 없다. 한편 한국의 국민 건강 보험에 가입한 한국 체류 외국인의 배우자 및 미성년 자녀는 피부양자로서 세대 단위로 보험료를 납부할 수 있다. 이 경우 국민 건강 보험 공단에 가족 관계를 증명하는 서류를 제출해야 한다. 한국에 체류 중인 외국인들 중에 보유하고 있는 비자의 종류에 따라 보험료를 경감받는 경우도 있으니 관련 내용을 잘 확인해야 한다.

외국인 의료 지원 정책

한국 정부는 건강 보험이나 의료 급여 등 각종 의료 보장 제도에 의한 의료 혜택을 받을 수 없는 외국인을 위하여 〈재한 외국인 처우 기본법〉(시행 2025. 1. 31.) 제3조에 의거해 외국인 의료 지원 정책을 펼치고 있다. 해당 지원 대상은 외국인 근로자 및 그 자녀(18세 미만)·국적 취득 전 결혼 이민자 및 그 자녀·난민 및 그 자녀 등으로, 이들은 입원과 수술 및 해당 외국인 자녀의 외래 진료와 산전 진찰 등을 지원받는다. 이때 입원부터 퇴원까지 발생한 총 진료비의 90%를 지원받을 수 있고, 1회당 500만 원의 범위 내에서 지원된다. 만약 1회당 총 진료비가 500만 원을 초과하는 경우와 동일한 외국인이 1회 이상 수술을 받아야 하는 경우라면, 의료 기관의 자체 심의를 거쳐 진료비 초과 사유서를 작성해 지자체에 제출해야 한다. 기타 상세한 내용은 관련 부서인 보건 복지부의 홈페이지에서 확인할 수 있다.

색인 Index

어휘

ABO 혈액형 체계 ABO(ABO blood group system) 166
CT(컴퓨터 단층 촬영) 검사 CT(computerized tomography) scan 32, 39, 48, 80, 81, 91, 118, 132, 134, 144, 146, 156, 160
PCR(중합 효소 사슬 반응) 검사 PCR(polymerase chain reaction) test 58, 67
PSA(전립샘 특이 항원) prostate-specific antigen 100, 105

가려움증 itching 60, 64
가임기 childbearing age, childbearing years 112, 118
각막 cornea 19, 22, 92
각막 궤양 keratohelcosis 20
각막 부종 corneal edema 20
각막 이식 keratoplasty 20
각막 혼탁 corneal clouding, corneal opacity 22
각막염 corneitis, keratitis 20, 22
각질 dead skin cells, horny substance, keratin 58, 60
간 기능 검사 LFT(liver function test) 154, 163, 167
간 부전 hepatic failure 154, 163
간암 liver cancer 139, 140
감각 장애 dysesthesia, sensory disturbance 86, 89
감압술 decompression 86, 92
감염성 심내막염 infective endocarditis 74, 80
감염자 격리·분리, 방역·검역·건강 격리 isolation, quarantine 154, 160
갑상샘 절제 수술 thyroidectomy 140, 146
갑상샘 호르몬제 thyroid hormone drug 140, 146
갑상샘암 thyroid cancer 139, 140, 146
객담 도말 검사 sputum smear test 140, 144
갱년기 climacteric 102, 115
거부 반응 rejection 140, 148
거상연 ora serrata 19
건선 psoriasis 57, 60
결막 conjunctiva 19, 24
결막염 conjunctivitis 20, 24, 25
결찰술 clipping 86, 88

결합 조직 세포 connective tissue cell 128, 130
결핵 TB/TBC(tuberculosis) 74, 77, 167
경막 dura mater 85, 94
경직 spasticity 86, 94
고름 pus 32, 34, 38, 48, 58, 62
고막 tympanum 31, 34, 38
고막염 myringitis 34
고밀도 지단백질 HDL(high density lipoprotein) 167
고실 tympanic cavity 31, 38
고실 성형술 tympanoplasty 32, 38
고음 high note, overtone, shrill 32, 40
고환 testis 99, 108
골격 skeleton 128, 134
골다공증 osteoporosis 112, 115
골든 타임 golden hour 154, 156, 160
골밀도 BMD(bone mineral density) 166
골반 근육 pelvic muscle 100, 103
골반염 PID(pelvic inflammatory disease) 114, 167
골반통 pelvic pain 112, 114, 115
골수 bone marrow 140, 148, 149
골수 흡인 농축물 BMAC(bone marrow aspirate concentrate) 166
골절 fracture 154, 156
공막 sclera 19
공복 혈당 FBS(fasting blood sugar) 166
과민 반응 hypersensitivity reaction 154, 157
과배란 superovulation 112, 119
관상 동맥 coronary artery 73, 82, 83
관상 동맥 조영술 coronary arteriography 74, 82, 83
관상 동맥 중재술 coronary intervention 74, 83
광대뼈 cheekbone, malar bone, zygomatic bone 128, 134
광선 치료 phototherapy, ucotherapy 58, 60
교뇌 pons 85
교통사고 TA(traffic accident) 156, 158, 167
구강 mouth, oral cavity 45, 46, 48, 52, 53, 55, 168
구강 세정기 oral cavity washer, water flosser 46, 51, 52
구강암 oral cavity cancer 46, 48
구급차 ambulance 154, 158, 162
구내염 stomatitis 45, 48, 140, 142
구진 papule 58, 60, 62

구토 vomiting 74, 76, 86, 88, 90, 94, 95, 123, 142, 157
국소 치료 topical therapy 58, 60
굴절 이상 ametropia, refractive error 19, 20, 23
귓바퀴 auricle, pinna 31
귓불 earlobe 31
귓속뼈 auditory ossicle 31
균형 감각 sense of balance 86, 93
근관 치료(신경 치료) endodontic treatment, root canal therapy 46, 49, (55)
근력 운동 muscle strength training 140, 147
근시 myopia, short sightedness 20, 28, 29
근육 위축증 ALS(amyotrophic lateral sclerosis) 88, 166
근육통 muscle pain, myalgia 74, 76
근전도 검사 EMG (electromyography) 166
금식 NPO(nil per os/non per os) 83, 167
기관 trachea 35, 73
기관지 bronchus 73, 143
기관지 내시경 bronchoscope 140, 144
기도 폐쇄 airway obstruction 154
기미 chloasma, melasma 60, 61
기억 상실 amnesia 154, 156
기형아 검사 congenital anomaly test 112, 122
기흉(공기가슴증) pneumothorax 74, 81

나팔관 fallopian tube 111, 114
낙상 falling 154, 156
난소 ovary 111, 114, 115, 116, 117, 119
난소 양성 종양 ovarian benign tumor 111, 112
난소암 ovarian cancer 111, 112
난시 astigmatism 20
난임 infertility 99, 100, 108, 112, 119
난자 ovum 111, 115, 119
난청 amblyacousia, hearing loss, hypacusis 31, 32, 36
난포 follicle 111
남성 갱년기 male climacteric 102
남성 생식계 기관 male genital organ 99
남성 호르몬 male hormone 100, 102, 109, 131
내성 fastness, resistance, tolerance 140, 143
내이 internal ear 31, 36
내측 직근 medial rectus muscle 19
냉각 담요 cooling blanket 154, 162
냉동 치료 cryotherapy, frigotherapy 58, 61
노안 presbyopia 20
녹내장 glaucoma 19, 20, 26

농포 pustule 20, 22
농흉(고름가슴증) pyothorax 74
뇌 단면도 brain transverse section 85
뇌 혈류 초음파 검사(두개 경유 도플러) TCD(transcranial Doppler) 86, 90, 167
뇌간 brain stem 85, 89
뇌경색증 cerebral infarction 86
뇌동맥류 cerebral aneurysm 88
뇌염 encephalitis 86, 94
뇌전증 epilepsy 86
뇌졸중 CVA(cerebrovascular accident), stroke 32, 37, 80, 166
뇌진탕 cerebral concussion 156
뇌척수액 CSF(cerebrospinal fluid) 86, 94, 166
뇌출혈 cerebral hemorrhage 86, 88, 154, 156, 160
뇌파 검사 EEG(electroencephalography) 86, 166
뇌혈관 질환 cerebrovascular disease 85, 86
눈꺼풀 eyelid 20, 22, 27, 60, 92, 130
눈꺼풀 처짐 blepharoptosis 128, 130
눈물관(누관) lacrimal duct 19
눈물샘 lacrimal gland 19
눈물소관(누소관) lacrimal canaliculus 19
눈물점 punctum lacrimale 19
눈물주머니(누낭) lacrimal sac 19
늑골(갈비뼈) costa, rib 111

다낭 난소 증후군 polycystic ovarian syndrome 112, 117
다래끼 hordeolum, stye 22
다발 경화증 multiple sclerosis 88, 89
다발성 장기 부전(다기관 부전) multiple organ failure 154, 162
다크 서클 dark circle 58
달팽이관(와우관) cochlear duct 31
담 muscle cramps, muscle stiffness 74, 81
당 부하 시험 GTT(glucose tolerance test) 167
당뇨병 DM(diabetes mellitus) 23, 26, 78, 159, 166
대뇌 cerebrum 85, 89
대동맥 aorta 73, 77, 82, 99
대동맥판 aortic valve 73, 80
대상 포진 herpes zoster 58, 66, 67, 68, 69
대상 포진 후 신경통 postherpetic neuralgia 58, 68
대장균 E. coli(Escherichia coli) 100, 105, 106
대장암 colorectal cancer 139, 140, 147
도수 정복 manual reduction 46, 49
돌출 protrusion 46, 52, 88, 132, 134
동공 pupil, pupilla 19
동공 반응 pupillary reaction 154, 162

180

동맥 경화증 arteriosclerosis 73, 74, 77, 154, 156
두개골(머리뼈) cranium 32, 85
두드러기 hives, urticaria 58
두피 scalp 57, 58, 65
땀 악취증 bromhidrosis, kakidrosis, osmidrosis 128, 135

래미네이트 dental laminate 46, 52
레이저 치료 laser therapy 20, 23, 26, 58, 60, 61, 62, 128, 135
레진 resin 46, 49
류머티즘열 rheumatic fever 74, 80
리프팅 lifting 128, 131
림프 조직 lymphatic tissue, lymphoid tissue 32, 35
림프절 lymph node 140, 146

마른기침 dry cough 74, 76, 77
마취 anesthesia 46, 49, 55, 130, 133, 137, 140, 145
만성 chronic 38, 46, 54, 55, 60, 64, 105
만성 골수 백혈병 chronic myeloid leukemia 140, 148
만성 폐쇄 폐 질환 COPD(chronic obstructive pulmonary disease) 166
말초 신경 peripheral nerve 85, 89
말초 신경계 PNS(peripheral nervous system) 85, 86, 167
말초 혈액 peripheral blood 140, 148
맑은 콧물 clear nasal discharge, watery rhinorrhea 32, 34
망막 optomeninx, retina 19, 22, 23, 28, 29, 89
망막 박리 retinal detachment 22, 23, 28
망막 열공 retinal break 20, 23
망막 중심 오목 fovea 19
매독 lues, syphilis 100, 107, 112, 122
매복 사랑니 impacted third molar 48
매부리코 hump nose 128, 132
맥락막 choroid 19
맥박 pulse 74, 80
멍울(종괴) lump 112, 114
메니에르병 Meniere disease 32, 36, 37
면역 세포 immunocyte 140, 143
면역 억제제 immunosuppressant 140, 149
면역 조절 immunomodulation 86, 89
면역 체계 immune system 140, 143, 149
면역 항암제 immunochemotherapy 143
면포 comedo 58, 62
모공 pore 57
모근 hair root 57
모낭 hair follicle 57, 62, 135
모발 이식 hair transplantation 58, 65
목구멍 fauces, throat 31, 35

목덜미 투명대 검사 nuchal translucency scan 112, 122
목젖 uvula 31, 35
몽의학 Mongolian Medicine 97
무좀 tinea pedis 58
무호흡 apnea 154, 160
문합 anastomosis 140, 142
물리 치료 physical therapy 46, 49, 85, 86, 89, 92
물집(수포) bleb, blister, bulla 57, 58, 61, 66, 67, 68
물혹(낭종) cyst 32, 35
미각 이상 dysgeusia, parageusia 86, 92
미분화암 undifferentiated cancer 140, 146

반사 작용 reflex action 86, 93
반점(점) macule, spot 58, 60
발기 부전 erectile insufficiency, impotence 100, 102, 108
발성 훈련 voice training 32, 41
발진 rash 57, 58, 64, 157
방광 bladder 86, 89, 99, 102, 103, 104, 106
방광암 bladder cancer 99, 100
방광염 bladder infection, cystitis 100, 106
방사선 치료 radiotherapy 74, 76, 115, 139, 142, 143, 149
방사성 요오드 radioactive iodine 140, 146
배농(배뇽) drainage 20, 22
배뇨 miction, urination, voiding 86, 89, 99, 103, 106, 107, 114
배뇨 방광 요도 조영술 VCUG(voiding cystourethrography) 100, 106, 167
배뇨 장애 dysuria, micturition disorder, urinary dysfunction 100, 102, 103, 105, 106
배뇨통 painful urination, urodynia 100, 106
배란된 난자 ovulated ovum 111
배변 bowel movement, defecation 86, 89, 106, 147
배아 embryo 112, 119
백내장 cataract 19, 20, 23, 26, 150
백반증 vitiligo 58
백악질 cementum 45
백체 corpus albicans 111
법랑질(사기질) enamel 45, 49
법정 전염병 legal communicable disease 154, 160
병력 Hx(history) 92, 145, 146, 167
보습제 moisturizer 58, 60, 62, 64
보조 생식 기술 assisted reproductive technology 100, 109
보조기 assist device, orthosis 46, 49
보존제 preservative 20, 27

보툴리누스 독소(보톡스) botulinus toxin 128, 131, (134, 135)
보편적 의료 보장 UHC(Universal Health Coverage) 43
보호안경 protective glasses, safety glasses 20, 29
복시 diplopia, double vision 20, 23, 26
복압 intra-abdominal pressure 100, 103
복통 abdominal pain 112, 114, 123, 157, 160
본뜨기 impression 46, 53
봉급제 salary 150, 151
부갑상샘 저하증 hypoparathyroidism, parathyroprivia 140, 146
부고환 epididymis 99
부기(부종) swelling 128, 133, 134, 137, (22, 35, 76)
부비강 paranasal sinus 31, 39
부비강염 sinusitis 31, 32, 35, 39
부식 corrosion 46, 49
부신 adrenal gland 99
부인병 gynecopathy 111, 112
부정 교합 malocclusion, odontoparallaxis 45, 46, 53, 128, 134
부정맥 arrhythmia 74, 76, 79, 80, 154, 163
분만 예정일 EDC(expected date of confinement) 166
분화 differentiation 140, 142
불명열 FUO(fever of unknown origin) 166
비듬 dandruff 58
비문증 myodesopsia, vitreous floater 20, 22, 28, 29
비소세포 non-small cell 140, 144, 145
비스테로이드 소염제 NSAID (nonsteroidal anti-inflammatory drug) 167
비절개법(매몰법) non-incisional blepharoplasty, suture method 128, 130
비침습적 noninvasive 85, 86
빈뇨 frequent urination 100, 106
빈혈 anemia 65, 112, 122
빛 간섭 단층 촬영 optical coherence tomography 20, 26

사람 면역 결핍 바이러스 HIV(human immunodeficiency virus) 167
사람 백혈구 항원 HLA(human leukocyte antigen) 140, 148, 167
사람 유두종 바이러스 HPV(human papilloma virus) 58, 61, 112, 114, 167
사람 융모 생식샘 자극 호르몬 HCG(human chorionic gonadotropin) 112, 120, 167
사랑니 third molar, wisdom tooth 45, 48
사마귀 verruca, verruga, wart 61

사시(현성 사시도 포함) strabismus (including heterotropia) 23
사지 마비 quadriplegia, tetraplegia 86, 88
산모(초산부, 다산부) para(primipara, multipara) 111, 112
산소 치료 oxygen therapy 74, 77
산소 포화도 oxygen saturation 154, 159
삼첨판 tricuspid valve 73, 80
삼출액 effusion 32, 38
삽입술 insertion 32, 38, 74, 77
상기도 upper airway 31, 35
상대정맥 superior vena cava 73
상비갑개 superior nasal concha 31
상아질 dentin 45, 49
상악골(위턱뼈) maxilla 128, 134
상안검(위 눈꺼풀) upper eyelid 128, 131
색각 이상 color anomaly, dyschromatopsia 23
색맹 color blindness, parachromatopsia 20, 23
색소 레이저 시술 dye laser treatment 58, 61
색소 침착 pigmentation 46, 52
색약 color amblyopia 20, 23
색전술 embolization 86, 88, 112, 118
생리 불순 irregular menstrual cycles, menstrual irregularity 112, 116, 117
생리 주기 menstrual cycle 112, 114, 116, 117
생리통(월경통) dysmenorrhea, menstrual cramps 112, 116, 117, 118
생식기 genital apparatus, genital area, reproductive organ 100, 107, 108
설통 glossalgia, glossodynia 48
섬모체 돌기 ciliary process 19
섬모체근 ciliary muscle 19
섬유 샘종 fibroadenoma 111, 114
섬유종 제거 수술 fibroma removal surgery 130
섬유화 fibrosis 74, 76
섭취 배설 I & O(intake and output) 167
성 전파성 질환(성병) STD(sexually transmitted disease) 100, 107, 112, 114, 167
성기능 장애 sexual dysfunction 89, 99, 100
성대 vocal cord 31, 40, 41
성대 결절 vocal nodule 32, 40
성대 마비 vocal cord paralysis 140, 146
성장 호르몬 GH(growth hormone) 167
세극등 현미경 slit lamp microscope 20, 25, 26, 29
세반고리관 semicircular duct 31
세침 흡인 검사 fine needle aspiration biopsy 140, 146
세포 독성 항암제 cytotoxic chemotherapy 142, 143
세포 면역 cellular immunity 140, 148
소뇌 cerebellum 85

소변 검사 UA(urinalysis) 100, 105, 106, 120, 160, 167
소변 배양 검사 urine culture test 100, 106
소세포 small cell 140, 145
소염 진통제 anti-inflammatory analgesic drug, anti-inflammatory pain reliever 32, 34, 35, 38, 46, 51, 68, 91, 95, 117
송곳니 canine tooth, cuspid tooth 45, 50
수두 chickenpox, varicella 58, 67
수두-대상 포진 바이러스 varicella zoster virus 58, 66
수막뇌염 meningoencephalitis 86, 94
수막염 meningitis 32, 38, 86, 94, 95
수술 OP(operation) 34, 76, 85, 99, 114, 167
수정란 fertilized egg, fertilized ovum, oosperm 112, 118
수정체 lens 19, 26, 28
수질암 medullary cancer 140, 146
수초 myelin sheath 86, 88
쉰 목소리 hoarseness, trachyphonia 32, 146
스케일링 scaling 45, 46, 51, 52, 55
스텐트(금속 그물망) stent 74, 77
습관성 habitual 46, 49
습진 eczema 58, 64
승모판 mitral valve 73, 80
시력 검사 visual acuity test, vision test 19, 20
시신경 optic nerve 19, 23, 26, 86, 89
시신경 원반 optic disc 19
시야 검사 visual field examination 20, 26
식도 esophagus 73, 76, 143
식도암 esophageal cancer 76
신경 섬유 nerve fiber 86, 88
신경 전달 물질 neurotransmitter 86, 93
신경 조직 nervous tissue 20, 22
신경과 혈관 nerve and blood vessel 45
신경관 neural canal 112, 121
신경절 ganglion 58, 66
신부전 renal failure 154, 163
신우 renal pelvis 99
신우신염 nephropyelitis, pyelonephritis 100, 106
신장 kidney 99, 102, 103, 106, 163
신장 결석 kidney stone 102
신장 기능 검사 renal function test 154, 163
신장 동맥 renal artery 99
신장 정맥 renal vein 99
신장암 kidney cancer 99, 100
실명(시각 상실) blindness, typhlosis, vision loss 20, 23, 26, 86, (89)
심근 경색증 MI(myocardial infarction) 73, 74, 82, 154, 156, 160, 167

심근(심장 근육) cardiac muscle, myocardium 73, 76
심근염 myocarditis 76
심방 잔떨림(심방세동) AF(atrial fibrillation) 74, 78, 79, 166
심부전 heart failure 73, 74, 76, 77
심장 heart 73, 76, 78, 79, 80, 82, 83, 122, 133, 156, 157, 161, 163
심장 박동 cardiac impulse, heartbeat 74, 78, 79, 121
심장 발작 cardiac crisis, heart attack 156, 157
심장 초음파 검사 echocardiography 74, 78, 80
심전도 검사 ECG/EKG (electrocardiography) 74, 78, 80, 83, 136, 154, 157, 163, 166
심정지(심장 마비) cardiac arrest 154, 160
심폐 소생술 CPR(cardiopulmonary resuscitation) 154, 161, 166
쌍꺼풀 수술 double eyelid surgery 127, 130

아나필락시스 anaphylaxis 157
아랫니 lower teeth 45
아말감 amalgam 46, 49
아토피 피부염 atopic dermatitis 57, 58, 64
악성 malignant 22, 76, 111, 114, 140, 146
안구 eyeball, eyeglobe 20, 22, 28
안구 건조증 ophthalmoxerosis, xerophthalmia 20, 27
안대 eye patch 20, 23
안뜰창 fenestra ovalis 31
안면 구조 facial structure 128, 134
안면 마비(구안와사, 벨 마비) facial palsy, Bell palsy 32, 38, 86, 92
안면 비대칭 facial asymmetry 128, 134
안면 홍조 face flushing 100, 102, 115
안압 intraocular pressure, ocular tension 19, 20, 26
안압 측정 tonometry 19, 20
안약 eye drop, eye lotion 20, 22, 25, 26
안연고 eye ointment, eye salve, oculentum 21, 22
안저 검사 funduscopy 19, 21, 29
알레르기 코염 allergic rhinitis 34
암세포 cancer cell 140, 142, 143, 145, 146, 149
압궤 손상 crush injury 154, 156
압박 스타킹 compression stocking 128, 137
압출 extrusion, extraction 58, 62
앞니 incisor 45
약시 amblyopia 23
양악 돌출 bimaxillary prognathism 128, 134

양악 수술 bimaxillary surgery, double jaw surgery 128, 134
양전자 방출 단층 촬영 PET(positron emission tomography) 86, 93, 167
양치질 brush teeth, gargle 46, 51, 52
언어 장애 dysphasia, language disorder 87, 88
얼굴뼈 facial bone 128, 130
에피네프린(아드레날린) epinephrine, adrenalin 154, 157
여드름 acne, pimple 57, 58, 62, 63
여성 생식계 기관 female genital organ 111
여성 호르몬 female hormone 112, 115, 116, 118
여성형 유방 gynecomastia 128, 131
여포암 follicular cancer 140, 146
연고 ointment 58, 60, 62, 64, 68, 115, 135
연골 cartilage 31, 128, 131, 132
연막 pia mater 85, 94
연수 medulla 85
연조직 soft tissue 128, 134
연하 장애(삼킴곤란) dysphagia 32, 35, 76, 141, 146
열사병 heat pyrexia, heat stroke 154, 162, 163
열상 lacerated wound, laceration 154, 160
염색체 이상 chromosomal aberration 141, 148
엽산 folic acid 112, 121
영구치 permanent tooth 46, 52
오목가슴 funnel chest, pectus excavatum 74
오한 chill 87, 94, 100, 104, 106, 114
온도 안진 검사 caloric test 32, 37
외국인 근로자의 근무 중 응급 질환 medical emergency during a foreign worker's shift 156
외국인 환자 foreign patients 125, 165, 168, 169, 172, 173, 174, 175
외국인 환자의 메디컬 비자 medical visa for foreign patients 169
외이 external ear 31
외이도 external auditory canal 31, 34, 37
외이도염 otitis externa 32, 34
외측 직근 lateral rectus muscle 19
요관 ureter 99, 102, 103, 106
요관 협착 ureteral stricture, ureterostenosis 102, 103
요도 urethra 99, 103, 104, 105, 106, 107
요도 괄약근 urethral sphincter 99, 103
요도염 urethritis 100, 106
요로 감염 UTI(urinary tract infection) 100, 103, 104, 106, 167
요로계 기관 urinary system 99, 106
요실금 urinary incontinence 99, 103
우심방 right atrium 73

우심실 right ventricle 73
우폐동맥 right pulmonary artery 73
우폐정맥 right pulmonary vein 73
운동 신경 세포 motor cell, motor neuron 87, 88
운동 완만(서동증) bradycinesia, bradykinesia 87, 93
운동 치료 kinesiatrics, kinesitherapy 87, 93
원시 hyperopia 21
윗니 upper teeth 45
유관(젖샘관) lactiferous duct 111
유동식 LD(liquid diet) 167
유두 nipple, papilla 111, 135, 146
유두 모양암 papillary cancer 141, 146
유륜 areola 111
유리체 vitreous body 19, 23, 28, 29
유리체관 hyaloid canal 19
유방 breast 111, 114, 127, 130, 131
유방 수술 breast surgery 127, 130, 131
유방 처짐 mastoptosis 128, 131
유방 축소 breast reduction 128, 131
유방 확대 breast augmentation 128, 130
유방암 breast cancer 111, 112, 114
유산 miscarriage 112, 123
유선(젖샘) mammary gland 111, 114, 131
유스타키오관(이관) auditory tube, Eustachian tube 31, (38)
유치 baby tooth, deciduous tooth, milk tooth 46, 53
융비술 augmentation rhinoplasty 128, 131, 132
음경 penis 99
음낭 scrotum 99
음성 치료 voice therapy 32, 41
응급 수술 emergency surgery 154, 160
응급 처치 emergency care, first aid 154, 156, 160, 161, 162, 163
응급실 ER(emergency room) 154, 160, 162, 166
의료인 medical professionals 97, 102, 119, 125, 137, 142, 146, 149, 150, 153, 160, 162, 165, 168, 170, 174, 175, 176
의료인의 의무와 권리 duties and rights of medical professionals 168
의식 상실 unconsciousness 154, 156
의식 저하 loss of consciousness, mental deterioration 87, 88
이뇨제 diuretic 74, 76
이명 tinnitus 32, 34, 36, 87, 92
이석 치환술 canalith repositioning maneuver 32, 37
이석증(양성 돌발 체위 현기증) otolithiasis, benign paroxysmal positional vertigo 32, 36, 37
이식 수술 transplant surgery 77, 99, 141, 148, 149
인공 눈물 artificial tears 21, 27
인공 수정 artificial fertilization, intrauterine insemination 100

색인

인공 수정체 intraocular lens, pseudophakos 21, 26
인공 치아 artificial tooth, prosthetic tooth 46, 52
인두 pharynx 31, 35
인두제 capitation 151
인레이 inlay 46, 49
인지 행동 치료 CBT(cognitive behavioral therapy) 46, 48, 166
인후두염 laryngopharyngitis, pharyngolaryngitis 35
일당 정액제 daily charge or per diem fee 150, 151
임신 encyesis, pregnancy 100, 120, 121
임신부 gravida 112, 121, 122, 123
임신성 당뇨(임신 당뇨병) gestational diabetes 112, 122
임질 gonorrhea 100, 107
임플란트(보형물) implant 45, 46, 52, 128, (131)
입 인두 oropharynx 31
입냄새 bad breath, bromopnea, halitosis, stomatodysodia 46, 48, 51
입덧 emesis gravidarum, morning sickness 113, 123
입체 촬영 stereography 21, 26

ㅈ

자가 면역 질환 autoimmune disease 87, 89
자가 지방 autologous fat 128, 131
자궁 uterus, womb 113, 114, 115, 116, 117, 118, 119, 121
자궁 경부 cervix 111, 114
자궁 경부암 cervical cancer 114, 115
자궁 근종 hysteromyoma, uterine leiomyoma 111, 113, 116, 118
자궁 근종 절제술 hysteromyomectomy 113, 118
자궁 내막 endometrium 111, 114, 116, 118
자궁 내막증 endometriosis 113, 116
자궁 외 임신 eccyesis, ectopic pregnancy 113, 121
자궁 외막 perimetrium 111
자궁 적출술 hysterectomy 113, 118
자궁강(자궁안) uterine cavity 111
자동 심장 충격기 AED(automated external defibrillator) 154, 161, 166
자외선 ultraviolet ray, ultraviolet light 21, 26, 29, 60
자외선 차단제 sunblock, sunscreen 58, 61
자율 신경계 ANS(autonomic nervous system) 166
작업 치료 occupational therapy 87, 93
작은어금니 bicuspid 45, 50
잔뇨감 feeling of residual urine 100, 103, 106

재건 성형 reconstructive surgery 58, 61, 127, 156
재발 recurrence 22, 25, 35, 37, 38, 55, 64, 68, 69, 80, 89, 105, 106, 130, 141, 143, 146, 163
재접합 replantation 155, 156
재채기 sneeze 25, 32, 34, 103
저밀도 지단백질 LDL(low density lipoprotein) 167
저산소증 hypoxia 74, 76
전기 영동법 cataphoresis, electrophoresis 59, 61
전기 지짐술(전기 소작) electric cauterization 59, 61
전기 충격 요법 EST(electric shock therapy) 74, 79, 166
전립샘 prostate gland 99, 103, 104, 105
전립샘 비대증 BPH(benign prostatic hypertrophy) 99, 103, 166
전립샘 절제술 prostatectomy 100, 103
전립샘염 prostatitis 100, 104, 105, 108
전방 anterior chamber 19, 134
전방 부분 절골술 ASO(anterior segmental osteotomy) 128, 166, 134
전신 치료 systemic treatment 59, 60
전이 metastasis 76, 141, 143, 145, 146
전정 vestibule 31
전정 기관 vestibular apparatus 31, 36, 37
절개 배농(배액) I & D(incision and drainage) 167
절개법 incisional blepharoplasty 128, 130
절단 amputation 155, 156
절대 침상 안정 ABR(absolute bed rest) 166
절박뇨 urinary urgency 100, 106
점막 수축제 mucosal decongestant 32, 38
점이액 ear drop 32, 34
정관 vas deferens 99, 108
정관 폐쇄 vas deferens obstruction 100, 108
정관술 vasitis 101, 108
정낭 seminal vesicle 99
정액 검사 semen analysis 101, 108, 109
정자 sperm, sperm cell, spermatozoon 101, 108, 109, 119
제대혈 cord blood 141, 148
제왕 절개 CS(cesarean section) 150, 166
조기 사정(조루증) premature ejaculation 101
조영제 contrast agent 74, 82, 83
조직 적합성 histocompatibility 141, 148
조혈 모세포 이식 hematopoietic stem cell transplantation 141, 148, 149
종격 기종 mediastinal emphysema, pneumomediastinum 74
종양 tumor 76, 99, 102, 111, 114, 118, 130, 141, 142, 146

종양 절제 수술 tumorectomy 142, 143, 145
좌골 신경통 sciatic neuralgia 89
좌심방 left atrium 73
좌심실 left ventricle 73
좌욕 sitz bath 101, 105
좌폐동맥 left pulmonary artery 73
좌폐정맥 left pulmonary vein 73
주걱턱 lantern jaw, prognathism 128, 134
주근깨 freckle 59
주름 fold, pucker, wrinkle 128, 131
주름 성형 수술 rhytidectomy, rhytidoplasty 127, 131
중뇌 midbrain 85
중독 toxication, toxicosis 157
중비갑개 middle nasal concha 31
중심 망막 동맥 central retinal artery 19
중의학 TCM(Traditional Chinese Medicine) 43
중이 middle ear 31, 34, 38
중이염(가운데귀염) otitis media 31, 32, 34, 38
중증 외상 major trauma 155, 160
중추 신경계 CNS(central nervous system) 32, 37, 85, 87, 88, 89, 93, 166
중환자실 ICU(intensive care unit) 167
증상 Sx(symptom) 22, 30, 48, 57, 76, 88, 102, 114, 135, 143, 157, 167
지방 조직 fatty tissue 111
지방 흡인술 suction lipectomy 127, 131, 136, 137
지주막 arachnoid mater 85, 94
직장 손가락 검사 DRE(digital rectal examination) 166
진단 Dx(diagnosis) 19, 36, 48, 57, 73, 90, 106, 111, 134, 139, 153, 166
진피 dermis 57
질 vagina 111, 114, 115, 120
질 경유 초음파 TVUS(transvaginal ultrasound) 113, 118, 167
질 확대경(자궁경) colposcope, hysteroscope 113, 118
질염 colpitis, vaginitis 115
질트리코모나스증(질편모충증) vaginal trichomoniasis 101, 115

ㅊ

처방전 Rx(prescription) 97, 167, 174
(처방전에서) 필요한 경우 p.r.n.(pro re nata) 167
척수 spinal cord 85, 88, 89
척수 손상 spinal cord injury 89
척주관 spinal canal, vertebral canal 85, 89
척추 단면도 vertebral transverse section 85
척추뼈 몸통(척추체) vertebral body 85
천공 perforation 32, 34, 38

첩포 검사 patch test 59, 64
청력 audition, hearing 32, 34, 37, 38, 92
청력 검사 hearing test 33, 37
청신경 auditory nerve 31
체온 조절 중추 heat-regulating center 155, 163
체온·맥박·호흡수 TPR(temperature, pulse, and respiration) 155, 159, 167
체외 수정 IVF(in vitro fertilization) 101, 109, 113, 119, 167
체외 충격파 쇄석술 ESWL (extracorporeal shock wave lithotripsy) 101, 102, 166
체질량 지수 BMI(body mass index) 166
체형 body type, habitus, physique 127, 128, 136
총액 계약제 global budget 150, 151
출산 bearing, childbirth, parturition 103, 111, 113
출혈 시간 BT(bleeding time) 166
충혈 engorgement, hyperemia, redness 21, 24
측두골 temporal bone 31
치간 칫솔 interdental brush 46, 51, 52
치관 crown 45
치근 dental root 45, 52
치근 활택술 root planing 46, 55
치근관 root canal 45, 49
치료 Tx(treatment) 19, 31, 45, 57, 73, 85, 103, 114, 134, 139, 153, 167
치석 tartar 46, 50, 51, 55
치실 dental floss 46, 51, 52
치수(속질) pulp 45, 49
치아 검사 dental examination 46, 51, 55
치아 결손 tooth defect 46, 52
치아 교정 braces, orthodontics 45, 47, 53, 134
치아 배열(치열) dental arch, teeth arrangement 47, 52, 53, 134
치아 변색 teeth discoloration 47, 52
치아우식증(충치) cavity, dental caries 45, 49
치은(잇몸) gingiva, gum 45, (48, 50, 51, 52, 53, 54, 55, 134)
치은염 gingivitis 45, 47, 50, 51, 54
치조골 alveolar bone 45, 54, 55
치주 인대 periodontal ligament 45
치주 질환 periodontal disease 47, 52
치주염 periodontitis 45, 47, 54, 55
치태(플라크) dental plaque 47, 50, 52
치환술 replacement 74, 77, 80
침샘 salivary gland 47, 48

ㅋ

케겔 운동 Kegel exercise 101, 103
코 막힘 nasal congestion 31, 33, 35, 39, 132
코 세척 nasal irrigation 33, 39
코 수술 nose surgery 127, 131

183

코 용종 nasal polyp 35
코 인두(비인두) nasopharynx 31
코끝 nasal tip 129, 131, 132
코눈물관(비루관) nasolacrimal
　　duct 19
코뼈 nasal bone 129, 132
코안(비강) nasal cavity 31, 35, (39)
코중격 nasal septum 31
코중격 만곡(비중격 만곡증) deviated
　　nasal septum 33
콧대 bridge of nose 129, 131, 132
콧등 dorsum nasi, nasal bridge
　　129, 131, 132
콧방울 ala nasi, nosewing 129, 131
콧속 endonasal, intranasal 129, 131
콩다래끼 chalazion, meibomian
　　cyst 22
큰어금니 molar 45
클라미디아증 chlamydiosis 101, 107

탈모증 alopecia 59, 65, 142
탐침 검사 probing test 47, 50, 54
태아 fetus 113
턱관절 장애 temporomandibular joint
　　disorder 45, 49, 129, 134
턱관절 탈구 temporomandibular joint
　　dislocation 49
턱뼈 jawbone 47, 48, 53, 130
털 hair 57, 64
털세움근 arrector pili muscle,
　　piloerector muscle 57
퇴행성 관절염 OA(osteoarthritis) 167
트리아제(중증도 분류) triage 155, 160
특발 폐 섬유증 idiopathic pulmonary
　　fibrosis 76
틀니 denture 47, 52

파킨슨병 Parkinson disease 87, 93
판막 기능 부전 valvular
　　insufficiency 74
판막 질환 valvular disease 74, 80
판막 협착증 valvular stenosis 75, 80

편도샘(편도) tonsil 31, 35, (150)
편도샘염 tonsillitis 31, 35
편두통 migraine 87, 90, 91
평활근 nonstriated muscle, smooth
　　muscle 113, 118
폐 lung 73, 76, 77, 81, 145
폐 기능 검사 PFT(pulmonary function
　　test) 75, 167
폐경 menopause 115
폐동맥판 pulmonary valve 73, 80
폐렴 pneumonia 75, 77
폐암 lung cancer 73, 75, 139, 141,
　　144, 145
폐활량 VC(vital capacity) 167
포괄 수가제 bundled-payment
　　150, 151
표적 항암제 targeted therapy 142, 143
표피 epidermis 57
풍선 확장술 balloon dilatation 101, 103
풍진 german measles, rubella 113, 122
피부 경유 전기 신경 자극 TENS
　　(transcutaneous electrical nerve
　　stimulation) 87, 92, 167
피부 단자 검사(피부 바늘 따끔 검사)
　　skin prick test 59, 64
피부 요철 uneven skin texture 129, 137
피부 이식 skin graft 59, 61, 156
피부 탄력 skin elasticity 129, 131, 136
피임약 anticonceptive,
　　contraceptive 113, 117
피지 sebaceum, sebum 59, 62, 63
피지샘(기름샘) oil gland, sebaceous
　　gland 21, 27, 57, 62
피하 조직 hypoderm, subcutaneous
　　tissue 57, 129, 135
필러 filler 129, 131

하대정맥 inferior vena cava 73, 99
하비갑개 inferior nasal concha 31
하악골(아래턱뼈) mandible 129, 134
하안검(아래 눈꺼풀) lower eyelid 129, 131
하임리히법(복부 밀어 올리기) Heimlich
　　maneuver, abdominal thrust
　　155, 161

하지 정맥류 varicose vein 73, 75
하행 대동맥 descending aorta 73
한선(땀샘) sweat gland 57, 129, 135
항바이러스제 antiviral medication
　　47, 48, 68, 92, 107
항부정맥제 antiarrhythmic drug 75, 79
항생제 antibiotic 22, 33, 34, 35, 38,
　　39, 47, 48, 51, 105, 106, 107, 114, 115,
　　135, 157
항암 화학 요법(항암제 치료)
　　chemotherapy 75, 76, 115, 139, 141,
　　142, 143, 145, 148, 149
항염증제 anti-inflammatory agent
　　21, 25, 92
항우울제 antidepressant 47, 48
항히스타민제 antihistamine 21, 25, 34,
　　60, 157
해독제 antidote 155, 157
해열제 antifebrile, fever reducer
　　33, 38, 95
핵의학 검사 nuclear medicine test
　　101, 107
행위별 수가제 fee-for-service 150, 151
현훈 vertigo 33, 36
혈관 blood vessel 45, 57, 77, 82, 88, 90,
　　111, 156
혈뇨 hematocyturia, hematuresis,
　　hematuria 101, 102
혈당 검사 BST(blood sugar test) 166
혈소판 PLT(platelet) 136, 167
혈압 BP(blood pressure) 166
혈압 상승제 vasopressor 155, 157
혈액 검사 blood test 33, 37, 64, 65, 83,
　　93, 94, 105, 106, 108, 119, 120, 122,
　　136, 144, 146, 155, 157, 160
혈액 순환 blood circulation 87, 90, 122
혈액 응고 장애 hemostatic
　　disorder 155, 163
혈액 투석 HD(hemodialysis) 150, 167
혈액암 hematologic malignancy
　　139, 141, 148
혈장 교환술 plasma exchange 87, 89
혈전증 thrombosis 113, 117
혈흉(혈액가슴증) hematothorax,
　　hemothorax 75
협심증 angina pectoris 75, 82, 155, 156

호르몬 치료 hormone therapy
　　101, 102, 115
호흡 곤란 SOB(shortness of breath)
　　75, 76, 77, 78, 80, 87, 89, 146, 155, 157,
　　160, 167
호흡기 질환 respiratory disease
　　75, 77, 145
혹 hump, nodule 33, 40, 132
혼수상태 coma 155, 157
홍채 iris 19
화농 purulence, pyogenesis,
　　suppuration 59
화상 burn 61, 71, 156
화학 박피술 chemical peel,
　　decortication technique 59, 61
환기관 ventilating tube 33, 38
황반 macula lutea, yellow spot 19
황반 변성 macular degeneration 21, 23
황체 corpus luteum 111
횡격막 diaphragm 73
후각 olfaction, sense of smell 31, 33,
　　35, 39
후기 고령자 의료 제도 Late-stage
　　Medical Care System of the
　　Elderly 71
후두 larynx 31
후두 신경통 occipital neuralgia 89
후두개 epiglottis 31
후두암 laryngeal cancer 31, 33
후방 posterior chamber 19
흉곽 thoracic cage 73
흉근(가슴 근육) pectoral muscle 111
흉막 pleura 73, 77
흉막 삼출 pleural effusion 77
흉막 유착술 pleurodesis 75, 77, 81
흉막강 pleural cavity 73, 77, 81
흉벽(가슴벽) chest wall 111
흉부 대동맥류 thoracic aortic
　　aneurysm 77
흉수 pleural effusion fluid 75, 77
흉터 scar 22, 57, 59, 61, 62, 130, 135
흉통 chest pain 75, 76, 77, 80, 81, 141,
　　144, 157

표현

가려움과 발진이 발생하다 to develop itching and rashes 59, 64
가슴 통증이 지속되다 to have persistent chest pain 75, 82
가슴이 두근거리다 to experience heart palpitations 75, 78
가임력이 저하되다 to experience reduced fertility 113, 118
간 수치가 증가하다 to increase in liver enzyme levels 141, 149
감각이 둔화되다 to have diminished senses 87, 92
고개를 움직이기 힘들다 to have difficulty moving the head 87, 94
고름을 손으로 짜다 to manually squeeze out the pus 59, 62
고름이 생기다 to have pus formation 59, 62
고막을 복원하다 to restore the tympanum(eardrum) 33, 38
고열과 두통을 완화시키다 to relieve high fever and headache 87, 95
골격 구조를 바로잡다 to correct the skeletal structure 129, 134
골든 타임을 확보하다 to secure the golden hour 155, 160
골수 조혈 모세포를 채취하다 to collect bone marrow hematopoietic stem cells 141, 148
골수를 완전히 비우다 to fully deplete the bone marrow 141, 149
관상 동맥이 막히다 to have blocked coronary arteries 75, 82
구급차로 이송하다 to transport by ambulance 155, 158
귀가 먹먹하다 to have a clogged ear 33, 36
귀에 통증이 느껴지다 to feel ear pain 33, 38
귀에서 분비물이 나오다 to have ear discharge 33, 38
근육 기능을 회복시키다 to restore muscle function 87, 92
근육의 긴장을 풀다 to relax muscle tension 101, 105
기침이 가라앉다 to experiece that the cough has subsided 141, 144
꼼꼼하게 양치하다 to brush one's teeth thoroughly 47, 51

난자를 과배란시키다 to stimulate superovulation, to release multiple eggs(ova) 113, 119
난자를 채취하다 to retrieve eggs(ova) 113, 119
난청 증상이 있다 to have symptoms of hypacusis(hearing loss) 33, 36
남성 호르몬 수치를 확인하다 to check male hormone levels 101, 109
내이에 압력 변화가 생기다 to experience pressure changes within the internal ear 33, 36
냉각 요법을 실시하다 to administer cooling therapy 155, 162, 163
냉찜질을 하다 to apply a cold compress 129, 133
뇌에 염증이 생기다 to have inflammation in the brain 87, 94
뇌의 혈관이 확장되다 to have enlarged cerebral blood vessels 87, 90
뇌척수막에 염증이 생기다 to have inflammation of the meninges 87, 94
눈곱이 끼다 to have eye discharge 21, 24
눈꺼풀 피지샘이 막히다 to have a blocked sebaceous gland in the eyelid 21, 27
눈물이 적게 분비되다 to have decreased tear secretion 21, 27
눈을 감고 쉬다 to close one's eyes and rest 21, 29
눈의 상태를 살피다 to check the condition of the eyes 21, 25
눈이 가렵다 to experience eye itchiness, to have itchy eyes 21, 24
눈이 붉게 변하다 to have bloodshot eyes, to have red eyes 21, 24
눈이 잘 안 떠지다 to have trouble opening the eyes fully 21, 24

다른 신체 기관으로 전이되다 to metastasize to other organs 141, 145, 146
담이 결리다 to have muscle cramps or stiffness 75, 81
대상 포진 백신을 접종하다 to get the herpes zoster vaccine 59, 68

땀 분비량을 감소시키다 to decrease sweat secretion 129, 135
땀샘을 파괴하다 to ablate sweat glands 129, 135

래미네이트가 마모되다 to have worn-down dental laminate 47, 52

마스크를 착용하다 to wear a mask 141, 149
맥박이 불규칙적으로 뛰다 to have an irregular pulse 75, 80
머리가 지끈거리다 to have a throbbing headache 87, 90
머리카락을 충분히 헹구다 to rinse hair thoroughly 59, 65
메스꺼움이 심해지다 to experience worsening nausea 113, 123
면봉으로 눈꺼풀을 닦다 to use a cotton swab to clean the eyelid 21, 27
면역 억제제를 투여하다 to administer immunosuppressants 141, 149
면역 체계가 회복되다 to experience immune system recovery 141, 149
면역력을 강화하다 to boost immunity 59, 69
모낭을 파괴시키다 to ablate hair follicles 129, 135
모발의 굵기를 확인하다 to check the thickness of hair 59, 65
모발이 빠지다 to lose hair 59, 65
목소리가 갈라지다 to have a cracking voice 33, 40
목이 뻣뻣해지다 to experience neck stiffnes 87, 90
몸이 떨리다 to experience body tremors 87, 93
물집이 긴 띠를 이뤄 생기다 to develop a long strip of blisters 59, 66
물집이 터지다 to have burst blisters 59, 68

바이러스 감염을 예방하다 to prevent viral infections 141, 149
발성법을 교정하다 to correct the vocal technique 33, 41
발음이 어눌해지다 to have slurred speech 129, 134
발진 여부를 살펴보다 to check for any sign of a rash 59, 64
배뇨 장애를 개선하다 to improve urinary dysfunction 101, 105
배아의 상태를 확인하다 to assess the embryo's condition 113, 119
보습제를 바르다 to apply moisturizer 59, 60, 62, 64
볼록한 덩어리가 만져지다 to experience a palpable bulging mass 141, 146
부비강에 염증이 생기다 to have sinus inflammation 33, 39
분비물을 채취하다 to collect secretions 101, 107
불안과 우울감을 느끼다 to experience anxiety and depression 87, 92

산소 포화도를 측정하다 to monitor oxygen saturation 155, 159
산소를 투여하다 to provide oxygen therapy 75, 81
삼출액이 중이에 고이다 to have middle ear effusion 33, 38
새로운 혈액이 만들어지다 to produce new blood cells 141, 149
생리 양이 일정하지 않다 to have inconsistent menstrual flow 113, 116
생리 주기가 불규칙하다 to experience irregular menstruation 113, 116
생리통이 심하다 to have severe menstrual cramps 113, 117, 118
생명이 위급하다 to be in critical condition 155, 160, 171
생식기 관련 질환을 앓다 to suffer from genital related diseases 101, 108
성 접촉에 의해 감염되다 to contract infections through sexual contact 101, 107
성대에 가해지는 마찰을 줄이다 to reduce vocal cord strain 33, 41
성대에 무리가 가다 to have overused vocal cords 33, 40, 41
성형으로 교정하다 to undergo surgery to improve its appearance 129, 132
세균 감염의 위험이 있다 to be at risk of a bacterial infection 59, 68
세균이 요도로 들어가다 to have bacterial urethritis 101, 106
세극등 현미경으로 검사하다 to examine the eye using a slit lamp microscope 21, 25, 29

세포가 비정상적으로 증식하다 to experience abnormal cell proliferation 113, 118
소리가 잘 들리지 않다 to be unable to hear clearly 33, 36, 38
소변에서 세균이 검출되다 to detect bacteria in the urine 101, 105
소변을 볼 때 통증을 느끼다 to feel pain when urinating 101, 104, 106
소변을 자주 보다 to urinate frequently 101, 105
소변을 참지 못하다 to have difficulty holding urine 101, 106
속이 메스껍다 to experience nausea, to feel nauseous 87, 90
손으로 눈을 비비지 않다 to avoid rubbing the eyes with hands 21, 25
수두를 앓다 to contract chickenpox 59, 67
수술 부위가 붓고 빨개지다 to have a swollen and red surgical site 141, 147
수술 부위가 뻐근하다 to feel discomfort at the surgical site 141, 147
수정체가 뿌옇게 변하다 to have a cloudy lens 21, 26
숨을 쉬기 어렵다 to have difficulty in breathing 75, 78, 155, 159
쉰 목소리가 나다 to experience voice breaks, to have voice cracks 141, 146
스테로이드 성분이 포함되다 to contain steroid ingredients 21, 25
시력을 잃다 to lose vision 21, 26
시신경이 손상되다 to have optic nerve damage 21, 26
시야가 흐려지다 to suffer from blurred vision 21, 26
신경 전달 물질이 부족해지다 to have neurotransmitter deficiency 87, 93
신장까지 염증이 퍼지다 to have inflammation spread to the kidneys 101, 106
신체 기관이 손상되다 to experience organ damage 155, 163
신체에 산소를 공급하다 to supply oxygen to the body 155, 161
실명에 이르다 to lead to typhlosis 21, 26
심근 경색증으로 발전하다 to progress to myocardial infarction 75, 82
심리적 안정을 취하다 to maintain psychological stability 87, 91
심장 기능을 확인하다 to assess cardiac function 75, 80
심장 박동이 불규칙하다 to have an irregular heartbeat 75, 78, 79
심장의 전기 신호를 측정하다 to measure the heart's electrical signals 75, 78
심장이 떨리다 to experience atrial fibrillation 75, 79
심장이 멈추다 to experience cardiac arrest 155, 161
심장이 수축과 이완을 반복하다 to maintain continuous heart contractions and relaxations 75, 79

아기집이 생기다 to have gestational sac development 113, 121
안경을 쓰다 to wear glasses 21, 26, 29
안면 신경이 압박되다 to have facial nerve compression 87, 92
안압 상승을 유발하다 to cause an increase in intraocular pressure 21, 26
안압 하강제를 복용하다 to take ocular hypotensive medication 21, 26
안약을 처방하다 to prescribe eye drops 21, 25
알레르기 반응을 보이다 to show an allergic reaction 155, 162
알레르기 유발 물질을 피하다 to avoid allergenic substances 59, 64
알레르기 유발 요인을 피하다 to avoid allergy triggers 21, 25
암세포를 제거하다 to remove cancer cells 141, 143, 146, 149
압박복을 착용하다 to wear compression garments 129, 137
어지러움을 유발하다 to cause dizziness 33, 36, 37
얼굴 근육이 움직이지 않다 to experience immobility of the facial muscle 87, 92
얼굴 압박감 증상이 동반되다 to be accompanied by pressure in the face 33, 39
얼굴 좌우의 균형이 맞지 않다 to have imbalance between the left and right side of the face 129, 134
얼굴에 손을 대다 to touch the face 59, 63
여드름을 악화시키다 to worsen acne 59, 63
열을 내리다 to induce hypothermia, to lower body temperature 155, 162
열이 나면서 으슬으슬하다 to have a fever and chills 101, 104
염증의 깊이를 측정하다 to measure the depth of inflammation 47, 54
엽산을 충분히 섭취하다 to ensure adequate folic acid intake 113, 121
영구적으로 제모하다 to remove hair permanently 129, 135
예측 불가능한 상황에 처하다 to be in an unpredictable situation 155, 160
완치율이 높다 to have a high cure rate 141, 148, 149

요도 끝이 따갑다 to feel a stinging pain at the tip of the urethra 101, 104
요도가 가렵다 to experience itching in the urethra 101, 104, 106
요로의 세균을 배출하다 to expel bacteria from the urinary tract 101, 106
유리체가 혼탁해지다 to experience vitreous clouding 21, 28
유산의 위험이 있다 to be at risk of miscarriage 113, 123
유소아에게 흔히 발병하다 to be common in young children 33, 38
음성 사용을 줄이다 to reduce vocal usage 33, 41
음식물을 삼키기 어렵다 to have difficulty swallowing food 33, 35, 40
음식물이 목을 막다 to experience an airway obstruction caused by food 155, 161
응급 처치 상자를 마련하다 to prepare the first aid kit 155, 161
응급 처치를 하다 to administer first aid 155, 160
의식을 잃다 to lose consciousness 155, 160, 162
의식을 회복하다 to regain consciousness 155, 162
이가 시리다 to have tooth sensitivity 47, 55
이관의 기능이 저하되다 to have Eustachian tube dysfunction 33, 38
이석을 제자리로 돌려놓다 to reposition the otoliths 33, 37
인공 눈물을 사용하다 to use artificial tears 21, 27
인공 수정체로 교체하다 to replace with an intraocular lens 21, 26
인공 치아를 식립하다 to place prosthetic tooth 47, 52
인공 판막으로 교체하다 to replace with an artificial valve 75, 80
임신 테스트기로 확인하다 to confirm pregnancy with a test kit 113, 120
임신을 시도하다 to attempt to conceive 109, 113, 118
임신이 되지 않다 to be unable to conceive, to experience infertility 101, 108, 119
입냄새가 심해지다 to have worsening halitosis(bad breath) 47, 51
입덧이 생기다 to experience emesis gravidarum 113, 123
입술이 도드라져 보이다 to have pronounced lips 129, 134
입안을 헹구다 to rinse the mouth 47, 51
입을 다물기 어렵다 to have difficulty closing the mouth 129, 134
잇몸 뼈에 인공 치근을 박다 to insert an artificial tooth root into the jawbone 47, 52
잇몸에 염증이 생기다 to develop gum inflammation 47, 48, 54
잇몸이 과하게 드러나다 to have excessive gum exposure 129, 134
잇몸이 내려앉다 to have gum recession 47, 51
잇몸이 붓다 to have swollen gums 47, 48, 50, 51

자궁 수축이 과도하다 to experience hypertonic uterine contractions 113, 116
자궁벽이 약해지다 to have a weakened uterine wall 113, 118
자궁에 배아를 이식하다 to transfer an embryo into the uterus 113, 119
작은 혹이 생기다 to have a small nodule 33, 40
재활 프로그램에 참여하다 to participate in a rehabilitation program 141, 147
전기 충격 요법이 필요하다 to need electric shock therapy 75, 79
전립샘의 혈류를 증가시키다 to increase blood flow to the prostate 101, 105
전문적인 진료가 필요하다 to require specialized care 155, 160
전신에 이상 증상이 나타나다 to have widespread abnormal symptoms 101, 106
전염될 가능성이 있다 to have a risk of contagion 59, 69
전염성이 매우 강하다 to be highly contagious 101, 107
전정 기관의 기능을 살피다 to examine the function of the vestibular apparatus 33, 37
전해질이 손실되다 to have an electrolyte imbalance 155, 163
정관의 이상을 확인하다 to check for abnormalities in the vas deferens 101, 108
정밀하게 상태를 확인하다 to assess the condition accurately 155, 159
정자가 생성되지 않다 to have no sperm production 101, 108, 109
정자를 채취하다 to collect sperm 113, 119
정자의 질이 나쁘다 to have poor sperm quality 101, 108, 109
정해진 시간에 잠자리에 들다 to go to bed at a regular time 87, 91
조영제를 주사하다 to inject a contrast agent 75, 82
조혈 모세포를 주입하다 to infuse hematopoietic stem cells 141, 149
종양의 모양을 살피다 to observe the shape of the tumor 141, 146
중증도 분류에 따르다 to follow triage protocols 155, 160

지방 세포의 크기가 커지다 to experience fat cell expansion 129, 137
지방과 근육 두께를 측정하다 to measure the thickness of fats and muscle 129, 136
지방을 제거하다 to remove fat 129, 136
지방층을 부드럽게 만들다 to soften fat layer 129, 137
진통제를 처방하다 to prescribe pain relievers 87, 91, 95

천공이 생기다 to have a perforation 33, 34, 38
청력 손실이 발생하다 to have hearing loss 87, 92
청력이 저하되다 to experience progressive hearing loss 33, 34, 38
체온 조절이 이루어지다 to be in a state where the body is regulating its temperature 155, 162
체중 증가를 살피다 to monitor weight gain 113, 122
치료의 우선순위를 결정하다 to determine treatment priorities 155, 160
치석을 제거하다 to remove tartar 47, 51, 55
치아 모양이 고르지 않다 to have irregular teeth shapes 47, 52
치아 사이가 벌어지다 to have a gap between one's teeth 47, 52, 54
치아 표면을 매끄럽게 하다 to polish the tooth surface 47, 52
치아가 손상되어 발치하다 to extract a damaged tooth 47, 52
치아가 흔들리다 to have a loose tooth 45, 47
치아를 부드럽게 닦다 to brush one's teeth gently 47, 52
치아와 잇몸 사이에 탐침을 넣다 to insert a probe between the teeth and gums 47, 50
치열이 불규칙하다 to have an uneven dental arch 47, 53
치조골 손상이 심하다 to have severe alveolar bone loss 47, 55
치태가 굳어지다 to have hardened dental plaque, to have tartar buildup 47, 52

코끝 처짐을 보완하다 to correct a drooping nasal tip 129, 132
코뼈를 얼굴 안쪽으로 좁히다 to narrow the nasal bone inward 129, 132
콧대와 코끝을 올리다 to elevate the bridge and tip of the nose 129, 132
콧등이 살짝 돌출되다 to have a slightly protruded nasal bridge 129, 132
콧물에서 악취가 나다 to have bad-smelling nasal discharge 33, 39

턱뼈 손상을 입다 to have a damaged jawbone 47, 53

파마, 염색, 탈색 등을 하다 to get a perm, hair coloring, or bleaching treatment 59, 65
판막이 닫히지 않다 to have an unclosed heart valve 75, 80
판막이 잘 열리지 않다 to have a heart valve that doesn't open fully 75
편두통을 유발하다 to trigger migraines 87, 91
폐 모양을 확인하다 to assess the shape of the lungs 75, 81
피 섞인 가래가 배출되다 to expel blood-streaked sputum, to experience hemoptysis 141, 144
피부 보호막의 기능이 약화되다 to experience a decline in skin barrier function 59, 64
피부 탄력을 고려하다 to consider skin elasticity 129, 136
피부 표면이 울퉁불퉁해지다 to have lumpy skin 129, 137
피부가 건조해지다 to have dry skin 59, 64
피부를 긁다 to scratch the skin 59, 60, 64, 67
피부를 진정시키다 to soothe the skin 59, 62
피부에 자극을 주다 to irritate the skin 59, 64
피지 분비를 촉진시키다 to increase sebum secretion 59, 63

하악골이 발달하다 to have a well-developed mandible 129, 134
한쪽 턱으로만 씹다 to chew on one side of the mouth 47, 53
항원이 일치하다 to have matching antigen profiles 141, 148
항충혈 효과가 있다 to help reduce eye redness 21, 25
행동이 느려지다 to have behavioral lethargy 87, 93
혈압을 측정하다 to check one's blood pressure 75, 80
혈액 순환 상태를 알아보다 to check blood circulation 87, 90
혈액을 통해 전이되다 to spread through the bloodstream 141, 146
혈액이 역류하다 to have blood regurgitation 75, 80
호르몬 불균형이 의심되다 to suspect hormonal imbalance 101, 108
호르몬 수치가 정상 범위이다 to have hormone levels within the normal range 113, 117
호르몬제를 사용하다 to take hormone medication 113, 118
호흡 곤란이 오다 to have shortness of breath 75, 76, 80, 141, 146
환자를 바르게 눕히다 to lay the patient down properly 155, 161
후각이 저하되다 to have a reduced sense of smell 31, 33, 39
흉막강에 튜브를 삽입하다 to insert a tube into the pleural cavity 75, 81
흉터가 남다 to leave scars 59, 61, 62, 130, 135
흉통이 생기다 to develop chest pain 141, 144
흉통이 있다 to experience chest pain 75, 77, 81